◎ 湖南省自然科学基金面上项目（2022JJ30205）阶段性成果
◎ 湖南省社会科学成果评审委员会一般资助项目（XSP21YBZ171）

综合化经营背景下
中国银行业竞争度研究

Research on the Measurement and Influencing Factors of China's Banking Competition under the Background of Integrated Management

◎管　敏　著

中国矿业大学出版社
China University of Mining and Technology Press
·徐州·

图书在版编目（**CIP**）数据

综合化经营背景下中国银行业竞争度研究 / 管敏著
.—徐州：中国矿业大学出版社，2023.2

ISBN 978-7-5646-5752-9

Ⅰ.①综… Ⅱ.①管… Ⅲ.①银行业－市场竞争－研究－中国 Ⅳ.① F832.3

中国国家版本馆 CIP 数据核字 (2023) 第 037362 号

书　　名　综合化经营背景下中国银行业竞争度研究
　　　　　Zonghehua Jingying Beijing Xia Zhongguo Yinhangye Jingzhengdu Yanjiu
著　　者　管　敏
责任编辑　徐　玮
出版发行　中国矿业大学出版社有限责任公司
　　　　　（江苏省徐州市解放南路　邮编 221008）
营销热线　（0516）83885370　83884103
出版服务　（0516）83995789　83884920
网　　址　http://www.cumtp.com　**E-mail**：cumtpvip@cumtp.com
印　　刷　湖南省众鑫印务有限公司
开　　本　710 mm×1000 mm　1/16　印张 13.25　字数 202 千字
版次印次　2023 年 2 月第 1 版　2023 年 2 月第 1 次印刷
定　　价　84.00 元
（图书出现印装质量问题，本社负责调换）

管　敏　副教授，理财规划师，应用经济学博士，湖南工商大学金融学系主任，研究方向为金融市场与金融机构。授权国家发明专利4项，著作权1项。主持省级课题10余项，围绕银行业竞争、政府投资等问题，在国内外权威核心期刊发表学术论文20余篇。

前　言

金融是现代经济的核心，银行业在中国金融体系中居于关键地位，在国民经济中发挥着重要作用。中国银行业的发展经历了从高度垄断到竞争愈加激烈的历程，减少市场垄断、行政干预，促进行业竞争，是我国银行业发展的主要目标。中国金融体系以银行业为主导，资金配置依赖于银行业，银行业竞争是金融结构在中观层面的主要表征，也是金融业竞争程度的主要方面。银行业的竞争对我国资金资源的配置效率发挥主要作用，从而直接影响我国经济高质量发展。从金融资产规模来看，中国目前已跻身金融大国，但从金融市场环境、金融法律完备程度、国际影响力及话语权等方面考量，距离金融强国还存在一定的差距。因此，如何从“金融大国”向“金融强国”转变，是当前中国金融市场改革的中心任务。目前，中国银行业市场化改革步入深水区，利率市场化深入推进、综合经营趋势日益明晰、金融科技日新月异、银行业对外开放程度提升，中国银行业的整体综合实力得到了较大提升，在此大环境下，本书对综合化经营背景下中国银行业竞争度进行了系统研究。

本书分为8章，总体上可以分为研究基础、理论研究、模型构建与程度测度、驱动因素分析、驱动因素实证研究和研究总结六个部分。

第一部分是研究基础，即第1章，主要介绍本书的研究背景及研究意义，提出所研究的主要问题，汇总已有国内外文献，并按照文献来源归纳总结已有文献的主要观点，给出具体的研究内容以及相应的研究方法，陈述本书的研究框架，总结本书的创新点。

第二部分理论研究，即第2章。首先梳理竞争理论的发展源流，以现有文献为基础，给出竞争的内涵，梳理主要理论流派与代表学者对竞争理论的阐释，归纳竞争理论的主要观点。其次，梳理有关银行业竞争理论的文献，比较竞争度测度指标的优势与不足。最后，对银行业竞争度影响因素分析的理论进行总结与归纳。

第三部分为模型构建与程度测度，即第3章。首先，结合国内外银行业综合化经营的现状，剖析现有银行业竞争度测度方法所存在的不足，提出采用DEA方法测度商业银行的经营效率，同时提出将风险加权资产作为商业银行的产出，替代生息资产，从而将风险因素纳入效率的测度中。其次，以2012—2019年53家商业银行的经营数据为样本，测度中国银行业的竞争度并分析其演变趋势。最后，给出稳健性检验方案，验证估计结果的稳健性。

第四部分为驱动因素分析，即第4章。从结构竞争理论与非结构竞争理论的基本假设切入，再结合当前中国银行业改革与发展的具体实践，分析驱动中国银行业竞争度演变的主要因素。

第五部分为驱动因素实证研究，依次评估了制度变迁、技术进步与行业准入对银行业竞争度的影响，具体内容包括第5章、第6章和第7章。第5章以商业银行的微观经营数据为样本，就利率市场化改革对银行业竞争度的政策效应进行评估。第6章以金融科技与商业银行存贷款业务规模的时间序列数据为样本，检验金融科技的发展是否会对商业银行传统存贷款业务产生挤出效应，是否会对商业银行传统存贷款业务的影响存在异质性，是否改变了银行业原有竞争格局。第7章在国际化视角下，以跨国数据为样本，评估了银行业对外开放程度对本国银行业竞争度的影响。

第六部分为研究总结，即第8章。总结全书主要的研究结论，分别从技术层面、制度层面、监管层面提出进一步提升中国银行业竞争度的对策建议；并指出本书存在的不足，对未来中国银行业竞争度的研究进行展望。

鉴于作者的水平和能力有限，本书的错误、纰漏之处在所难免，恳请读者批评指正，并欢迎提出宝贵的意见和建议。

作　者

2022年7月

目　录

第1章 绪 论

1.1 研究背景与研究意义

1.1.1 研究背景

2019年10月31日，党的十九届四中全会审议通过了《中共中央关于坚持和完善中国特色社会主义制度、推进国家治理体系和治理能力现代化若干重大问题的决定》(以下简称《决定》),《决定》提出“健全具有高度适应性、竞争力、普惠性的现代金融体系”，提升中国金融业的整体竞争力成为治国理政所关注的重要问题。2020年3月30日，中共中央、国务院颁布了《关于构建更加完善的要素市场化配置体制机制的意见》，提出“充分发挥市场配置资源的决定性作用，畅通要素流动渠道”“优化金融资源配置，放宽金融服务业市场准入”“逐步放宽外资金融机构准入条件，推进境内金融机构参与国际金融市场交易”，这充分说明，放宽金融市场准入条件、提升金融市场对外开放程度、提高金融业的竞争程度成为当下金融改革领域的主要任务。

“重规模、轻机制”是中国40多年的金融改革与发展历程的典型特征，随着市场化改革的深入，金融机构的数量与资产规模急剧扩张，中国工商银行资产规模位居全球第一，中国农业银行、中国银行和中国建设银行的资产规模跻身全球前10位，股票市场和债券市场市值位居全球第二、第三。2019年年底，我国银行业总资产已达290万亿美元，超越欧盟，成为全球第一。在资产规模迅速扩张的同时，与之配套的市场机制建设还有待进一步深化。虽然中国银行业的资产规模跃居全球第一，但银行业的总体竞争度以及银行金融机构的竞争力还有待进一步提升，存在“大而不强”的局面。总体上来看，市场机制在金融市场资源配置中的地位与作用相对有限，政策干预对于基准利率、资金配置、汇率调控、资本跨境流动和大型金融机构均有较强的影响力，金融抑制问题较为突出，金融市场化改革任重道远。“重规模、轻机制”现象与双轨制经济改革策略密不可分，在不对称的市场化改革的大背景下，要素市场并未完全开放，从而导致要素市场扭曲。要素市场扭曲为变相补贴国企创造了条件，造成预算约束对国企失效，形成“预算软约束”问题，而预算软约束问题是导致金融市场化改革措施大打折扣的主要原因之一，畅通市场机制成为当务之急。

随着经济规模不断扩张、经济增速放缓，粗放式的增长模式难以为继，金融抑制带来的经济增长动能也逐渐消失，斯蒂格利茨效应不复存在，麦金农效应逐渐凸显。金融抑制开始降低金融效率、抑制金融发展，从而导致经济发展放缓。近年来，增量资本产出率不断攀升，金融效率持续下降。与此同时，金融风险却上升到前所未有的高度，防范系统性风险成为三大攻坚战之一，低效率与高风险叠加。归纳起来，当前的金融体系存在以下三个方面的局限性：首先，当前的金融体系已经不能满足高质量发展的需求，经济主体的金融需求多样化，而金融体系却难以满足多样化需求；其次，政府与市场的边界不清楚，财政风险金融化的现象非常普遍，政府隐性担保的现象更是“剪不断，理还乱”；最后，严格的市场准入与高标准的行为监管难以抑制金融风险，监管空白与重复监管并存，货币政策与宏观审慎政策的协调度亟待提升。由此可见，进一步深化金融市场化改革、提升资金配置效率的紧迫性日渐凸显。

从全球范围来看，金融业的近代发展呈现出诸多新态势，混业经营与综合化经营已经成为不可逆转的趋势。以美国为例，1929—1933年的“大萧条”使商业银行、投资银行混业的危害暴露无遗，1933年《格拉斯 - 斯蒂格尔法案》严格限制商业银行和投资银行混业经营。从风险防控的角度看，分业经营能够更好地进行风险管理。然而，在经济全球化的大背景下，金融机构不仅要与本国金融机构竞争，还要与国际金融机构竞争。显然，分业经营不利于发挥规模效应，更不利于银行、证券、信托、保险等跨行业强强联合、优势互补。1999年11月，《金融服务现代化法案》取消了商业银行和证券公司跨界经营的限制，金融业务又步入了多样化、专业化、集中化和国际化的发展轨道。2008年国际金融危机之后，《多德 - 弗兰克法案》将金融监管推向了新高度，形成了三大核心原则：一是扩大监管机构权力，破解金融机构“大而不能倒”的困局；二是设立新的消费者金融保护局，全面保护消费者合法权益；三是限制大金融机构的投机性交易，加强对金融衍生品的监管。其后，由于该法案对中小金融机构的资产扩张不利，2018年3月，美国政府针对中小银行放宽了第三项核心原则，允许中小银行参与股市等投资交易。综观全球，混业经营与综合化经营仍然是金融业发展的主旋律，银行业竞争态势日趋复杂。

在综合化经营的大环境下，诸多发达经济体均涌现出“巨无霸”式的金融集团公司，业务繁多、规模庞大的金融集团公司又进一步将金融机构之间的竞争推向了白热化。综观世界各国，世界知名的银行金融机构多来自银行业竞争度较高的国家和地区，提升银行业竞争度对培育具有国际竞争力的银行体系至关重要。根据世界银行发布的数据，中国银行业的整体竞争度显著低于高收入国家与中等收入国家的平均水平，与美国、英国等金融强国具有较大差距。随着中国金融领域对外开放程度的提升，中国金融机构未来必将与发达经济体的金融机构同台竞争。因此，提升中国金融业整体竞争度，为培育具有国际竞争力的金融机构营造环境已经迫在眉睫。

21世纪以来，中国银行业金融机构市场化改革在不断深化，国有银行改制上市、提出综合化经营的理念、农信社股份制改革、在制度上完成利率市场化。在综合化经营的大趋势下，商业银行之间的竞争已经不局限于传统存贷款业务的竞争。金融科技的发展日新月异，数字金融技术革新了银行发展的技术载体，改变了银行业的经营理念。金融领域对外开放程度不断提升，2019年10月15日修订的《中华人民共和国外资银行管理条例》放宽了在中国境内同时设立外国银行分行和设立法人银行的外国银行的限制条件，进一步扩大外资银行的业务范围，降低外国银行分行在中国吸收人民币存款的业务门槛。从现实来看，银行监管的制度变迁、技术进步与行业准入标准调整与银行业竞争度紧密相关，利率市场化改革、金融科技发展与银行业对外开放是驱动中国银行业金融机构竞争度演变的主要因素，对银行业金融机构整体竞争格局产生了较大的影响。

1.1.2 研究意义

本书以中国银行业竞争度为研究对象，以商业银行的综合化经营为现实基础，改进已有测度方法，测度中国银行业竞争度，分析演变趋势；以银行业竞争理论为基础，从制度变迁、技术进步与行业准入切入，结合中国银行业金融机构改革与发展的具体实践，分析驱动中国银行业竞争度演变的主要因素；分别评估利率市场化改革、金融科技发展与银行业对外开放对银行业竞争度的影响。具体的理论意义与现实意义如下。

1.1.2.1 理论意义

（1）提出一种适应于银行业综合化经营的竞争度测度方法。理论都要经历否定之否定的发展过程，测度方法需要随着行业发展不断改进，在银行业综合化经营、集团化发展的背景下，竞争度测度方法也要随之改进。在分业经营的条件下，商业银行的资产业务主要是贷款业务，在综合化经营的条件下，商业银行的资产业务不局限于贷款业务，保险类、证券类业务均包含其中。如果仍以分业经营为基础设计测度方法，显然不符合当前综合化经营的现状。鉴于此，有必要以银行业综合化经营的基本特征为基础，改进测度方法。

（2）分析驱动中国银行业竞争度演变的主要因素。行业竞争既有共性，也有个性，并且需要以发展的眼光看待。改革开放之后，我国的经济体制逐步从计划经济向市场经济转轨，建立具有中国特色的市场经济，银行业的市场化改革需要以具体国情为前提。改革开放以来，中国银行业市场化改革的成效显著，也面临着一些新的难题。在市场化改革的过程中，如何改革有碍竞争的制度因素是改革的重点。在新技术涌现的潮流之下，如何促使新技术的应用有益于竞争，而不是有碍于竞争？与此同时，银行业对外开放程度不断提升，而银行业对外开放是否有益于竞争有待深入研究。评估利率市场化改革、金融科技和银行业对外开放对银行业竞争度的影响，一方面能够从总体上评估改革开放以来的金融市场化改革成效，另一方面能够在新形势下，尤其是数字技术广泛应用的背景下，为进一步深化金融市场化改革提供决策参考。

1.1.2.2 现实意义

（1）为从银行业大国向银行业强国转换建言献策。培育具有国际竞争力的商业银行，高度竞争的银行业是必要条件。测度中国银行业竞争度，分析银行业竞争度的演变趋势，有利于了解中国银行业的竞争现状，明确银行业市场化改革的紧迫性。评估利率市场化改革、金融科技和银行业对外开放对银行业竞争度的影响，能够剖析市场化改革中的不足，分析新技术应用的两面性，评估银行业对外开放对本国银行业竞争的影响及其异质性，能够为从银行业大国向银行业强国转换建言献策。

（2）为进一步深化银行业市场化改革提供决策参考。利率市场化改革是一个系统工程，从制度上放开利率管制并不等价于利率由融资市场上的供求关系决定。技术进步能够降低商业银行的运营成本、提升经营效率，但也可能形成平台垄断。通过银行业对外开放引入外部竞争，是否一定能促进本国银行业竞争有待进一步明确。从制度变迁、技术进步和行业准入三个层面切入，评估利率市场化改革、金融科技和银行业对外开放对我国银行业竞争度的影响，能够对进一步深化银行业改革、提升中国银行业在全球金融市场上的竞争力以及培育具有全球竞争力的金融机构提供决策参考。

1.2 国内外相关研究综述

1.2.1 发文趋势及特点

1.2.1.1 中文文献的计量分析

在中国知网中核心期刊和 CSSCI 的范围内，分别以分业经营、混业经营 / 综合化经营（精确匹配）为主题进行检索，1992—2002 年，以分业经营为主题的文献共计 973 篇，年平均发文量为 33.55 篇；以混业经营 / 综合化经营为主题的文献共计 1536 篇，年平均发文量为 52.97 篇，1992—2020 年各年的发文量如图 1-1 所示。1992—2000 年，分业经营为主题的发文量高于混业经营 / 综合化经营为主题的发文量，2000 年之后，混业经营 / 综合化经营为主题的发文量显著高于分业经营为主题的发文量。由此可见，相比于分业经营，现有文献更为关注混业经营 / 综合化经营。

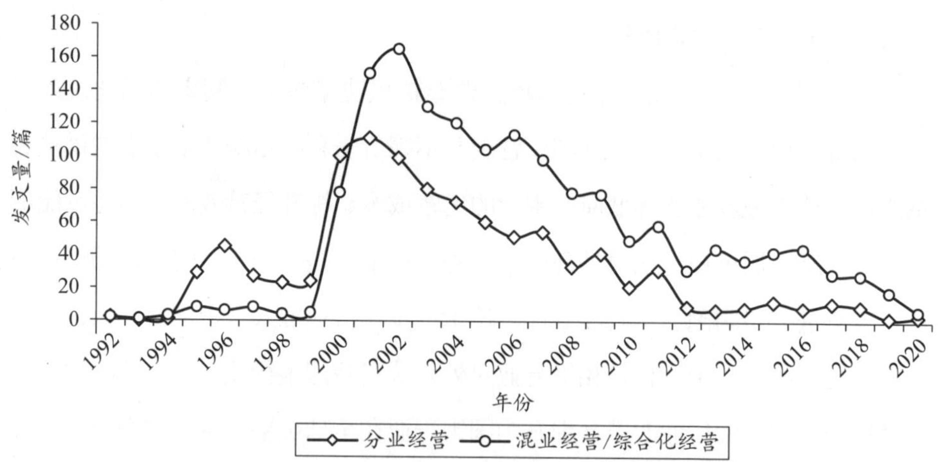

图1-1 1992—2020年分业经营、混业经营 / 综合化经营为主题的发文量

进一步分析，分业经营、混业经营 / 综合化经营的文献关键词分布如图 1-2 和图 1-3 所示。从关键词的分布来看，1992—2020 年，在两个主题的关键词分布中，以分业经营为主题的关键词中出现最多的是“混业经营”，这说明混业经营一直是研究的重点；另外，两个主题的关键词分布中，涉及“金融控

股集团”和“金融控股公司”。由此可见，金融集团公司的模式已经成为发展共识。

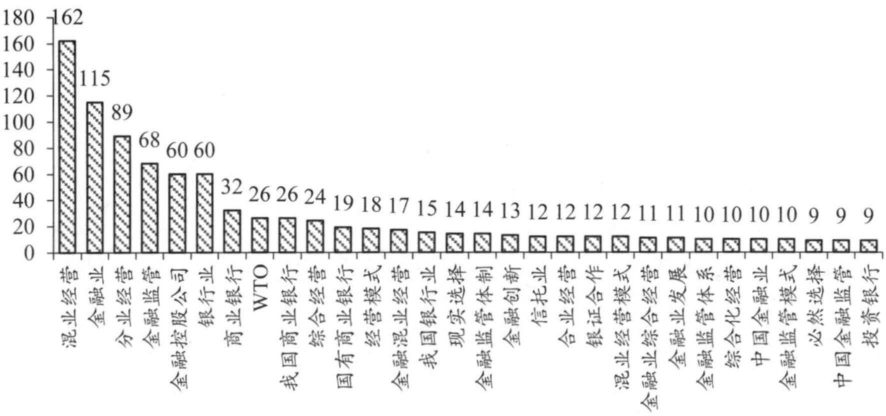

图1-2　分业经营为主题的关键词分布

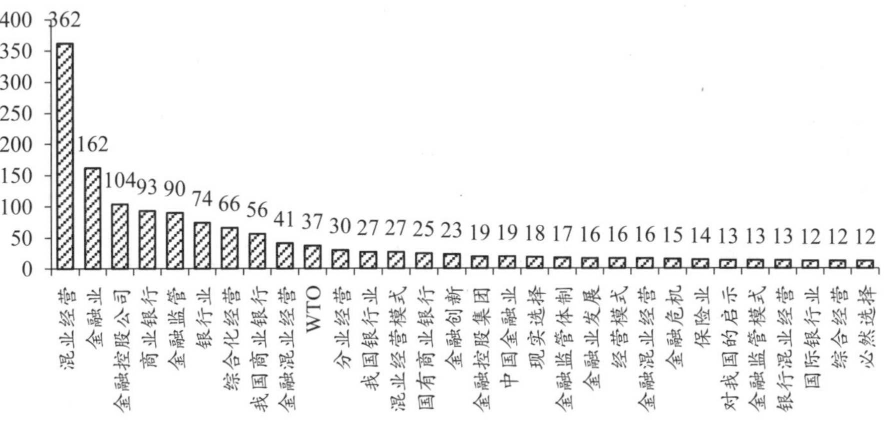

图1-3　混业经营 / 综合经营为主题的关键词分布

1.2.1.2　国内关于综合化经营与银行业竞争度相关文献计量

本书的研究主题可以分解为综合化经营、银行业、竞争、影响因素 4 个方面，其中银行业、竞争为中心问题。首先分析以“银行业 + 竞争”为主题的发文量，1992—2000 年，以银行业竞争为主题的文献共计 1 406 篇，年平均发文量为 48.48 篇；1992—2002 年，以“银行业 + 竞争 + 混业经营 / 综合化经营”为主题的文献共计 303 篇，年平均发文量 10.45 篇，1992—2020 年各年的发文量如图 1-4 所示。从发文趋势来看，2000 年以后，关于银行业竞争的文献大量涌现，在综合化经营背景下讨论银行业竞争的文献也开始出现。

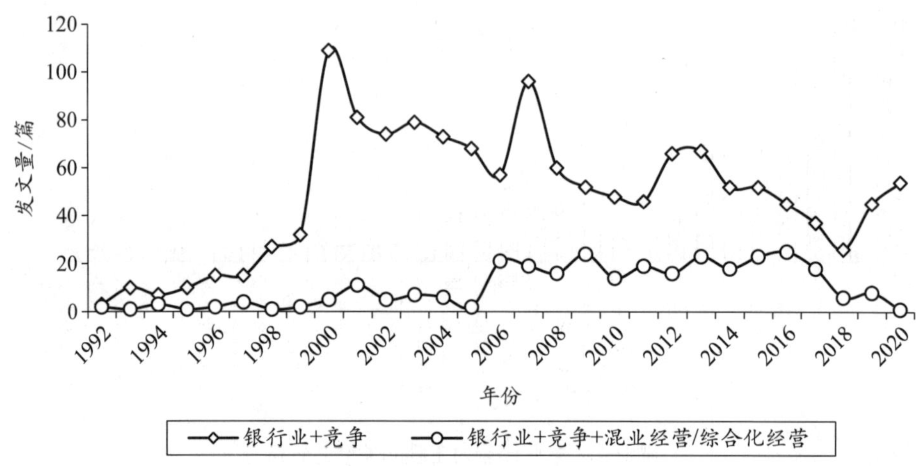

图1-4　1992—2020年以银行业竞争与综合化经营为主题的发文量

注　检索主题 = 银行业竞争、银行业竞争度 + 混业经营 / 综合化经营；检索范围：核心期刊 +CSSCI。

图 1-5 和图 1-6 列示了以“银行业 + 竞争”与“银行业 + 竞争 + 混业经营 / 综合化经营”为主题的关键词分布，由关键词分布可知，1992—2020 年，WTO、外资银行的词频相对较高，银行业对外开放、外资银行的进入是银行业竞争关注的主要问题。与此同时，利率市场化、金融创新等关键词在两个主题的研究中也出现较多。由此可见，关于银行业竞争的研究不仅仅局限于自身，市场准入、技术进步、制度变迁等问题也融入其中。

1.2.1.3　英文文献的计量分析

进一步分析英文文献的发文趋势，在 Web of Science 数据库中以核心合集为范围，分别以“Banking” + “Competition”“Financial Group” + “Banking” + “Competition”为主题，检索 1998—2020 年间的发文情况，具体如图 1-7 所示。

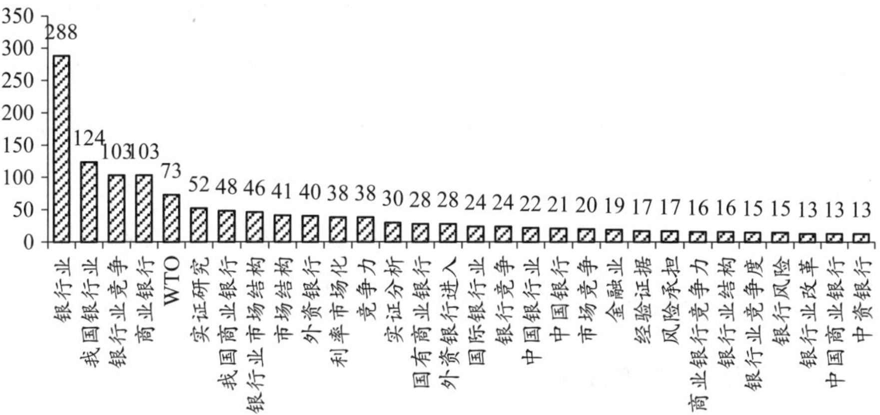

图1-5 银行业＋竞争为主题的关键词分布

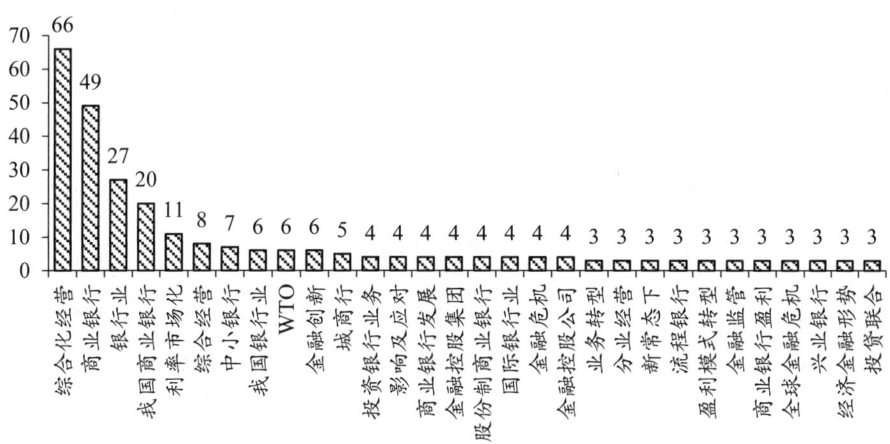

图1-6 银行业＋竞争＋混业经营/综合化经营为主题的关键词分布

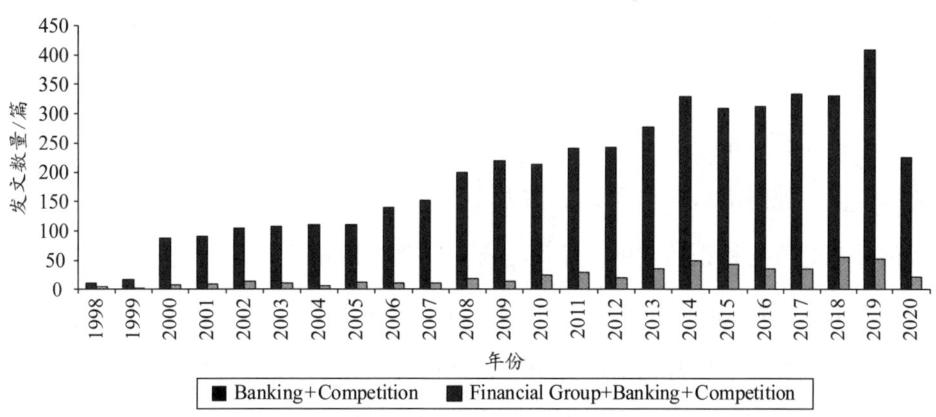

图1-7 1998—2020年银行业竞争与综合化经营为主题的英文文献发表情况

如图 1-7 所示，在英文文献中，以“银行业竞争”（Banking+Competition）为主题的研究数量逐年攀升，自 1998 年以来，截至 2020 年 7 月，共计发表 4 573 篇论文，年平均发文量为 198.83 篇。以“银行业竞争”和“混业经营 / 综合化经营”为主题的发文量同样逐年攀升，自 1998 年以来，截至 2020 年 7 月，共计发表 532 篇论文，年平均发文量为 23.13 篇。由此可见，近年来，英文文献对银行业竞争度与混业经营 / 综合化经营的关注度不断提升。

1.2.2 国内外研究现状

本书的研究围绕银行业竞争度展开，综合来看，已有关于银行业竞争度的文献主要包括什么是竞争？如何测度银行业竞争度？哪些因素会影响银行业竞争度？提升银行业竞争度的现实影响如何？

1.2.2.1 竞争的内涵

竞争是一个高度抽象的概念[1]，难以给出类似于“竞争是什么”的标准化定义，竞争的界定依赖于所设定的研究对象，对象不同，竞争的内涵亦不相同。根据竞争的字面语义，竞争是个人或者组织试图比其他个人或者组织更为成功，一般意义上的竞争多为针对个人或者单个组织。对于经济组织而言，成功通常表现为营利能力强、市场份额大等。如果将经济组织具体为商业银行，根据商业银行的经营目标“既实现银行营利最大化，又要确保安全性与流动性”，竞争可理解为“与其他商业银行相比，某个商业银行营利能力更强，同时还能确保资产的安全性与流动性”。如果着眼于某个商业银行，则为考察该商业银行在整个银行业中的竞争力；如果着眼于整个银行业，则为整个银行业的竞争度，此时的竞争度可以具体为“物竞天择、适者生存”的淘汰机制。商业银行的竞争力和银行业的竞争度是部分与整体的辩证关系，银行业竞争度越高，淘汰机制就越明显，生存危机会激发单个商业银行提升竞争力；反之，如果商业银行都试图提升自身的竞争力，则银行业竞争度也会显著提升。

虽然不能直接给出竞争一个标准化的定义，但是可以从竞争产生的经济后果刻画竞争。已有文献从不同的角度诠释竞争，对于银行业竞争而言，目前主要量化竞争的理论为：结构竞争理论与非结构竞争理论。结构竞争理论遵循的是“结构—行为—绩效”（Structure Conduct Performance，SCP）范式，“一个行业越集中，企业就越容易以无竞争力的方式运营”[2]，行业的竞争特征是从结构特征推断出来的，实证研究侧重于企业数量及其相对规模，以市场份额、市场集中度、HHI 指数衡量竞争度。按照 SCP 范式，高度集中的市场结构将导致行业竞争不足。然而，随着研究的深入，该理论在银行业中并不一定成立，在高度集中的银行业中，激烈的市场竞争仍然存在[3]。非结构竞争理论源于新实证产业组织理论（New Empirical Industrial Organization，NEIO），NEIO 通过分析企业策略性行为来刻画竞争，博弈论是新产业组织理论的理论基础，借助博弈论，产业组织理论逐步向正统经济学回归。根据 Carbó 等[4]的观点，非结构竞争理论分为两个阶段，第一阶段以寡头竞争理论为基础，量化竞争的主要指标有 Lerner 指数、HHI（Herfindahl-Hirschman Index）指数；第二阶段将竞争的状态从静态延伸到动态，相应的指标有利润持续性、Boone 指数。

1.2.2.2 竞争的测度方法

竞争虽然无处不在，但却是高度抽象的概念，难以直接量化，因而需要借助竞争产生的经济后果间接地测度竞争。虽然银行的产品与生产过程和制造业企业不同，但其经营行为同样适用于产业组织理论的分析框架，因此产业组织理论也是银行业竞争度的理论基础。银行业竞争度的测度方法主要分两类：结构化测度方法与非结构化方法，又可以具体为 SCP 范式和效率结构范式（ESH）两类[5-7]。

SCP 范式和效率假说是产业组织理论的两个主要分支，SCP 范式以哈佛学派为代表，分析思路主要是企业的经营绩效受到其经营决策的影响，而企业的经营决策则取决于市场结构。哈佛学派认为，较高的市场集中度通常是行业垄断或厂商合谋所致，行业垄断会妨碍市场竞争，从而导致市场运行的低效率。

在结构化方法中，测度银行业竞争度的指标主要有市场集中度、HHI 指数[8-10]。效率结构范式以芝加哥学派为代表，其研究思路与 SCP 范式恰好相反，较高的生产效率会产生高利润，进而占有更大的市场份额，从而促进市场结构的集中，企业效率反过来影响市场结构，企业数量与行业集中度不存在必然联系[11-12]。实证研究中诸多文献的研究结果表明，在银行业中，高集中度并不意味着低的竞争度[3]。在非结构方法中，测度银行业竞争度的模型和指标主要有 Iwata 模型、Bresnahan 模型、Lerner 指数、Panzar-Rosse 模型（简称 P-R 模型）和 Boone 指数[13-17]。在近期的实证研究中，Lerner 指数、基于 P-R 模型的 HHI 指数和 Boone 指数是较为常用的测度指标。

1.2.2.3 银行业竞争度的影响因素

在 SCP 范式之下，市场结构是决定行业竞争度的核心要素，因此与银行业市场结构相关的因素是影响银行业竞争度的主要因素，如行业集中度、行业准入等。在效率结构范式之下，效率是决定行业竞争的核心要素，因此与银行业效率相关的因素是决定银行业竞争度的关键因素，例如经营模式、科技金融、行为监管、公司治理等。

首先，基于 SCP 范式的研究思路，诸多文献讨论了银行业的行业集中与竞争之间的关系。Bikker 等[18]系统论述了银行业集中度与竞争之间的关系，实证研究表明，银行业集中度越高，行业竞争度越低。当然，也有实证研究呈不同的结论，显示银行业集中度与竞争之间的相关性并不显著[19-20]，银行业的集中程度和竞争之间并不必然存在联系[21]，而且两者并不是简单的线性关系[22]。

行业准入包括两个方面，一是对于本国经济主体的进入，二是对外开放。在现有文献中，关于银行业对外开放对银行业竞争度的影响的研究相对较多，但在影响的结果上并未达成一致结论。第一种结论是外资银行的进入有利于提升本国银行业的竞争度与效率，早期文献主要以理论分析为主[23-24]，没有给出具体的传导机制。Sengupta 等[25]基于博弈论模型给出了具体的传导机制，外资银行的进入会降低借贷成本，外资银行会在本国银行与借款人之间重新分配利润，而借款人也将从外资银行进入本国的行为中受益。除了理论分析，诸多实证研究也证明了该结论，如以土耳其、哥伦比亚为对象的实证研究均表明，外资银行的进入加剧了本国银行业的竞争度[26-27]。最具代表性的文献是 Claessens 等[28]以来自 80 个国家的 7 900 家商业银行为样本的实证研究，实证研究结果表明若外资银行的市场占比提升，则本国商业银行的利润和成本都会随之降低，从而间接地表明本国的银行业竞争度有所上升，基于中东欧转轨国家的数据也得到了相同的结论[29]。

第二种结论则是外资银行的进入对东道国银行业竞争度的影响具有不确定性。Stiglitz[30]从理论上分析了外资银行进入带来的负面影响，例如外资银行的进入会增加本国银行、政府、企业的潜在成本，从而抵消了因外资银行进入引致的效率改进。在实证研究方面，在以阿根廷为对象的实证研究中，并没有找到外资银行进入显著弱化本国银行业的证据[31]。Hermes 等[32]以 48 个国家 1990—1995 年的数据为样本进行实证研究，结果表明对于欠发达国家而言，外资银行进入导致东道国国内商业银行的经营成本上升，而东道国银行又会将经营成本转嫁给借款人，没有证据直接表明银行业开放对东道国银行业竞争存在显著影响。以墨西哥为对象的实证研究得到较为明确的结论，外资银行进入并未改变高度集中的现状，银行业竞争度和效率也并未得到改善[33-34]。

自从加入 WTO 后，中国银行业对外开放程度加大，出现了大量研究中国银行业的文献。毋庸置疑，银行业对外开放在总体上会对银行业竞争度产生影响，但对于不同类型的银行所产生的影响具有异质性。早期的文献主要是理论分析，涉及外资银行进入与中国银行业竞争之间的关系，并不单纯以描述为主。蒋荷新等[35]总结了加入 WTO 之后，中国商业银行以及银行业面临的挑战，外资银行的引入可以倒逼中国银行业市场完善竞争机制。韩文霞等[36]将外资银行进入中国产生的经济影响总结为“市场竞争效应”“溢出效应”与“金融稳定效应”，其研究结果表明外资银行的进入对中国银行业金融机构竞争起到了积极作用。李伟等[37]对外资银行进入程度与银行业金融机构竞争程度关系进行相应的实证研究，结果表明外资银行进入中国一定程度后，才会提升银行业竞争度，外资银行的进入程度与我国银行业市场竞争度呈U形关系。付红等[38]以1998—2008年的数据为样本，以基于P-R模型的HHI指数为工具测度中国银行业竞争程度，结果表明，1998—2008年，我国银行业市场结构从寡头竞争型转变为垄断竞争型。伴随着市场集中度的下降，市场竞争度逐渐上升，股份制改革与城市商业银行（简称城商行）的设立促进了银行业竞争，外资银行进入程度与银行业竞争度之间同样呈现U形关系。王聪等[39]通过结构断点检验评估在中国加入WTO之后银行业竞争度是否存在显著变动，实证研究表明银行业对外开放显著提升了银行业的竞争度，而且对中小银行业影响更大。陈雄兵等[40]以1998—2009年间的22家商业银行的数据为样本，以基于P-R模型的HHI指数为工具，实证分析外资银行进入对我国银行业竞争度的影响，结果显示，外资银行进入对我国银行业竞争度提升影响显著，而且对不同类型的银行影响存在异质性。在外资银行涉足中国银行业的初期，对中国银行业竞争度的影响是有限的，外资银行进入中国银行业的程度可以通过资产份额与机构数量衡量，外资银行的资产份额与市场竞争程度存在弱正相关性，但与机构数量不存在相关性[41]。

在技术进步与银行业竞争度方面，早期文献主要以网上银行与银行业竞争为主，随着互联网技术在金融领域的广泛应用，网上银行的概念逐渐演变为大数据技术、金融科技（Fintech）[42]，近年来对金融科技的研究较多。那美洲[43]认为，网上银行将使众多的非银行机构进入银行领域，促使银行业竞争模式更新换代，而且改变已有的银行业竞争格局。金融科技是信息技术与金融业融合的产物，是与传统金融业并列的新兴业态[44-45]，金融科技会对商业银行的经营管理、业务发展产生全方位的影响[46-47]，因而会影响银行业的竞争格局。孟娜娜等[42]以2011—2016年31个省（市、自治区）的面板数据为样本，通过空间计量模型检验金融科技发展对各省银行业竞争的影响，实证研究表明，金融科技的发展对各地银行业金融机构存在显著的产业竞争效应和空间地理效应，金融科技发展的产业竞争效应主要表现为“市场挤出”和“技术溢出”，金融科技的发展有助于降低各省银行业集中度，促进银行业竞争，有利于形成“最优银行结构”。

1.2.2.4 提升银行业竞争度的现实影响

商业银行是间接融资的主要中介，银行业的竞争度会直接影响商业银行的资金供给与定价策略，对金融系统稳定性、商业银行经营效率、企业融资成本与行为、货币政策调控均存在影响。

(1) 银行业竞争度与金融系统稳定性。

在银行业竞争度与金融系统稳定性方面，主要有银行业竞争引发金融脆弱与银行业竞争促进金融稳定两种观点[48-49]，即“竞争脆弱论”与“竞争稳定论”。早期的观点主要以银行竞争引发金融脆弱为主，银行特许权价值、流动性援助、监管负担是主要的传导渠道，其中，关于银行特许权价值的文献相对较多。Buser 等[50]最早提出银行特许权价值的概念，银行特许权价值可以理解为获得银行经营许可证所付出的成本，特许权价值的来源可以总结为经济性因素、管制性因素[51-53]。银行特许权价值会直接影响银行的冒险行为，银行特许权价值越高，已有的商业银行越会采取更为谨慎的经营策略，以防因破产而丧失特许权价值[53]。因此，银行业的竞争度越低，特许权价值就会越高，已有商业银行为了避免丧失特许权价值，所采取的稳健经营策略间接提升了银行业的稳定性[54]。反之，如果银行业的竞争非常激烈，商业银行迫于营利目标，会采取更为冒险的经营策略，承担更多的风险，从而会危及银行业的稳定性[55-60, 49]。流动性援助则是从行业竞争与商业银行互助行为的关系出发，商业银行之间的竞争越激烈，当某一家商业银行陷入流动性危机时，其他商业银行越可能选择袖手旁观，陷入流动性危机的银行很有可能会破产清算[61-62]。商业银行的数量越多，监管部门的监管负担就越重；相反，在商业银行数量更少、行业集中度更高的银行业中，监管部门的监管负担就较轻，那么监管部门就有足够的精力监控商业银行以及整个银行业的稳定性[63-64]。

竞争稳定论则突出银行业竞争与借款人冒险行为之间的关系，银行业竞争度越高，商业银行获取消费者剩余的能力就越低，借款利率也会越低。由于借款人的财务成本较低，借款人不会迫于财务压力而冒险经营，形成不良贷款的概率也会较低，因而间接提升了金融系统的稳健性[65]。Mishkin[66]则从分散投资与风险之间的关系论述了银行业竞争与稳定之间的关系，银行业的竞争度越低，行业集中度就越高，而集中度越高，就会形成“大而不能倒”的大型金融机构，大型金融机构会因“大而不能倒”而获得更多的支持与补贴，从而会增加道德风险，最终影响金融机构的稳定性。

(2) 银行业竞争度与商业银行经营效率。

关于银行业竞争度与商业银行经营效率的关系可以总结为“安逸生活假说”“银行特质假说”和“效率结构假说”。在“安逸生活假说”之下，银行业竞争与商业银行效率之间呈负相关关系，在银行业中具有垄断地位的商业银行，其管理层可能会丧失斗志，“安逸生活”将会提升商业银行的经营成本，从而可能会降低经营效率[67-68]，在实证研究中，诸多文献验证了安逸生活假说[69-73]。“银行特质假说”的主要出发点在于，相比于其他行业，银行业具有特殊性，在日常经营中存在突出的信息不对称问题[74]。因此，商业银行会通过“干中学”的方式，与企业建立稳定的联系。然而，随着银行业竞争度的提升，原有的银企关系就会打破，银行为了寻找新的客户，发展客户和业务维护的费用也会随之增加，因而会降低商业银行的经营效率[75]。“效率结构假说”则突出效率对于市场结构的反向影响，效率越高，市场占有率也会越高，市场集中度也会随之增加[5]，从而形成效率与行业竞争度负相关的关系。在实证研究中，“银行特质假说”与“效率结构假说”得到诸多量化研究的支持[76-81]。

(3) 银行业竞争度与企业融资成本及行为。

银行业竞争度对企业的影响可以归纳为融资成本与企业的创新能力两个

方面。银行业竞争度的提升会迫使商业银行降低放贷标准，有利于提高审批效率、减少信贷歧视，从而最终降低融资成本、增加信贷供给，该传导机制被总结为“市场力量假说”[82-91]。由于银行业竞争程度能够显著影响企业是否能够融资以及融资成本，那么就会间接影响企业的经营行为，在近期的文献中，企业的创新能力是关注的热点。在中国的融资市场上，卖方占据主导地位，而企业的创新行为需要大量的、持续的资金投入，且创新行为的收益具有不确定性，从而导致企业创新行为难以获得银行的青睐[92-94]。根据市场势力假说，提升银行业竞争度能缓解融资约束，可以减轻企业创新的融资约束问题，有效促进企业创新能力的提升[94-96]。在以中国为研究对象的实证研究中，诸多文献的研究结果表明，银行业金融机构竞争程度的提升有利于进一步缓解企业R&D融资约束[97]，促进企业创新、提升技术效率[98-102]。

(4) 银行业竞争度与货币政策调控。

商业银行作为货币政策调控的主要渠道，银行业竞争度必然会影响货币政策的调控效果[103-108]。对中国银行业市场集中度与竞争度的实证分析结果表明，银行业市场集中度与竞争度对货币政策传导效果起到促进作用。孙大超等[109]以中国工业企业数据库为样本，量化分析了在多个银行业竞争度层级下，适度从紧的货币政策对不同规模企业的影响，结果显示，适度从紧的货币政策对中小企业间接融资能力具有抑制作用，需进一步提升银行业竞争度，以缓解货币政策信贷传导渠道的扭曲[110]。当然，也有文献持不同的观点，刘洋等[111]以跨国数据为样本的实证研究表明，银行业竞争度的提升降低了货币政策传导效果，保持适度竞争能提升商业银行间货币政策传导效果。

1.2.3 文献评述

对相关文献进行梳理后可以看出，近年来国内外学者从多方法与多角度对银行业竞争度测度和影响因素进行了一定的研究和探索，并取得一些重要的研究成果，但由于银行业竞争度测度及影响因素问题比较复杂，目前的研究仍然存在一些不足，具体主要表现在以下方面：

（1）通过对银行业竞争度测度模型及方法相关研究的整理，不难发现，现有文献在测度模型的设计中，未能将当下商业银行综合化经营的趋势作为模型构建的前提条件。在银行业竞争度的测度中，大部分文献直接沿用已有的测度模型，未能将当前银行业发展的新特征融入测度模型中。因此，本书结合中国银行业发展的现实，构建银行业竞争度测度模型时，将综合化经营作为设计测度模型的前提条件。近年来，我国金融业发展迅速，银行业务也不断创新，产品不断丰富，对银行业竞争度问题应该有更加深入的研究。国内学者对银行业竞争度的测算多是借鉴国外方法，我国银行业的发展有自身的特点，应该对现有的银行业竞争度测算方法进行梳理，并对此进行优化，根据我国银行业实际情况选择合适的测算方法。

（2）在测度模型的估计中，诸多文献忽略了效率与规模互为因果的现实，从而导致估计结果存在偏误。无论是采用结构竞争模型，还是非结构竞争模型，效率与规模的关系都是讨论的核心问题，两者均具有合理性。在近期的文献中，基于非结构竞争理论的 P-R 模型、Boone 指数成为研究者青睐的测度指标，而在结构竞争模型与非结构竞争模型的估计中，解释变量与被解释变量互为因果，这会使得测度模型产生内生性问题，进而导致测度结果有偏差。因此，在银行业竞争度测度模型的估计中，必须将效率与规模的互为因果关系作为选择估计方法的前提。

（3）此外，已有文献多集中于讨论提升银行业竞争度的经济后果方面，而对于银行业竞争度的影响因素鲜有涉及。在现有文献中，关于银行业与金融系统稳定性、商业银行经营效率、企业融资成本与行为、货币政策调控、全要素生产率的关系均有讨论，而对于银行业竞争度的影响却涉及较少。高度竞争的银行业对于培育具有国际竞争力的银行金融机构至关重要，对于银行业实现从"大而不强"向"大而强"的转换具有重要现实意义。影响银行业竞争因素主要有外生的制度变迁因素、行业准入因素和内生的技术进步因素，最具代表性的制度变迁因素则表现为利率市场化改革，行业准入因素则表现为银行业对外开放，技术进步因素则表现为金融科技。金融科技突破了传统金融业务的时空限制，互联网金融、数字金融技术成为商业银行获得竞争优势的关键因素。鉴于此，有必要评估制度变迁、行业开放、技术进步对银行业竞争度的影响，从而获取提升银行业竞争度的政策路径。因此，本书从内生、外生两个方面切入，剖析银行业竞争的影响因素。已有文献对银行业竞争度影响因素的研究相对较少，诸多对银行业竞争具有突出影响的因素并未得到系统研究。利率市场化是否实现其提升银行业竞争度的初衷，引入外部竞争是否能够提升本国银行业的竞争度，金融科技的发展对银行业竞争程度存在怎样的影响，针对上述问题，有必要进行系统性的研究。

1.3 研究内容与研究方法

1.3.1 研究内容

结合中国银行业发展与改革的现状以及当前银行业发展中所亟待解决的问题，确定本书的研究对象，提出所研究的主要问题。基于竞争与银行业竞争理论基础，结合当前银行业综合化经营的现状，优化银行业竞争度测度模型，并运用优化模型测度中国银行业的竞争度并分析其演变趋势。进而从三个角度分别评估其对银行业竞争度的影响，包括制度变迁对银行业竞争度的影响、技术进步对银行业竞争度的影响、行业准入对银行业竞争度的影响，最后提出进一步提升中国银行业竞争度的政策建议。本书的主要研究内容是：一是优化测度方法，测度中国银行业的竞争度；二是从制度变迁、技术进步、行业准入三个方面切入，评估利率市场化改革、金融科技发展、银行业对外开放对我国银行业竞争度的影响；三是以实证结果为基础，结合中国银行业发展的现实提出从“金融大国”向“金融强国”转换的建议。以上述三个层次为中心，遵循“提出问题—理论梳理—机制分析—程度测量—因素分析—对策研究”的思路，本书结构如下：

第一部分为研究基础，具体内容为第 1 章。首先，结合中国银行业发展与改革的现状以及当前银行业发展中所亟待解决的问题，确定本书的研究对象，提出所研究的主要问题，汇总已有国内外文献，并按照文献来源归纳总结已有文献的主要观点，尤其是关于银行业竞争度测度模型的构建、估计与优化及以中国为研究对象的实证研究。给出具体的研究内容以及相应的研究方法，陈述本书的研究框架，总结本书的创新点。

第二部分为理论研究，具体内容为第 2 章。首先，梳理竞争理论的发展源流。以现有文献为基础，给出竞争的内涵，再梳理主要理论流派与代表学者对竞争理论的阐释，归纳竞争理论的主要观点。其次，梳理银行业竞争理论的文献，比较竞争度测度指标的优势与不足。银行业竞争理论可以具体为结构竞争与非结构竞争两类，两类理论的出发点恰好相反，基于结构竞争理论的测度指标相对简单、直观，而基于非结构竞争理论的测度指标则需要借助回归模型。现有测度指标均有突出的劣势与优势，因而有必要进行对比分析，剖析其优点与缺点，为本书的后续研究做理论铺垫。最后，对银行业竞争度影响因素分析的理论进行了总结与归纳。

第三部分为模型构建与程度测度，具体内容为第 3 章。首先，结合国内外银行业综合化经营的现状，剖析现有银行业竞争度测度方法所存在的不足，并从商业银行效率测度、克服内生性问题两个方面入手，提出改进措施。在现有测度银行业竞争度的方法中，通常采用边际成本量化商业银行经营效率，而边际成本的估计方法存在诸多难以克服的不足，因而本书提出采用 DEA 方法测度商业银行的经营效率。在现有文献中，较少文献将商业银行的风险作为效率测度的要素，鉴于此，本书提出将风险加权资产作为商业银行的产出，替代生息资产，从而将风险因素纳入效率的测度中。测度银行业竞争度并不局限于估计竞争度指标的数值，更为重要的是要分析竞争度指标的走势。鉴于此，本书以 2012—2019 年 53 家商业银行的经营数据为样本，测度中国银行业的竞争度并分析其演变趋势。最后，给出稳健性检验方案，验证估计结果的稳健性。

第四部分为驱动因素分析，具体内容为第4章。当前，中国银行业正处于传统模式向数字化转型的阶段，既存在传统竞争中的老问题，也存在数字化时代的新问题。因此，在分析驱动因素时，不能局限于某一种理论和某一个角度，应首先从结构竞争理论与非结构竞争理论的基本假设切入，再结合当前中国银行业改革与发展的具体实践，分析驱动中国银行业竞争度演变的主要因素。

第五部分为驱动因素实证研究，依次评估了制度变迁、技术进步与行业准入对银行业竞争度的影响，具体内容为第5章、第6章和第7章。

制度变迁以利率市场化改革为典型事件，利率市场化改革是金融市场改革的最为关键的环节之一，中国人民银行（简称央行）相继在2013年7月20日与2015年10月24日放开了贷款利率与存款利率的浮动区间，制度层面的利率市场化已经完成。作为金融市场改革的关键步骤，利率市场化之后，中国银行业竞争度是否如预期那样有所提升。鉴于此，在第5章中，以商业银行的微观经营数据为样本，对利率市场化改革对于银行业竞争度的政策效应进行评估。

技术创新以金融科技为代表性事件，在金融科技的驱动下，涌现出诸多新产品、新工具、新业态。新产品、新工具、新业态等新事物的出现既可能对商业银行传统业务产生挤出效应，也可能会为商业银行传统业务提供技术支持。如果能够为其注入新动力，那么对商业银行的影响又是否存在异质性，是否会影响原有的竞争格局。基于此，在第6章中，以互联网金融与商业银行存贷款业务规模的时间序列数据为样本，检验互联网金融的发展是否会对商业银行传统存贷款业务产生挤出效应，是否会对商业银行传统存贷款业务的影响存在异质性，是否改变了银行业原有竞争格局。

行业准入以银行业向市场开放为代表，包括对内与对外开放。银行业的行业壁垒与准入标准是影响银行业竞争的重要因素，2014年，我国第一批民营银行完成批筹，意味着民营资本正式获得批准进入银行业。经过6年多的发展，虽然民营银行的数量显著增加，但其资产规模在银行业资产总规模中的占比仍不足1%，放开行业壁垒对于银行业竞争度的影响有限。相比于民营资本，银行业对外开放力度略显滞后，2019 年 10 月，新修订的《外资银行管理条例》放宽了外国银行在中国境内同时设立法人银行和外国银行分行的限制，进一步扩大业务范围和降低吸收人民币存款的业务门槛，银行业对外开放步入深水区。与民营银行不同，涉足中国银行业的外资银行多是世界知名、资本雄厚、经营效率较高的跨国银行，潜在进入者具备与国内大型商业银行同台竞技的能力，银行业对国内商业市场份额会产生更大的影响。从长远来看，引入外部竞争能够触发“鲶鱼效应”，提升本土银行业的国际竞争力。当然，本土银行也具有外资银行不具备的优势，本土银行熟悉本国的营商环境、商业规则。因而，银行业对外开放、引入外部竞争，能否触发“鲶鱼效应”、提升银行业竞争力具有不确定性。因此，在第 7 章中，在国际化视角之下，以跨国数据为样本，评估了银行业对外开放程度对本国银行业竞争度的影响。

第六部分为研究总结，具体内容为第 8 章。对前文的研究内容进行全面总结并提出相应对策建议。从技术层面、制度层面、监管层面提出进一步提出中国银行业竞争度的对策建议。商业银行之间的竞争是动态竞争，宏观经济环境、制度变迁、技术进步等因素都会改变原有的竞争格局，本章还进一步提出未来中国银行业竞争的研究改进方向。

1.3.2 研究方法

为严谨、系统、全面地分析银行业竞争度问题，本研究坚持理论联系实际、定量研究与定性研究相结合的原则，既注重研究的科学性，又注重研究的现实意义。本书主要采用以下几种研究方法：

（1）定性与定量分析方法。银行业竞争度测度方法的设计不仅要切合银行金融机构自身的经营规律，也要符合当下银行业发展与改革的现状，测度方法不仅要在理论上能够逻辑自洽，还要将新现象、新问题嵌入模型的构造之中。因此，一方面要通过定性研究把握问题的本质，另一方面要通过定量研究揭示内在机理。

(2) 规范研究与实证研究。影响银行业竞争度的现实因素是多方面的，既与外在的宏观环境相关，也与内在制度设计有关。因此，需要立足中国国情与银行业发展与改革的现状，通过规范研究方法，按照银行业竞争度与制度变迁、技术变迁、行业准入的内在逻辑，分析银行业竞争度与三者的关联性。以逻辑分析为基础给出实证研究的思路，构建实证研究模型，以宏观、微观数据为样本，通过实证研究验证逻辑分析的结论。

(3) 对比研究。马克思主义哲学认为，事物的发展规律既有普遍性，又有其特殊性。银行业对外开放是否能够触发“鲶鱼效应”，能否提升本国银行业竞争度，既有其共性，也有其特殊性。显然，如果本国的银行业金融机构竞争力较强，那么“鲶鱼效应”的作用有限。因此，在分析银行业对外开放对银行业竞争度的影响以及设计银行业对外开放政策上，应该持辩证的观点。

1.4 研究思路与框架图

本书按照“提出问题—分析问题—解决问题”的思路展开研究工作，根据本书的研究目标和研究内容，研究采用如图 1-8 所示的思路与框架图。

1.5 主要创新点

本书的主要内容涉及银行业竞争度测度方法的改进、政策评估、对策设计，在多个问题上具有尝试性，研究本身也具有一定的创新性。本书的主要创新点可以归纳为以下几个方面：

(1) 在研究方法上，改进了银行业竞争度的测度方法。在诸多外文文献中，仅将贷款作为商业银行的主要业务；在中文文献中，有学者将存款、贷款和中间业务收入作为商业银行的主要业务。在发达经济体中，金融业混业经营是诸多国家的共同选择，综合化经营是我国众多商业银行的共同选择，表外业务的规模不断扩大。因此，商业银行的竞争不只是存贷款业务和中间业务的竞争，而是表现为资产业务、贷款业务和表外业务上的综合竞争。鉴于我国综合化经

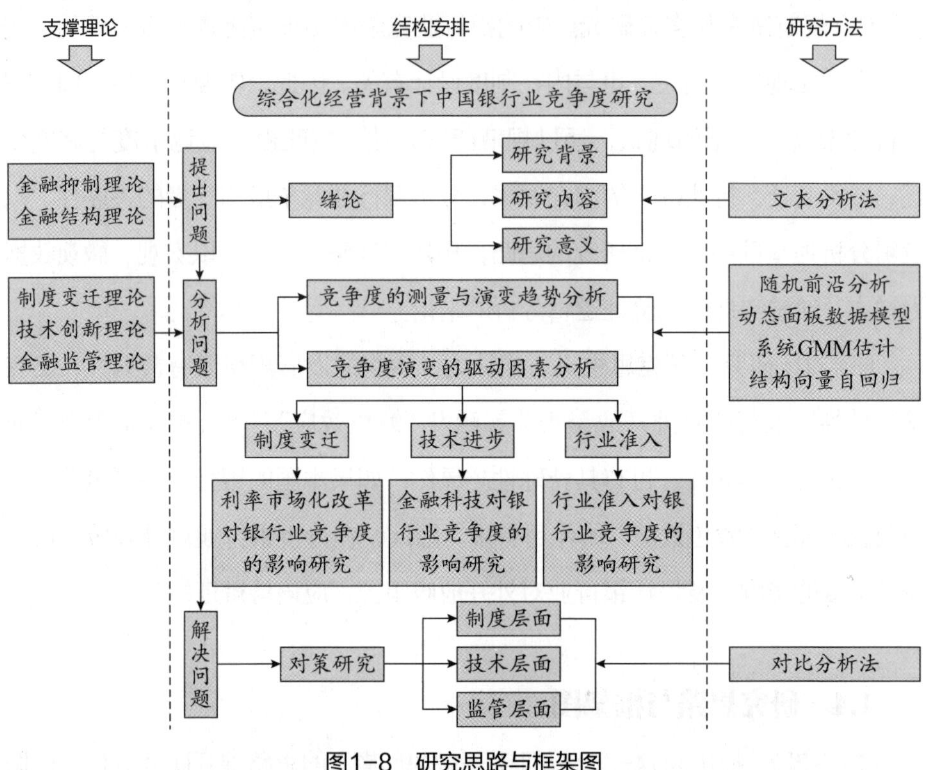

图1-8 研究思路与框架图

营的现实，本书对竞争度测度方法进行了优化，将商业银行的综合化经营作为指标选择的前提，以调整商业银行的投入产出指标；调整效率的估计方法，克服现有效率测度方法的不足；调整估计方法，克服因效率与份额互为因果而产生的内生性问题，给出了一种测度银行业竞争度的新方法。

(2) 从制度变迁角度切入，评估利率市场化改革对银行业竞争度的影响。利率市场化是金融市场化改革的核心举措，是否显著提升银行业竞争度是评价利率市场化改革成效的主要方面。利率市场化是一个系统工程，从制度上放开利率管制并不等价于利率由融资市场上的资金供求关系决定。因此，评估利率市场化改革是否显著提升银行业竞争度，一方面有助于检验利率市场化的改革成效，另一方面有利于探析利率市场化改革的未尽之处，为进一步深化利率市场化提供决策参考。

（3）从技术进步角度切入，量化金融科技对银行业竞争度的影响。技术革新是降低经营成本、提升经营效率的主要驱动力，但新技术的应用具有两面性。以数字技术为载体的金融科技有利于降低商业银行的运营成本，但新技术的推广与应用具有两面性。在新技术的推广中，如果新技术仅能被实力雄厚的商业银行深度使用，那么新技术的推广与应用不仅不会提升银行业竞争度，反而会加剧垄断。因此，评估金融科技对银行业竞争度的影响，有助于全面认识金融科技与银行业竞争度的关系，确立和校正金融科技的发展方向。

（4）从准入监管的角度切入，分析银行业对外开放对本国银行业竞争度的影响。扩大银行业对外开放能够增加更多的潜在竞争者，而引入外部竞争是否能够显著提升本国银行业的竞争度则有待明晰。如果本国银行业金融机构竞争力较强，引入外部竞争能够进一步强化本国银行业竞争；反之，如果本国银行业金融机构竞争力较弱，引入外部竞争有可能造成反客为主，形成垄断。因此，评估银行业对外开放对本国银行业竞争度的影响，有利于合理评价银行业对外开放的成效，从而进一步明确银行业对外开放的基本方向。

第2章　相关理论基础

2.1　相关概念界定

2.1.1　综合化经营

一般认为，金融业可以细分为银行业、证券业和保险业。分业经营则是指这三个行业都只在各自行业内经营，即银行只能从事与银行相关的业务，证券公司只能经营证券相关业务，保险公司只能经营保险相关业务，不允许金融机构经营非该行业领域的业务。分业经营有利于商业银行稳定发展，能够较好地保护消费者权益，方便金融监管机构的监管。

综合化经营是指金融业各细分行业突破界限，在传统业务外延伸业务范围，在金融领域进行经营活动的正式和非正式规则的总称。综合化经营是一种介于分业经营与混业经营之间的状态。目前我国法律并未明确规定金融业实行综合经营，我国金融业仅实行综合经营试点，因此，本书将这种状态界定为综合化经营。综合化经营是商业银行体系的重要组成部分，同时也是为客户提供更全面服务的必然选择，是大型商业银行参与国际竞争的发展趋势。我国商业银行通过综合化经营，实现经营业务从传统银行业务向证券、保险、投资等领域拓展，扩大商业银行表外业务比例，通过跨行业、跨市场、跨国界的发展实现商业银行分散风险、节约资本、提升服务水平、优化资产结构、差异化发展等目标。

我国金融机构综合化经营主要有以下几种形式：一是设立金融集团或者金融控股公司，同时持有多个金融机构股权，实现综合经营。例如平安集团、中信集团、光大集团等，这些金融集团同时控股银行、保险、证券等机构。二是不同金融机构相互合作，共享资源，或者不同金融机构共同成立专门机构实现业务功能上的综合经营。例如各商业银行推出保险产品、销售基金等。三是不同金融机构共同竞争同一业务。例如商业银行的理财业务、保险公司的分红保险、证券公司的定向资产管理业务、投资连接保险（简称投连保险）等，尽管业务名称不同，其性质都是替客户理财。四是不同金融机构从业人员间的互联互通。商业银行、保险公司、证券公司、信托公司等机构节点、个体节点以及个体节点与机构节点间通过金融互联网进行连接，实现综合化经营（见表 2-1）。

表2-1　上市商业银行金融牌照

母公司	证券	保险	基金	信托	金融租赁
工商银行	工银国际	工银安盛	工银瑞信基金	—	工银金融租赁
建设银行	建银国际	建信人寿			
建信财险	建银基金	建信信托	建信金融租赁		
农业银行	农银国际	农银人寿	农银汇理基金	—	农银金融租赁
中国银行	中银国际控股				
中银国际证券	中银保险				
中银人寿					
中银集团保险	中银基金	—	中银航空租赁		
交通银行	交银国际	交银保险			
交银康联人寿	交银施罗德基金	交银国际信托	交银金融租赁		
招商银行	招银国际	—	招银基金	—	招银金融租赁
兴业银行	—	—	兴业基金	兴业信托	兴业金融租赁
浦发银行	浦银国际	—	浦银安盛基金	上海信托	浦银租赁
中信银行	—	—	—	—	中信金融租赁
民生银行	民银国际	—	民生加银基金	—	民生金融租赁
光大银行	光银国际	—	—	—	光大金融租赁
平安银行	—	—	—	—	平安国际金融租赁
华夏银行	—	—	—	—	华夏金融租赁

续表

母公司	证券	保险	基金	信托	金融租赁
北京银行	—	中荷人寿	中加基金	—	北银金融租赁
上海银行	—	—	上银基金	—	长江联合金融租赁
江苏银行	—	—	—	—	苏银金融租赁
浙商银行	—	—	—	—	浙银租赁
南京银行	—	—	鑫元基金	—	江苏金融租赁
宁波银行	—	—	永赢基金	—	永赢租赁
杭州银行	—	—	—	—	杭银租赁

注：统计不包含光大集团、平安集团、中信集团等金融控股集团下的金融牌照，仅针对银行直接或间接控股。

根据商业银行经营业务与商业银行传统业务的紧密程度，综合化经营可以分为内部综合经营和外部综合经营。内部综合经营是指通过商业银行内部的交叉销售、业务创新等方式，为客户提供综合性服务；外部综合经营则是商业银行通过并购、新设等方式控股非银行机构开展保险、信托、投行等非商业银行金融业务（表2-2）。整体来看，商业银行综合经营能够有效分散银行经营风险，方便商业银行形成多样性的资产与收益结构，方便商业银行提供全方位的服务，进而实现规模经营效应。

表2-2　商业银行开展外部综合化经营所新设或控股、参股的非银行金融机构

商业银行	所投资机构	关系	时间	商业银行	所投资机构	关系	时间
招商银行	招商基金	参股	2002 年	建设银行	建信基会	控股	2005 年
	招商租赁	全资	2010 年		建信人寿	控股	2011 年
中国银行	中银基金	控股	2004 年		建信信托	控股	2009 年
	中银保险	全资	2005 年		建信租赁	控股	2007 年
	中银航空租赁	全资	2008 年	交通银行	交银施罗德	控股	2005 年
工商银行	工根瑞信	控股	2005 年		交银康联人寿	控股	2010 年
	工银安盛人寿	控股	2010 年		交银国际信托	控股	2007 年
	工银租赁	全资	2007 年		交银租赁	全资	2007 年

续表

商业银行	所投资机构	关系	时间	商业银行	所投资机构	关系	时间
浦发银行	浦银安盛	控股	2008 年	南京银行	江苏金融租赁	参股	2010 年
农业银行	农银汇理	控股	2008 年		鑫元基金	控股	2013 年
	嘉禾人寿	控股	2011 年		苏宁消费金融	参股	2015 年
	农银租赁	全资	2010 年	宁波银行	永赢基金	控股	2013 年
民生银行	民生加银	控股	2008 年		永赢金融租赁	全资	2015 年
	民生租资	控股	2008 年	杭州银行	杭银消费金融	参股	2015 年
兴业银行	兴业国际信托	控股	2011 年	重庆银行	鈊渝金融租赁	控股	2017 年
北京银行	中荷人寿	参股	2011 年	徽商银行	徽银金融租赁	控股	2015 年
	北区消费金融	参股	2010 年		奇瑞徽银汽车金融	控股	2009 年
	中加基金管理	控股	2013 年	哈尔滨银行	哈银金融租赁	控股	2014 年
	北银金融租赁	控股	2014 年		哈银消费金融	控股	2017 年
上海银行	上银基金	控股	2013 年	邮政储蓄银行	中法人寿	参股	2005 年
	上海尚诚消费金融	参股	2017 年		中邮人寿	全资	2009 年
成都银行	锦城消费金融	控股	2010 年				

2.1.2　行业竞争度

2.1.2.1　竞争概念的演变

竞争的概念源自生物学，“物竞天择、适者生存”，由于资源的稀缺性，无论是在由生物组成的自然界，还是在由个人、企业和组织构成的社会，竞争无处不在 [136]。由于竞争是一个抽象的概念，因而对于竞争的界定需要设定特定的场景。在经济学研究中，竞争的概念起源于亚当 • 斯密的《国富论》，竞争是市场机制能够调节资源配置的前提。在市场经济中，按照竞争的参与者，竞争又可以具体分为人与人之间的竞争、企业或者经济组织之间的竞争、国家与国家之间的竞争 [137]。

以亚当 • 斯密的观点为基础，后续发展出两种主要的竞争观点 ：静态竞争理论与动态竞争理论 [1, 138-139]，两者的区别在于理解竞争的视角与分析竞争路径的不同。早期的竞争理论主要以静态竞争为主，古诺模型 [140] 是静态竞争理论的代表。在古诺模型中，假设市场上存在两个竞争对手，两个生产者的产品完全相同，生产成本为零，需求曲线为线性，且双方对需求状况了如指掌；每一方都根据对方的行动来做出自己的决策，并都通过调整产量来实现最大利润。价格与产量是主要的竞争手段，存在最优价格和最佳供给量。两个厂商面临一条相同的线性市场需求曲线，两个厂商的产量各自会收敛于市场总容量的1/3，而此时的产品价格由两个厂商的产量总和所对应的需求曲线上的点所决定。随着时间的推移，两个厂商不断调整竞争策略，两个厂商的产量和价格最终会停留在均衡点上。

显然，静态竞争的前提条件过于严苛，与现实相悖。在现实中，企业所面对的竞争对手具有不确定性与动态性，竞争行为也具有多元性与动态性 [141]。更为重要的是，企业所处的经营环境也并未一成不变的，制度变迁、技术进步、宏观经济波动、消费者偏好都会改变竞争环境 [142-143]。因此，企业的经营策略不可能一成不变，经营决策也不完全是纯粹理性的 [144-145]，动态竞争显然比静态竞争更加符合现实。按照企业所面临的竞争对手数量，动态竞争可以划分为一对一、一对多、多对多三种类型，具体包括多点竞争理论、互动竞争理论、超级竞争理论。

虽然企业面临的是一个竞争对手，但企业可能同时在多个产品或者多个地区市场上与竞争对手进行对抗，Edwards[146] 将之总结为多市场接触（Multi-Market Contact），形成了多点竞争理论。按照多点竞争理论，竞争行为不再局限于价格或者产量，区域市场的进入与退出、利用先入为主的优势对抗潜在进入者都可以作为竞争策略。市场竞争并非单方面行为，而是多方参与的互动行为，因而形成了互动竞争理论，进攻—反应的博弈模型、价格和广告投放的博弈模型均是互动竞争理论的典型代表。企业面对的竞争对手不是一成不变的，因而企业的竞争优势通常是短暂的，难以长期保持竞争优势 [147-148]，长期竞争优势必然是在长期多回合对抗中形成的，突出了企业的机动性与创新能力在市场竞争中的关键作用，与该现象对应的竞争理论被称为超级竞争理论[149-150]。显然，在行业准入与对外开放程度不断提升、技术发展日新月异的背景下，商业银行之间的竞争已经不局限于某一地区，也不局限于存款、贷款和中间业务等传统业务，综合化经营已经成为不可逆转的趋势[151]，诸多商业银行逐渐转变为金融集团，银行业的竞争已经演化成多对多的超级竞争。

2.1.2.2　行业竞争度的界定

竞争度是指行业内竞争对手间竞争的激烈程度。市场竞争是市场经济的基本特征，在市场经济条件下，企业为了实现经济利益最大化，为抢占更大的市场份额、更好地做出需求预测、以更低的成本获取原材料等展开竞争，通过竞争实现行业内企业的优胜劣汰，最终对有限要素实现优化配置。

市场竞争依据竞争程度可以分为以下几种：一是完全垄断市场，即市场上仅有唯一一家供给者提供众多需求者所需的产品或服务的市场结构。这唯一供给者提供的产品或服务没有任何可替代品，其他供给者是极难甚至是不可能进入该领域，因此，唯一供给者成为垄断者，可以完全控制市场供给和价格。二是寡头垄断市场，这是一种介于完全垄断和垄断竞争间的结构，是指市场被少数几家企业所控制，这几家企业因为默契或者通过协议达成共识，共同决定市场价格。这种价格不受市场供给与需求影响，而是一种联盟价格，而且联盟价格一旦确定，短时间内不会发生改变。寡头垄断企业凭借其经营实力获取竞争优势，每个企业都占有较大的市场份额，对市场影响极大。三是垄断竞争市场，指许多厂商生产相近，但其所提供的产品质量是有差异的，部分企业由于在产品质量上的差异或相对优势而获得对某些市场的垄断权。这是一种介于完全垄断和完全竞争间的市场状态，该市场较为接近完全竞争市场，市场竞争程度较大，垄断程度较小。四是完全竞争市场，又称为纯粹竞争市场，是指市场有较多供给者，这些供给者提供的产品趋于同质，每个供给者所占市场份额较小，价格无法由供给者或者需求者来控制，而是随着市场上的供给和需求状况来调整。在这种竞争市场中，由于买卖双方对价格都无影响力，产品价格由市场供求关系而定。

银行业竞争度即银行业市场竞争程度，是各商业银行之间为占有更大市场份额和获得更多客户而进行的竞赛和争夺。从经济学角度来看，市场供求平衡状态、产业集中度是反映竞争程度的重要指标。由于银行业务的特殊性，银行竞争是一种双重竞争，在买方市场与卖方市场同时进行。银行业竞争度的研究关系金融稳定与发展，正确认识银行业竞争程度，不仅有利于一国银行业的安全，对金融业改革与发展也意义重大。

随着银行业不断发展和社会不断增长的金融服务需求，目前我国银行业体系主要由国有大型商业银行、政策性银行、城商行、农村商业银行（简称农商行）、股份制商业银行、外资银行以及其他金融机构组成。与之相对的，进入的银行类型和数量增多了，会不可避免地涉及竞争问题。因此，从我国银行业金融机构整体发展情况来看，我国银行业竞争程度体现为以下几点：

（1）竞争者的数量：竞争者数量越多，竞争度就越大，是竞争形成的关键性因素。银行业金融机构既要与现有银行抢占市场份额，又要与新进入的银行一决高下，这使得竞争更为激烈。

（2）竞争者的类型：除了竞争者的数量之外，银行业金融机构内竞争银行的类型增多，竞争强度也会变得激烈。随着我国银行业金融机构的不断发展与丰富，除了国有大型商业银行之外，还存在较多的中小型商业银行、民营银行以及外资银行，他们之间也存在着激烈的市场竞争。

（3）行业内存在的不确定性：银行的发展存在较多的不确定性与较高的风险性，如若因为经济不景气，产生较高的不良贷款及投资失败，则会给银行的经营带来巨大的风险。因此，虽然中国经济进入高质量发展阶段，促进了中国银行业金融机构进入新一轮快速发展期，但全球经济的变化也时刻给中国银行业金融机构带来巨大的压力和挑战。

2.2　银行业竞争理论

2.2.1　结构竞争理论

2.2.1.1　结构竞争理论的基本逻辑

SCP 范式最初由 Mason[152] 和 Bain[153] 提出，试图从企业所在的行业（市场）结构特征来解释企业行为和绩效。行业结构会影响企业行为，而企业行为又会影响绩效。行业结构具体包括企业数量、绝对规模和相对规模、进入和退出条件以及产品差异化程度。企业行为变量包括价格策略、共谋和其他形式的战略决策（如产品质量、广告支出）。SCP 范式的主要观点是，一个行业越集中，公司就越容易以一种无竞争力的方式运作。例如，当一个行业中经营的公司数量越少时，共谋发生的概率就会越高 [154]，企业很可能会利用自身的市场势力来提高价格，从而在牺牲社会福利的情况下获得更多的利润。SCP 范式认为，行业的竞争特征是从行业结构特征中推断出来的。在实证研究中，主要关注公司的数量和相对规模，以衡量市场集中度。在测度某个行业的集中度时，集中度指数需要同时兼顾企业数量和企业规模的分布。Hall 等 [155] 认为，行业集中度指数应该满足以下基本条件：

（1）行业集中度应该是一维指标。

（2）行业集中度应该独立于行业规模。

（3）如果规模较大的企业兼并规模较小的企业，市场集中度就会增加。

（4）如果行业中的每家公司被分成两家规模相同的子公司，行业集中度会降低 50%。

（5）当一个行业被分成 N 个同等规模的公司时，竞争度应该是 N 的递减函数。

（6）集中度指数的取值范围为 [0, 1]，虽然此性质不是集中度指数所必备的，但限定取值范围有利于比较研究。

在实证研究中，具体的测度方案不尽相同，并不是所有基于结构竞争理论的测度指标都满足上述标准。

2.2.1.2　结构竞争理论的测度指标

集中度指数是结构竞争理论测度行业竞争度的主要指标，集中度指数具体包括企业数量、市场份额排名位于前 k 的市场份额占比（k-firm Concentration Ratio，CR_k）和 HHI 指数。

在基于结构竞争理论的集中度指数中，企业数量是计算方式最为便捷的集中度指数，尤其是在企业微观数据较为匮乏的条件下。然而，通过企业数量衡量行业集中度本质上是对所有企业一视同仁，没有将企业规模考虑在内。例如，如果某个行业由一家公司主导，而另一个行业则由相同规模的公司组成，那么两个行业之间的集中度可能会有很大差异。因此，很少有文献将企业数量作为集中度的指标。

在能够获取企业数量的基础上，能够进一步获得每个企业的市场份额，从而可得市场份额排名位居前 k 的市场份额占比（CR_k）。相比于企业数量而言，CR_k 能够获取在行业中具有领先地位的企业在市场中的占有率，能够提供更多的行业信息。CR_k 的估计方式有两种，一是获取行业中所有的企业及其市场份额；二是虽然不能获取行业中所有企业及其市场份额，但能够获取行业中市场份额排名位居前 k 的企业及其市场份额，以及整个行业的市场份额，从而可间接地估计 CR_k。CR_k 的具体估计方式：

$$CR_k = \sum_{i=1}^{k} s_i \tag{2-1}$$

式中，s_i（i=1,2,⋯,N，N 为行业中的企业数量）为市场份额位列第 i 的企业所占有的市场份额，在估计 CR_k 之前，首先需要将市场份额 s_i 进行降序排列。虽然没有明确规定 k 的取值，但在实证研究中，通常将 k 取值为 3、5 或 10。CR_k 只关注前 k 家企业的市场份额，没有考虑剩余企业的规模分布。例如，小企业之间的合并可能没有反映在集中度上，尽管行业变得更加集中，因而 CR_k 并不满足第三个准则。

HHI 指数（HHI）是行业垄断研究中最为常用的集中度指标[156]。HHI 的数据要求不仅仅是企业数量，还需要行业中每个企业的市场份额，具体计算公式为：

$$\mathrm{HHI} = \sum_{i=1}^{N} s_i^2 \tag{2-2}$$

式中，N 是行业中的企业总数。HHI 的取值范围介于$1/N$（对于同等规模的公司）和1之间。如果 HHI 低于0.10，银行业被认为是一个竞争市场，如果 HHI 介于0.10和0.18之间则是一个集中的市场，如果 HHI 大于0.18，则是一个非常集中的市场[157]。HHI 强调大公司的重要性，通过赋予它们比小公司更大的权重，从而反映它们的相对重要性。

集中度测量的主要优点是对数据要求较低，即使是对发展中国家而言，集中度指标也至少可以计算到国家级层面。在低收入和中等收入国家，大多数学者用集中度测算来代替竞争度。然而，SCP 范式中集中度的估计受到诸多现实条件的限制，许多研究质疑其理论基础，结构与行为之间的假设是否成立[158]。在 SCP 假设下，集中度提升被认为是企业之间合谋程度的提升，从而会制定更高的产品价格和获取更多的超额利润。即使是在双寡头垄断中，也可能会出现价格竞争在勃兰特均衡下完全有效的结果。可竞争性理论[159]表明，如果进入和退出的门槛很低，较为集中的行业同样会存在较高的行业竞争度。进入的威胁可能会对现有企业施加压力，并且保持行业的竞争度。其他理论表明，即使行业里存在许多企业，也可能会存在共谋行为[160]。结构与行为之间的联系不仅不确定，而且因果关系的方向也存在问题。效率结构（ES）假设[5-6]意味着市场结构可能反映效率差异而非竞争情况。在 ES 假设下，具有较高生产效率的企业会获得更多的市场份额，从而导致更高的市场集中度。因此，集中度指数可能不是外生的，本质上是因为效率方面存在的差异[161]。

在实证研究中，集中度的具体应用存在一定的局限性，最为突出的问题在于如何界定市场，具体划定地理市场（地方、区域或国家）和产品市场较为困

难 [162]，相关地域市场可能因银行的跨区域经营而不统一。实际上，市场范围的界定受到数据可得性的限制。对发达经济体而言，量化研究通常会具体到地方一级的市场份额和集中度指数（例如美国的大都市统计区）。而对于发展中经济体，由于缺乏分类数据，集中度指数只能在国家一级计算。例如，对中小企业贷款环境的研究主要是对当地企业贷款集中度的测量。当能够获得每个地理单元的分类数据时，集中度的计算应该以各个地理单元为对象。例如，Chong 等 [163] 将中国每个城市视为一个单独的银行市场，并使用城市每家银行的分行数量来衡量集中度。然而，很多经济体很少提供此类信息，诸多文献通常假设国家集中度指数能够作为当地集中度指数的代理变量，并采用国家集中度量来推断当地银行业市场的集中程度。尽管集中度量指标继续在银行业文献中广泛使用，但仍存在一些理论和实践层面的限制。

2.2.2 非结构竞争理论

2.2.2.1 非结构竞争理论的基本逻辑

非结构竞争理论主要来自对结构竞争理论的批判，如上所述，结构化方法存在一定缺陷，大量文献试图通过直接观察企业行为来收集行业竞争的经验证据。批评者首先质疑“结构—行为—绩效”的传导机制，在 SCP 的分析范式中，行业结构是企业绩效的原因。然而，行业结构与企业绩效存在互为因果的关系，高效率的企业能够占有更多的市场份额，获取更高的经济利润，而且企业凭借自身的市场势力获得更高的收益，对行业中的所有厂商都是有利的 [5]。Hazlett 等 [164] 将 SCP 范式存在的不足归纳为三个方面：首先，结构、行为、绩效之间的因果关系主要以逻辑推理为主，缺乏必要的理论支撑 [165]；其次，在实证研究中，检验 SCP 范式是否存在因果关系依赖于财务数据，在成本与利润的核算中，财务数据的处理方式会直接影响成本与利润的估计值，从而导致实证结果的稳健性较差 [166]；最后，由于样本数据的限制，实证模型往往存在选择性偏差和测量误差问题，而且 SCP 范式只能检验一种非均衡关系 [167-168]。

鉴于上述不足，有文献开始直接观察市场中企业的行为来获取行业的竞争水平，逐渐形成了以分析企业策略性行为为中心的新产业组织理论（New Industrial Organization，NIO）。博弈论为分析企业的策略性行为提供了理论工具，而博弈论的发展为新产业组织理论的进一步发展提供了理论支撑，从而使得产业组织理论向经典经济学回归。按照 Warzynski[169] 总结，NIO 归纳起来具有以下的特征：一是通过企业行为估计边际成本。在基于 NIO 的实证研究中，如何估计企业的效率是核心，而边际成本则是衡量企业效率的主要指标。然而，边际成本不能直接观测得到，需要构建成本函数估计边际成本。二是将产业特征作为研究的前提。产品异质性是市场势力的主要来源之一，因此，市场范围的界定必然会影响市场势力的量化。鉴于此，在实证研究中，通常按照产品种类测度市场势力。三是企业行为与待估计参数密切相关。在 NIO 框架下，在估计企业的市场势力时，通常是在成本最小化或者利润最大化的条件下，分析企业的定价策略与产量，此时待估计参数与企业的行为紧密相关。四是行业中的企业之间无战略互动 [170]。

按照相关理论 [171]，基于非结构竞争理论的测度指标分为两个阶段，第一代非结构性方法是基于寡头垄断理论，具体包括 Lerner 指数、推测变异模型 [13-14, 172] 和基于 P-R 模型的 HHI 指数 [173]。虽然上述指标遵循的是同一个理论框架，但测度结果往往是不同的 [174]。第二代指标则侧重于市场动态，因此符合奥地利学派的动态竞争理念，具体包括 Mueller 提出的利润持续性指标 [175-176] 和 Boone 指数 [15]。

2.2.2.2　非结构竞争理论的测度指标

近年来，银行业运用较多的非结构竞争理论测度行业竞争度的方法主要有以下几种：Lerner 指数、推测变异模型、P-R 模型以及 Boone 指数等。

（1）Lerner 指数。Lerner 指数 [177] 基于垄断势力来衡量市场势力，是应用较广的市场结构测算方法。一般通过价格与边际成本差的加权平均值来衡量企业的市场势力。在完全竞争市场结构下，价格与边际成本相等，Lerner 指数等于 0。当竞争较弱时，价格与边际成本会有差异，差异越大说明市场垄断越强。Lerner 指数一般通过测算价格与边际成本偏离程度来衡量银行业的竞争程度。Lerner 指数基于垄断势力衡量市场势力，是应用较广的市场结构测算方法。Lerner 指数的值介于 0 和 1 之间，值越接近 1，说明该银行在边际成本之上的定价能力越强，也即该银行的市场势力越大，竞争程度则越弱。

Lerner 指数的理论基础是基于静态寡头理论。假设前提是数量不变的寡头模型（古诺模型）。即假设该行业只生产一种产品，设 P 为产品 Q 的市场价格，q_i 为企业 i 生产产品的数量。企业 i 的利润最大化等于：

$$\underset{q_i}{\mathrm{Max}}\left[P(Q)q_i - C(q_i, w_i)\right] \tag{2-3}$$

式中，q_i 是企业 i 生产的产品数量，Q 是总量 $\left(Q=\sum_{j=1}^{J}q_j\right)$，$P(Q)$ 是市场的价格。$C(q_i,w_i)$ 是企业 i 的总成本，其中 w_i 是企业 i 所采用的生产要素价格向量。Lerner[177] 提出以下衡量市场利率的指标，即 Lerner 指数：

$$L_i = \frac{P(Q) - C'_{q_i}(q_i, w_i)}{P(Q)} \tag{2-4}$$

式中，$C'_{q_i}(q_i,w_i)$ 是企业 i 的边际成本。Lerner 指数的范围是从完全竞争条件下的 0 到垄断或者寡头垄断条件下的需求价格弹性的倒数。

自 20 世纪 30 年代中期以来，Lerner 指数就为经济学家们所熟知。然而，Lerner 指数被应用到银行业领域却相对较晚，这主要是由于评估其边际成本有一定难度。边际成本是近 20 年来运用计量经济学方法从成本函数中估算出来的，成本函数是通过 Translog 方程这种中介方法来评估，Translog 方程包含一项产出（总资产）和三项投入（劳动力、存款、实物资本），具体如下：

$$\ln(C_i) = \beta_0 + \beta_1 \ln(q_i) + \frac{1}{2}\beta_2\left[\ln(q_i)\right]^2 + \sum_{l=1}^{3} b_l\left[\ln(w_{l,i})\right] +$$

$$\frac{1}{2}\sum_{l=1}^{3} b_{31}\left[\ln(w_{l,i})\right]^2 + \sum_{l=1}^{3}\beta_{2l}\left[\ln(q_i)\right]\left[\ln(w_{l,i})\right] +$$

$$\sum_{l \neq l'} b_{6l}\left[\ln\left(w_{l,i}\right)\right]\left[\ln\left(w_{l,i}\right)\right]+\sum_{k=1}^{K} k_k Z_{k,i}+\xi_i \tag{2-5}$$

式中，$C_i(=C(q_i,w_i))$ 代表 i 银行的银行总成本，q 代表银行产出（总资产），w_i 代表第一个投入的价格，Z 代表一组控制变量。在式（2-5）中，边际成本只能通过一阶导数乘以平均成本得到：

$$C'_{q_i}=\frac{\partial C_i}{\partial q_i}=\left(\beta_1+\beta_2\ln\left(y_i\right)+\sum_{l=1}^{3}\beta_2+l\left[\ln\left(w_{l,i}\right)\right]\right)\frac{C_i}{q_i} \tag{2-6}$$

该指标是评估单个市场势力的较好的指标，方便研究者对单个银行限定定价市场势力。Lerner 指数在衡量特定银行的银行间的市场势力对比具有明显优势，并且该指数会随着时间推移而发生变化。

查看文献，有许多学者尝试通过平均单个 Lerner 指数来评估银行业竞争度 [178-181]。市场 j 的 Lerner 指数如下：

$$L_j=\sum_{i=j}\varphi_{ij}L_{ij} \tag{2-7}$$

式中，L_{ij} 代表市场 j 或者国家 j 中的企业 i 的 Lerner 指数，而 φ_{ij} 是指 i 企业的权重（通常是指市场 j 中企业 i 的市场份额）。未加权的 Lerner 指数意味着 $\varphi_{ij}=1/N$，其中 N 是市场 j 中的公司数量。

Lerner 指数的优点表现在以下几个方面：第一，它在衡量市场势力时较为简单，对变量的要求也简单明了，而且对数据的要求不像其他实证方法那么高。第二，Lerner 指数能评估特定年份的市场势力，因此也能应用于评价随着时间推移而发生演变的银行定价行为。第三，Lerner 指数较为灵活，它不需要定义相关市场。能够评估不同银行市场（无论是从地理位置上的不同还是提供不同产品的银行）银行的竞争力。第四，研究者可以通过从总成本和存款价格中将财务成本分离出来，以此较为简单的区分垄断和垄断势力 [182]。第五，Lerner 指数极为重要的一个优点在于其可以通过有限的观测值来进行评价，因为竞争问题主要发生在公司数量有限的情况下（在这种情况下，边际成本可能用平均成本代表）。

Lerner 指数的缺点体现在其理论和实践上的不足。事实上，Lerner 指数是衡量市场势力定价的指标，而不是衡量竞争的指标。换言之，随着时间的推移，平均市场势力增加的程度与竞争的激烈程度趋于一致。大量文献表明，理论上可能存在市场竞争程度越大价格成本利润率越高的现象 [183-186]。最近的研究表明，即使单个 Lerner 指数随着竞争的加剧而降低，由于效率低下的企业向效率高的企业再分配效应，市场势力的平均程度可能增加、可能减少或可能保持稳定 [187-188]。效率高的公司其价格成本利润率比其他竞争对手更高。因此，高效率公司增加的市场份额能弥补单个 Lerner 指数的减少，那么其加权平均 Lerner 指数会增加。

Lerner 指数还引发了学者对其他实际问题的探讨，例如，Vives[189] 认为 Lerner 指数不能恰当地反映产品的替代性程度。Oliver 等 [190] 强调，如果不考虑银行的风险承担，而银行为了获取更高的利润率会将更多资源用于发放信贷，那么 Lerner 指数可能会高估市场势力。这对于那些运用 Lerner 指数来评估竞争稳定性的研究来说问题更为突出 [191-193]。Koetter 等 [194] 指出，传统的 Lerner 指数分析方法是以技术效率最优和资源配置效率最优为前提。然而，几乎没有银行是在效率最优环境下运行的。银行的运营成本和效率取决于其运营的经济环境 [195]。因此，不同国家或者不同时期的 Lerner 指数可以通过非竞争因素的差异或者其变化来证明。

（2）推测变异模型。Lerner 指数不能分辨出是由于需求缺乏弹性导致市场势力过高，还是由于市场缺乏竞争或者供给方之间存在共谋导致市场势力过高。为了有效解决这一问题，很多学者 [13-14, 172] 引入了推测变异方法。推测变异方法主要在于控制需求变动的前提下，识别出供给方的竞争行为。推测变量是指企业在面对其竞争对手做出产量或者价格调整时可能做出的反应 [196]。式（2-3）中企业 i 的利润最大化问题，企业 i 的一阶条件是：

$$P_Q' Q_{q_i}' q_i + P = C_{q_i}' \tag{2-8}$$

对于企业 i，推测变量参数（数量）测量为：

$$\lambda_i = \frac{\partial \sum_{j \neq i} q_i}{\partial q_i} = Q'_{q_i} - 1 \tag{2-9}$$

λ_i 代表企业 i 的产出计划将导致其竞争对手产出变化程度的期望值。式 (2-8) 变为：

$$P'_Q (1+\lambda_i) q_i + P = C'_{q_i} \tag{2-10}$$

通过将式 (2-10) 乘以 Q/P 并重新排列等式，Lerner 指数变为：

$$L_i = \frac{P - C'_{q_i}}{P} = \frac{(1+\lambda_i) S_i}{\varepsilon_d} \tag{2-11}$$

式中，ε_d 是需求弹性，S_i 是企业 i 的市场份额。企业 i 对竞争对手反应 (推测变异参数) 的预期范围是从 −1 到 $N-1$ (N 代表市场上企业的数量)。在合谋的情况下，如果企业 i 将其产量增加到 1，那么所有企业都会将产量提高到 1。因此，企业 i 充分发挥市场力量，总产出增加 N 个单位，$\lambda_i = N-1$。完全竞争情况下，$\lambda = -1$ 会改变已知 $P = C'_{q_i}$ 条件下的公式 (2-11)。企业 i 在预期企业 j 的产出时调整自身产出，以确保价格不变。如果 $\lambda = 0$，企业 i 的产出不会发生变化，因此这是古诺情况。

在实践中，采用预测弹性代替预测变量 [197]，预测弹性可以表述为 [201]：$Q_i = Q'_{q_i}(q_i/Q)$。经过一系列运算，式 (2-10) 可以改写成：

$$P = C'_{q_i} - \lambda_i = C'_{q_i} - \frac{Q_i P'_Q}{\tilde{\varepsilon}_i} \tag{2-12}$$

式中，θ_i 是预测弹性，而 $\tilde{\varepsilon}_i$ 是需求的半弹性 ($\tilde{\varepsilon}_i = Q'_p / Q$)，预测弹性范围从 0 (完全竞争) 到 1(合谋情况)。当 $\theta = 1/n$ 时，出现古诺均衡或者零猜测变化模型。式 (2-12) 能够重新排列变为扩展的 Lerner 指数表达式：$L_i = \lambda_i / P$[198]。

应用分析的关键步骤是将理论依据转化成数据分析，一般通过两种方式来实现：第一种是估算代表企业行为的参数。Iwata 模型建立了一个估算提供同质产品的单个企业的推测变异值的框架 [13]。有学者 [14, 172] 提出了一种基于行业数据的替代方法。这种方法的优点在于能够使用行业数据 (比企业数据更有效)。第二种，是最近提出的基于面板数据的不同变量 [199-201]。所有方法都要面对系统中的需求和供给方程，以便厘清需求弹性变化和银行行为的变化。需求方程估计给出需求弹性（ε）的值，供给方程提供 λ 参数。通过同时处理这两个参数，能够较容易地导出行为参数 θ 和 Lerner 指数。

推测参数方法在银行业分析中得到广泛应用 [202-203]。这种方法的结构化模型包括单个企业或者普通企业的市场需求函数和相关供给函数。这种方法的优点在于它是基于静态产业组织理论，能够直接分析企业的行为。估计的参数可以在不受限制的条件下被视为连续变量，并且可以将检验统计量映射到所有寡头解决方案概念中：完全竞争，古诺竞争，伯特兰竞争和共谋 [162, 204]。推测变异模型将不同寡头垄断（古诺和贝特朗）联系起来。此外，Shaffer[204] 指出，即使企业采取非利润最大化战略或者银行行为受到监管约束，该模型仍然是有效的。然而，Xu 等 [205] 阐明了该模型不可能考虑利率监管。最后，该方法可以在不修改模型的情况下处理存款市场中的垄断力量 [206]。

推测变异模型是调整弹性系数的 Lerner 指数，适用于所有关于 Lerner 指数问题的分析。然而，在具体分析中，推测变异模型还有一定的不足，尤其对于不太成熟的银行市场的研究。推测变异模型在实证分析时需要确定需求方程和供给方程的函数形式。学者们会关注这种方法所采用的功能形式，灵活的函数形式通常意味着需要评估大量的参数。这就引出了两个计量经济学问题，第一，如果分析过程中增加了干扰项，那么必然会增加多线性风险 [207]；第二，推测变异模型的分析是基于有限样本的研究，那么就会面临到样本识别与不稳定性等小样本问题。尤其是第二个问题，因为竞争条件下供给主体往往较少，因此，结果可能与所采用的规范密切相关，对其研究结论也会产生争议。验证估算参数与理论要求是否一致显得尤为重要（例如负价格弹性与凸边际成本）。此外，谢弗指出，如果样本不能涵盖整个市场，那么估算的参数可能会出现偏差，后一个缺陷可能会导致基于有限银行的跨国样本出现严重问题。

（3）P-R 模型。P-R 模型是 1977 年提出的，分别于 1982 年和 1987 年做了进一步的修改和完善，是银行业竞争评估应用最为广泛的一种方法 [208-210]。P-R

模型运用一般均衡的银行市场模型，通过评估银行机构单位投入要素价格变动引起均衡收益的变化程度来衡量市场结构和竞争程度。P-R 模型基于比较静态分析，构建简约式的收入方程，运用横截面数据来测算银行业竞争程度。该模型的假设条件有：第一，银行业金融机构的运行环境必须是长期均衡的；第二，市场上任何银行都是紧密联系而不是孤立存在的，任何银行的行为都会受到其他商业银行行为的影响；第三，各商业银行的成本结构基本相同，而且银行的生产函数规模报酬不变；第四，商业银行会根据不同的市场条件采取不同的成本投入策略，进而对产品的定价造成一定的影响。P-R 模型能够体现投入价格对企业收入的影响。弱传递性被认为是定价中市场势力的表现，值越大意味着竞争越激烈。直观地体现在共谋和完全竞争两种相反的情况下。对于垄断者而言，边际成本等于均衡时的边际收益。随着投入价格上涨，边际成本随之增加。为了维持边际成本和边际收益之间的平衡，垄断者应该通过减少总数量来增加边际收益（只要边际收益是数量的递减函数）。有学者 [208] 指出，如果需求价格弹性超过 1，总收入就会减少。直观地说，边际成本的增加减少企业数量，但是会增加产出价格。如果需求弹性超过 1，那么由于价格上涨导致的收益无法弥补由于企业数量减少造成的损失。相比之下，在竞争环境下，投入价格的上涨会导致总收入的增加。由于成本函数与投入价格函数在一定程度上具有同质性，因此投入价格的上涨会引起成本相同比例的增长。一个企业的收入变化比例与总成本变化比例相同，因此，为了确保实现零利润（总成本等于总收入)，企业投入价格变化的百分比也相同。总量的必要调整是通过减少企业数量来实现的（长期均衡）。因此，在竞争市场，投入价格上涨 1% 会导致其总收入增加 1%。

基于理论框架，P-R 模型通过银行收益对要素投入价格的弹性之和（又称 HHI 指数）来衡量银行业的竞争度。银行收益对要素投入价格的弹性之和，通常被称为 H 统计量，范围从 $(-\infty, 1)$，H 值不同，其所代表的银行业的市场结构也不同，具体表现为以下几个方面：第一，当 $H<0$ 时，市场结构为寡头垄

断市场。此时，银行要素价格上升会引起边际成本增加，使均衡产出降低，进而导致银行收入降低；第二，当 $H=0$ 时，市场结构为完全垄断市场或者短期寡头垄断市场；第三，当 $0 < H < 1$ 时，市场结构为垄断竞争市场；第四，当 $H=1$ 时，市场结构为完全竞争市场，投入价格和总收入增长率相同。此时，由于银行生产成本的上升会使得部分银行退出市场，因为在完全竞争下，银行边际成本等于边际收入，银行投入要素的价格作为一种成本的变动将不可能改变银行的总收入，此时，成本的上升会给其他银行造成压力，进而退出市场，这样就会引起留下来的银行的需求函数改变，从而导致价格和现存银行的收入的上升水平和成本变动的水平相一致。成本变化对收入变化的影响越大，市场竞争越激烈。Shaffer[211] 证明了在可竞争（自由进入）市场，垄断企业 H 统计值等于 1。垄断企业的 H 统计量为零或负。在某些假设条件下（如需求弹性高于 1），投入价格的上涨会导致总收入的减少。Vesala[212] 指出，在没有进入者威胁或共谋寡头的情况下，H 统计量在垄断竞争均衡中是负的。对于垄断竞争者而言，H 统计量（0，1）。应用经济学家简化了收入方程，通过将收入（以对数表示）与投入价格（以对数表示）和其他控制变量进行分离，得到测算结果：

$$\ln\left(rev_i\right) = \alpha + \sum_{l=1}^{L} \beta_l \ln\left(w_{l,i}\right) + \sum_{k=1}^{K} \gamma_k Z_{k,i} + \varepsilon_i \tag{2-13}$$

式中，rev 是总收入（或利息收入），w_i 是第 i 个投入的价格，Z_k 是一组控制变量。根据随机前沿分析法，投入价格需要考虑劳动力价格、实物资本和存款。将 H 统计量定义为：

$$H = \sum_{l=1}^{L} \beta_l \tag{2-14}$$

因此，H 统计量是银行总利息收入相对于其要素价格的弹性之和。需要强调的是对 H 统计量的运算要求该企业处于长期均衡状态，因为垄断情况需要企业的内生数量。

P-R 模型的优点体现在两个方面：第一是它的简单性；第二是它可以通过只运行一个方程来进行推导，这个方程只需要少数几家银行的很少数据，即

P-R 模型没有很严格的数据要求。因此，P-R 模型可以通过相对较少的观测数据实现，这对于研究不太成熟的银行业是至关重要的。此外，Shaffer[204] 指出，由于收益方程中没有具体的市场定义，P-R 模型在市场范围内是稳健的，只要求样本中包含的公司数据估计收入公式，这对跨国银行的研究无疑是极大的优势 [213]。

然而，这些优势是以其他缺点为代价的。主要的不足是经济计量识别和 H 统计的解释。长期竞争均衡中的企业水平观察样本将显示 H=1，而来自利润最大化垄断的观察样本将产生 $H \leqslant 0$。然而，理论研究表明，H 统计量在竞争市场中为负，在垄断市场中为正。即使在具有固定数量公司的短期竞争条件下 [211] 或在平均成本不变的情况下 [214]，也可能出现负的 H 统计量。Shaffer 等 [215] 指出，在高度非竞争环境下，H 统计量可以是正的。此外，理论研究报告称，对于需求弹性不变的企业，H 统计量是 Lerner 指数的增加 [211] 或减少 [173] 函数。换言之，H 统计值越高并不一定意味着市场势力越弱。

另一个问题与 H 统计量的连续性有关。这一观点已被许多实证研究所采用 [214]。根据 Panzar 等 [173] 的研究，H 统计量可以被解释为一个连续的无变化行为指数，不仅体现在 H 统计量的符号，还体现在它的量。然而，Shaffer[211] 对使用 H 统计量作为竞争的连续测量表示怀疑，尽管 Vesala 证明 H 统计量在某些条件下是连续统计量。在实证研究中，尽管问题仍未解决，H 值通常被认为是连续值。

因此，H 统计量值的解释比规范 P-R 模型预测要复杂得多。事实上，对 H 统计量的解释取决于对市场均衡、需求弹性和成本函数的假设 [18, 173, 211, 216]。但是，除了市场均衡之外，应用经济学家无法检验这些必要的假设。如上所示，长期均衡（企业的内生数量）是验证假设的必要条件，Shaffer[211] 指出已经开发了一个均衡检验来验证市场均衡假设。在长期均衡中，利润与投入价格无关。该均衡检验包括式 (2-13) 中的利润率与总收入的转换：

$$\ln\left(\pi_i\right)=\alpha'+\sum_{l=1}^{L}\beta_l'\ln\left(w_{l,i}\right)+\sum_{k=1}^{K}\gamma_k'Z_{k,i}+\varepsilon_i' \tag{2-15}$$

式中，π 是资产回报率，E 统计量是$E=\sum_{l=1}^{L}\beta_l'$，市场均衡条件是 E=0。Bikker 等 [18] 指出，均衡检验本质上是竞争行为和长期均衡的联合检验，这大大缩小了均衡检验的适用范围。在不完全竞争或者垄断市场，E 统计量的值不等于 0。

除了上述这些不足，在应用 P-R 模型对银行业进行研究时还受到一定限制。例如，P-R 模型容易受到垄断势力的影响。投入应该是同质的，投入价格是外生性不变的，但是银行存款的价格却并不总是外生性的。当没有可供选择的储蓄产品时，银行可能会表现为垄断。垄断势力会导致更高的 H 统计值，从而掩盖产出存在的任何市场力量。其他非结构性竞争措施较少受到垄断问题的影响，较少有文献探讨垄断问题。

最后，Bikker 等 [18] 在一些研究中采用比例收入等式 (引入规模作为控制变量) 或者通过利用收入与总资产的比率作为因变量来估计价格函数。然而，在长期竞争均衡的情况下，价格方程和收益方程的性质是相同的，但在垄断或寡头垄断的情况下，它们的性质却大不相同，这意味着大量研究是有争议的。适当的收入等式必须排除规模变量，并将总收入用作因变量。

综上所述，第一代银行竞争的非结构性测算方法是基于标准的寡头垄断理论。Lerner 指数评估平均价格市场力量，推测变异模型观察了竞争对手对银行行为变化的反应，P-R 模型研究了投入价格的变化如何在收入中传递。这些方法的一个最大的优点是能够区分共谋、完全竞争和不完全竞争 (寡头垄断) 等不同情况。然而，这些方法都忽视了市场动态和非定价策略。第二代 NEIO 竞争措施都将这些因素考虑进来了。

（4）Boone 指数。Boone[217] 基于高效企业在更具竞争力的市场中获得更高回报的理念，提出了一种新的方法，扩展了现有的竞争测算方法。Boone 指数是基于有效结构假说的结构分析法，克服了 Lerner 指数容易受周期性因素的干扰和稳健性差的弱点。Boone 指数的出发点是在竞争更激烈的市场中，企业因效率低下而受到更严厉的利润惩罚。在效率假设下 [218]，效率更高的公司在利润更高的情况下取得了更高的业绩，而牺牲了效率较低的竞争对手，同时也获取了更大的市场份额。Boone 指数利用了从低效率到高效率公司的这种重新分配效应，在最极端的情况下，只要效率最低的公司离开市场，重新分配效应与选择效应就会相结合。Boone 等 [219] 指出，重新分配效应随着竞争程度增加而增加。虽然竞争的加剧会降低企业的产出，但对于效率更高的企业来说，这种下降幅度会更小。因此，效率高的公司的市场份额和利润会增加，而效率低的公司的市场份额和利润会减少。换句话说，相对利差对竞争程度较为敏感。

Boone[217] 指出了相对利差如何衡量实际竞争水平，尽管该方法在理论上是适用的，但它的计算量很大，它要求按照效率水平对企业进行排名。在实践中，研究人员经常衡量效率与绩效之间关系的强度。竞争强度可以通过以下营利方程进行测算 [219]：

$$\ln \pi_i = \alpha + \beta \ln C_i + \varepsilon_i \tag{2-16}$$

式中，π_i 代表利润，C_i 代表成本（代表效率），系数 β 给出了利润弹性（PE），即银行 i 的利润下降的百分比随着其成本增加的百分比发生变化。该指标在理论上是负的，反映了较高边际成本与较低利润相关的事实。另外，市场竞争越激烈，其价值越低。Boone 等 [219] 对 PE 指标进行模拟，发现这种方法能够准确的识别竞争的变化。

近期的文献中对式（2-16）做了两方面修改，首先，直接估算边际成本 C_i[220]。当数据条件满足计算边际成本的要求时，采用这种方法是有效的 [221-222]。否则，研究人员会使用不完全代理，例如平均成本 [223]。其次，效率较高的银行为了获取市场份额，可能会选择将较低的成本转化成为较高的利润或者较低的产出价格。因此，考虑第二种可能性，将银行市场份额取代利润作为因变量：

$$\ln S_i = \alpha + \beta' \ln C_i + \varepsilon_i' \tag{2-17}$$

式中，S_i 是银行 i 的市场份额。式（2-16）和式（2-17）未考虑观察到的异质性问题，通常会引入固定变量来运行，最近的研究还通过一定的方法来控制内生性。实际上，利润和成本的变化可能是由与竞争无关的第三个因素引起的。

Boone 指数方法的主要优点在于强调成本与利润之间的关系是连续的、不变的。在几乎所有情况下，竞争越激烈意味着 β 的绝对值越大（负值越大），因此，β 可作为竞争的连续指标。正如 Boone 指数在不同文章中所表达的那样[88, 217, 219, 224]，这个指标避免了边际价格成本方法的一些主要理论缺陷。此外，虽然从 P-R 模型中分析有一定挑战，但 Boone 指数与竞争的关系是单调的。此外，Xu 等[225]指出，由于存在具有约束力的利率规定，因此 Boone 指数方法比其他 NEIO 方法更加稳健。

在实践中，Boone 指数方法对发展中国家的研究具有额外的优势，这种方法只需要相关利润（或市场份额）和成本的数据信息。如果通过平均成本来评估成本，Boone 指数方法甚至都不需要关于价格的数据信息。此外，Boone 估计是通过一个简单的线性计量经济学规范（方程只有一个外生变量）来实现的。

与其他模型一样，Boone 指标是对现实的简化，并受到一些限制。Boone 指数方法专注于与竞争相关的因素，从而忽视了其他方面。在短期内，有效收益可能无法转化成较低的价格或者较高的利润。例如，为应对未来的竞争，银行可能会通过开发新产品或者建立实体分支机构等方式来获取收益。有学者[220]指出，当 Boone 指数逐年评估而不是覆盖整个样本期的估计时，这些限制更可能发生。实际上，从长期上看，银行业可能被认为是生产同质产品，企业在质量、设计和创新方面的差异或多或少是相等的。Schiersch 等[226]指出，Boone 指数相对于市场范围的定义做出了关键假设。我们越能准确地占领市场，其他因素或市场对结果的影响就越小，随后的竞争估计就应该越好，这一规则对所有非结构性竞争方法都是通用的。

最后，β 参数预计为负，但是在经验实施中可能为正。Boone 指数模型假设效率是一维的、可观察的。利用成本分析是研究效率差异的最简单方法，然而，在供应商提供异质产品的市场中，成本的变化可能仅仅反映了企业战略的变化。为了应对竞争压力，银行可以采取研发新产品或者开发新客户策略来应对竞争，而不是降价。在这种情况下，银行提供更好的产品不仅能够产生更多的利润，同时还需要投入更多的成本。因此，边际成本与绩效之间的关系为正，也即当企业在质量竞争中，β 系数可能是正数 [227]。在这种情况下，Boone 指数分析无法实现。值得注意的是，这不仅仅是 Boone 指数方法的不足，也是所有非结构性方法的不足之处，所有非结构性方法都假设银行提供的产品和服务是同质的。

Boone 指数方法的主要优势在于它既能够把握市场动态，又可以通过有限观测样本 (通过采用平均成本作为效率衡量标准) 轻松实现。尽管如此，Boone 指数方法是一个新的方法，还有待学者们进一步评判。

2.3　银行业竞争度演化分析的理论基础

2.3.1　制度变迁理论

作为金融市场化改革的关键环节，利率市场化改革从本质上来说属于制度变迁范畴，因此可以运用制度变迁理论来解释利率市场化改革进程。

2.3.1.1　制度的概念和功能

新制度经济学的创始人奥利弗 • 威廉姆森（Oliver Williamson）最早提出新制度经济的概念，然而关于“制度”的定义，不同经济学家有着不同的表述。例如，制度主义的开创者托斯丹 • 邦德 • 凡勃伦（Thorstein B. Veblen）指出，制度是指个人或者是社会对有关的某些关系或某些作用的一般思想习惯，而由其生活方式所构成的是在某一时期或者社会发展某一阶段通行的制度总和。因此，可将制度概括为心理学方面的一种生活理论。经济制度则是指在社会生产过程中，根据其所处的物质环境选择合适的发展途径的习惯方式。约翰 • 康芒斯（John Rogers Commons）认为相对于个人行动的约束而言制度是集体行动、是法律制度，是制度中最重要的一部分。阿兰 • G. 格鲁奇（Allan Garfield

Gruchy）认为制度是指构成统一整体的各项目相互影响或相互依存的综合体，不同类型的制度其特点是相类似的，都具有系统性、规律性、规则性特征。西奥多·威廉·舒尔茨（Theodore William Schultz）指出制度是一种行为规则，这种行为规则涵盖社会、经济、政治等方面。道格拉斯·C. 诺斯（Douglass C. North）指出制度是一种社会博弈规则，是人们所创造出来用来约束交往行为的博弈规则框架，可以将其分为正式的博弈规则和非正式博弈规则两大类，其中正式博弈规则包括宪法、制度、合同、产权等，非正式博弈规则涵盖各地习俗、行为规范等。

2.3.1.2　制度非均衡与制度变迁

（1）制度均衡与制度非均衡。制度均衡是指人们对当下制度较为满意，无意或者无力对制度进行改变。在既定的制度下，人们能获取各要素资源组合形成的全部潜在收入增量，即使无法全部获取，其无法获取的利润也低于制度创新的成本；或者说要想将收入进行重新分配就要对既定制度供给进行改革。制度均衡状态也可以是在某一统一条件下制度选择集合中，当存在多个净收益大于零的制度供给时，必然会有一个制度供给是其中净收益最大的，那么这个制度供给就是最佳的，选择这种制度供给就达到了制度均衡。制度非均衡则是指人们对既定制度不满，希望能改变这种制度然而并没有实现对其改变的状态。社会经济环境的变化导致部分资源越来越稀缺，具体表现为资源要素价格的上涨以及人的经济价值的提升，例如政治上的一些调整导致制度环境发生了转变，新技术的开发和应用使得制度创新的成本降低、创新带来的收益增加，这说明既定制度外有了潜在营利机会的出现，引起制度非均衡。

由于社会经济环境变化引起的相关因素变化逐渐增强，外部利润出现并不断增大，当收益高于成本时，开始启动制度变迁。另外，当产生认识、发明、组织和选择四种时滞后，实现制度变迁的主体便出现了。这些主体在法律、社会服务、商业等专业知识的进步中，结合自身经验或者优势推出制度创新方案。

因此，在制度非均衡状态下，一旦制度创新的潜在收益大于成本，就会引起制度变迁。

（2）制度变迁。制度变迁指的是制度的转换、替代与交易的过程。由于制度属于特殊的公共产品，因此，制度变迁的过程是复杂且漫长的，会受到技术条件、社会环境等因素的影响。一般来说，制度变迁的主要原因是认为想要追求效率更高、收益更高的制度。因此，制度变迁的过程应该是向效率更高制度转变的过程。在制度转变过程中，由制度供给和制度需求共同作用才能实现制度变迁。也即制度变迁是制度非均衡的表现。按照是否需要外力推动，可以将制度变迁划分为诱致性制度变迁和强制性制度变迁。诱致性制度变迁是由个体或者群体自主发起实施的，存在着制度供给不足问题。林毅夫认为要通过诱致性制度变迁来增加制度供给，弥补诱致性制度变迁的这一问题。

然而，强制性制度变迁却由于其意识形态、政治制度、统治者作用、相关利益集团、科学知识不足等问题导致其科学性遭到质疑。强制性制度变迁中，初级行动集团评估并选择创新方案，明确制度变迁的方向，决定创新制度中各利益集团收益与成本的分配。制度变迁的进程、效果和方向都取决于新利益集团与旧利益集团间的实力博弈，旧利益集团为了维护自身利益会导致制度变迁出现路径依赖现象，新利益集团为了追求潜在利益会发挥自身优势推出全新的制度。诺斯指出，政府在强制性制度变迁中的行为表现为构建基础性的制度供给，营造良好的制度环境，明确产权结构，塑造良好的社会意识形态，建立学习机制等。而在诱致性制度变迁中，政府则只是扮演辅助者的角色。政府既能以默许的方式肯定制度变迁的结果，也能通过其职能为制度变迁提供相应保障。另外，政府参与制度变迁能实现创新主体的规模效用，能够在一定程度上缓解制度变迁中制度供给不足问题。

（3）制度变迁的动因。制度变迁的动因分析是制度变迁理论的核心。新古典制度经济学基于自由主义和个人功利主义，从微观经济学角度来分析制度变迁，主要通过成本收益法、边际分析法、供求均衡法和供求非均衡法等进行分析。另外，新古典制度经济学从单个制度变迁主体的行为动机分析制度变迁的成因。制度变迁的主体无论是政府、团体还是个人，进行制度创新都是为了寻求自身利益最大化。舒尔茨指出，随着社会经济发展，人的经济价值会不断提升，其对相关制度的需求也会随之而变化，导致旧的制度均衡被打破，这为制度创新创造了条件。诺斯则指出，制度变迁的主体注重相对价格，也即各主体在追求自身利益最大化过程中，会考虑所有关于成本收益的变化，甚至制度变革本身的成本收益变化都被考虑进来，只有当制度创新时能让其产生收益，制度变迁才会发生。

(4) 制度变迁的效率。一般来讲，新古典制度经济学家根据交易成本来评价制度及其变迁的效率，尽管不同经济学家对交易成本的理解和运用各不相同。诺斯在分析制度变迁效率时，将交易成本融入微观制度变迁主体的成本收益比较中，并且从制度变迁的各阶段和各层面进行分析。诺斯指出不管正规规则还是非正规规则，评价制度变迁的效率通过交易成本是否降低及其降低的程度来实现的，意识形态的改变也是如此。不管是个人创新还是团体创新抑或是政府创新都会产生成本，不同主体进行创新所耗费的成本构成各不相同，都可以从成本收益角度来进行对比分析。制度变迁的具体方案、组织实施、实施时间都会产生成本，这些成本都可以纳入交易成本中。而且，每个阶段都会产生交易成本，因此对制度变迁各阶段的效率的评价就必须通过交易成本进行判断。

2.3.2 技术创新理论

数字金融是金融领域创新性的标志性事件，既有技术创新的属性，又有金融创新的特征。

2.3.2.1 创新理论的基本观点

(1) 创新是企业内部的自我更新。经济学家熊彼特基于经济学研究分析资本主义制度生产过程，对公司在生产过程中生产要素配置的不同形式进行全面系统性分析，认为创新的重点在于对不同生产要素的破坏性重组，并且指出创新是实现企业生产效率提升、经济快速增长的重要原因。熊彼特认为，企业进行创新从本质上来说是其内部的“自我更新”。企业内部各生产要素配置形式的变化决定着企业创新活动的内容及创新强度。创新是由不同生产要素与不同生产条件组合形成的，不同的新组合被陆续引入企业生产体系中。这种“新组合”的表现形式可以有很多种，如新产品的出现、新市场的开辟、新型原材料的采用、行业垄断地位的实现或破坏，都被熊彼特视为经济实体内部自我更新的方式。熊彼特指出，创新是一种在企业内部进行的活动，应该看到生产要素与生产条件形成的新组合运用到企业生产过程中所带来的巨大的经济价值。单纯的资源投入不是经济学意义的发展，不会带来质的变化。只有通过生产要素与生产条件的新组合实现经济增长，才是真正经济学意义上的发展。这种真正经济学意义上的发展与经济发展本质一样，不是由外部力量强加形成的，主要是由内部因素引起的从企业自身发生的变化。

(2) 企业家是生产创新的主体。熊彼特经济学创新理论重点考察资本主义工厂生产流程和经营流程。在考察企业内部生产要素的过程中，企业创新的主体是企业家。作为企业拥有者，企业家扮演着理想经济人的角色，为实现经济利益最大化，他们会积极主动地开展企业创新。从企业行为出发，创新是为了促进经济增长，创造更多的经济效益。因此，企业家一般不会放过任何能够获取经济利益最大化的计划。企业家在企业生产和经营过程中不断引入新技术、购入新设备改进生产条件，提高工厂生产效率，实现生产过程与劳动力的有机结合，进而获取更多收益。另外，熊彼特同时也界定了企业创新成果的本质，他指出企业通过创新获取的利润并不属于剥削，而应被当作是企业成功地将生产要素与生产条件进行组合得到的奖励。“变革是为了降低单位产品的成本，创造出一个现有市场价格与新成本的差额，进而获取利润”，而随着市场上的企业纷纷都将生产要素与生产条件进行重新组合，并运用到生产与经营过程中，这种差额带来的利润空间会越来越小，最终会消失。因此，熊彼特始终坚持由创新产生的差额并不等同于资本家对工人的剥削，而是等同于工人工资，都是源于资本家创造性的工作，是超出商品成本价值的剩余。

2.3.2.2 金融创新理论

金融创新风起云涌，在全球掀起一股金融创新浪潮，国内外学者也展开对金融创新的研究，关注金融创新的动因、金融创新的利弊等，并形成了一系列金融创新理论。其中，金融创新动因理论中基于监管角度的主要有技术动因论、利润诱导引致论、规避金融约束论等。

（1）技术动因论。从科技角度来讲，金融创新是根据计算机、大数据、云计算以及互联网等信息技术手段开发的新的业务流程、方法以及金融手段，为消费者推出新的金融产品和金融服务，拓宽新的金融资源、金融市场的过程。技术动因理论指出金融创新源于电脑和电信等新技术的发明以及这些新技术应用在金融领域的成果。通过对美国20世纪70年代银行业运用新技术进行实证分析，结果表明银行业新技术的采用和推广与市场结构的变化联系紧密，因此得出新技术的应用是金融创新的主要原因的结论。实际上，自技术动因理论推出后，普遍认为金融创新的主要动力是新技术。随着金融创新的不断深入，金融市场中的保险业、证券业、期货等领域都受到较大的影响，然而受到影响最大的是现代商业银行，银行的业务也逐渐从传统模式向新型模式转变。

从金融业近百年的发展来看，所有金融机构中实现金融创新最大的动因是技术革新。对现代商业银行创新影响最大的是计算机和通信技术的发展及应用，这导致金融服务的供给方式发生极大的转变。计算机和通信技术的应用使得商业银行服务成本降低，金融产品和服务渠道被拓宽，提供金融产品和服务的方便程度得到有效提高。投资者也能通过新技术在金融机构中的应用更好地获取信息，进一步强化了金融机构尤其是商业银行的金融中介功能。当下应用最广泛的商业银行产品和服务均是新技术应用下的成果，例如商业银行的借记卡、信用卡是商业银行在20世纪60年代末为降低交易成本，通过计算机技术在银行业务领域的应用而产生的。信用卡项目能实现营利正是由于计算机技术的快速发展促成的。今天的电子银行、手机银行业务，也是由于计算机和通信技术的进步及其在商业银行的应用，才使得这些新型银行业务成为可能。

随着计算机和互联网技术的进步与普及，商业银行的产品与服务日新月异，越来越多的新产品与服务被推出，商业银行开始发展虚拟银行。这意味着商业银行可以通过虚拟的网络空间开展业务，无须设立线下实体营业场所，或者对实体营业场所的要求没有往常那么严格。1995 年，世界上第一家虚拟银行诞生的标志是总部设在亚特兰大的第一安全网络银行的成立。家庭银行通过设立虚拟银行取得了极大的发展，客户随时随地就能通过互联网获取全方位的服务。1996 年，美国银行和富国银行纷纷开始成立虚拟银行，这就是“网上银行”的发展雏形。对于虚拟银行未来是否能成为银行业发展的主要形式，最初人们还持怀疑态度，然而随着互联网技术的进步与普及，消费者更倾向于选择网上银行的服务方式。

移动互联网技术的发展与应用为商业银行发展虚拟银行奠定了基础。目前，我国商业银行基本上都开通了网上银行，消费者足不出户只需用手指在手机上点一点就能完成几乎所有的银行业务。技术的进步既能推动现代商业银行的创新，又能倒逼商业银行改进其传统业务。随着互联网金融高速发展，加上居民消费行为和消费习惯的转变，各商业银行纷纷认识到“互联网 + 金融”的发展势在必行。商业银行意识到如果不把握机会及时做出调整，其传统优势必然就会逐渐消失，与其在与互联网金融竞争中处于劣势，不如主动参与其中，将互联网技术作为突破口，并且将互联网技术应用到银行业务中，成为新技术发展下的标准制定者和主动参与者。

由于以 P2P、众筹、第三方支付和各种互联网理财产品为代表的互联网金融对传统银行业务市场份额构成的冲击，极大地扰乱了中国商业银行的金融生态，破坏了竞争格局。因此，中国传统商业银行将其看作是“野蛮人”，当作“搅局者”对待，并且被倒逼着做出针对互联网技术的业务调整。根据相关统计数据，2018 年，我国网民规模为 8.3 亿，手机网民规模达 8.2 亿，购买互联网理财产品的网民规模达 1.5 亿。因此，技术进步技能推动商业银行金融创新，又能倒逼商业银行金融创新。随着互联网技术的发展，加上其在银行业务上应用的突破，对银行金融创新的推动和倒逼作用更明显，金融创新的速度更快。打破传统的阶段性、周期性的创新发展节奏，发展成与互联网技术同步化的创新发展节奏，例如有的互联网技术才面世，这种技术就会立马被商业银行应用到金融创新中，使得商业银行金融创新的节奏极大地提高。

（2）利润诱导引致论。商业银行从本质上来说也是企业，也会像一般企业一样以利润最大化为目标。尽管与一般行业不一样，银行业经营的产品和服务对象不一样，经营方式也会有所区别，其追求利润最大化的性质却是与其他行业企业相同。利润诱导引致论认为，商业银行追求利润最大化才是其不断寻求金融创新的最根本原因。不同学者研究的视角有所差异，主要观点有以下两种：

第一种，降低交易成本。持这种观点的学者认为，降低交易成本是金融创新的决定因素，是创新的根本动机。他们认为交易成本的高低决定了银行业务及银行工具是否具有实际价值。金融创新能够体现技术进步促使交易成本降低，由于货币需求取决于交易成本，因此交易成本下降带来的需求变化，会促使银行推出不同的金融产品来应对。微观主体的预期会随着交易成本的下降而发生改变，人们会因为交易成本的下降追求新的交易工具和交易媒介，进而带动金融机构改进其金融服务实现金融创新。因此，从本质上说，交易成本是极为注重微观主体预期的理论，既注重对金融产品需求者的微观分析，又关注类似商业银行的金融机构的微观分析。金融行为主体之所以进行金融创新，在于其认为金融交易中有潜在利润可以挖掘，将新技术或者制度等因素进行重组可以获取更多的收益。例如商业银行推出的理财产品，从该理论上来说，由于消费者迫切需要新的存款产品或者缺乏有效的投资渠道，商业银行又能把握这一需求，同时为了提高自身利润，便会根据新技术条件的应用创造的适合消费者所需要的金融产品，并且迎合消费者对于降低交易成本的要求。

第二种，提高经营效率。商业银行通过对金融工具、金融服务、交易方式以及融资技术等方面的改进引起的金融创新，既能够满足消费者在质量和数量上的需求，还能实现金融产品与服务效用的提高。金融创新能强化金融机构的职能，提高商业银行支付清算的能力与速度，极大提高了金融机构的运行效率。由于商业银行在支付清算系统中引入计算机和互联网技术，极大提高了银行机构支付清算的速度，节省了流通费用。金融创新能实现金融机构业务的规模报酬效用，加上金融机构在经营管理方面的创新，增强了其竞争力，能最大程度地降低交易成本，进而实现商业银行利润最大化目标。

（3）规避金融约束论。金融创新与金融监管是一对矛盾体，金融创新是金融机构通过新技术的应用对更高利润的追求。然而，金融机构进行创新时，必然会有新的问题出现，会导致政府原有针对金融领域的监管边界被打破，产生新的金融风险。因此，为了防范和控制新的金融风险，必须加强对金融创新的监管，这就形成了一种“创新—突破旧监管—形成新监管—再创新”的循环，实现了金融领域创新与监管的不断更新。Kane[232] 将这种不断更新的循环称为监管辩证法，并指出正是由于监管法规的调整引起金融发展的外部环境发生转变。

当金融机构的金融工具和服务活动受到金融监管时，会给金融业务带来更多的成本，产生更多的税收，使金融机构和消费者的利润都受到影响。这便刺激金融机构进行创新，因为只有创新才能突破金融监管带来的各种约束，以降低成本，追求更高的利润。例如，对银行资本的要求，金融监管中将资本的要求强加给银行，银行为了追求更多的利润，会被倒逼着进行创新。商业银行通过各种方式寻求突破约束，会引起新的金融风险，而相关监管机构为了防止系统性风险，又会进一步调整监管约束规则，出台新的监管条例，这个过程不断循环，金融机构和监管机构都在不断更新、不断进步。利润诱导引致论和规避金融约束论都是为了追求更多利润，从本质上并没有太大区别，只是规避金融约束论更注重从商业银行的外部监管环境进行分析，这一学说指出影响银行运行效率的既有银行内部的因素，也有外部环境带来的变化。因此，两种理论的动力来源不同，利润诱导引致论注重内部动因的影响，规避金融约束论则更注重外部环境带来的影响。

2.3.3 金融监管理论

2.3.3.1 金融监管的基本概念

对金融监管的研究起步较早，研究的内容包括银行管制、银行监管、银行规制等。银行监管属于经济性规制，经济性规制是在市场经济条件下，政府通过政策干预经济活动来解决市场机制存在的不足，政府运用被许可的各种手段对信息不对称行业或者有可能存在垄断的市场进行干预，包括对企业的进入和退出市场、市场价格、产品或服务的质量、企业财务与会计、投资等活动的管理，以消除市场资源配置的无效率，保护消费者的基本权益。银行监管的主要原因在于银行业市场存在外部性、金融市场失灵、系统性问题等，监管是为了实现银行市场规模效应，提高社会对银行系统的信心，确保银行体系的可持续运行。

首先，银行体系的外部效应主要是指由于银行业破产引起的连锁反应，带来金融业系统性风险，进而通过信用与货币的传导机制阻碍经济增长。其次，监管的规模效应表现为消费者无法对银行进行监管，并将监管的职责委托给银行，银行当局的监管便形成规模效应。再次，金融市场失灵在银行业金融机构中主要表现在委托—代理问题的存在及复杂多样化的金融产品引发的消费者与银行之间存在的严重信息不对称、代理成本问题等方面。最后，银行业在运行过程中面临诸多风险，当风险聚集会导致金融危机，进而会威胁到金融体系的稳健运行，政府通过实施有效的银行监管以保证银行体系的稳健运行，纠正市场失灵。

银行监管理论是基于金融监管理论在银行业的应用，金融监管理论又被称为分子与分母对策理论，它是基于经济规制理论，经济规制理论中又以利益集团规制理论和公共利益规制理论最具代表性。其中，利益集团规制理论指出，利益集团试图通过规制来追求自身利益最大化，进而对公共政策的形成产生极大影响。公共利益规制理论较早被西方学者们所认可，并应用于经济学、法学和政治学中，是政府规制实践的重要理论依据。公共利益规制理论认为市场运行十分脆弱，自由放任的市场是无效率的，政府监管无须花费任何成本。

2.3.3.2 银行监管理论演进

银行监管理论是在金融监管理论的基础上发展起来的，因此，必须先从金融监管理论的演进入手，从中分析推演出银行监管理论的发展脉络和内在逻辑。根据金融监管的发展历程，即从自由到管制、到放松管制、再到重新管制，金融监管理论先后经历了自律型、管制型、效率型和稳健型金融监管理论等不同时期，各种监管理论具体又可以细分为若干流派。

（1）自律型金融监管理论。该理论认为通过市场机制自律发挥作用，便能确保银行经营的稳定性、安全性，防止出现通货紧缩或者通货膨胀现象。自律型金融监管理论是基于银行业与其他产业在行业特性上没有区别，均以追求利润为经营目标，并没有把货币这一银行经营商品的特殊性进行特别的考虑，自律型金融监管理论在本质上只是自由经济理论在银行业的延伸和具体应用。

（2）管制型金融监管理论。该理论主要基于金融市场的不完全性特征，基于金融体系存在着外部性、消费的非排他性和非竞争性、信息不对称性和垄断倾向，管制型金融监管理论涵盖了负外部性管制理论、公共利益管制理论、自由竞争管制理论和信息不完备管制理论等多个方面。负外部性理论指出市场无法解决金融外部性问题，而金融负外部性问题会导致资源配置效率较低，必须通过政府管制来解决负外部性效应。

公共利益管制理论是基于金融消费的非竞争性和非排他性特性，指出应通过政府金融管制来降低金融体系的集体非理性，抑制金融个体的过度交易，保障消费者利益，进而保证经济稳定发展。自由竞争管理理论则是考虑到金融体系的垄断特性，会损害社会福利，降低效率自由的金融同业竞争容易导致金融体系的不稳定，金融稳定与自由竞争之间具有显著的替代性。因此，自由竞争管制理论是试图在金融系统通过政府管理降低自然垄断，为消费者创造良好的环境，并且推动金融系统稳定发展。信息不完备管制理论则是考虑到金融交易的复杂性，在金融市场中获取信息较多的主体可能会出现道德风险或者逆向选择来影响金融交易，姿势金融交易效率降低。

(3) 效率型金融监管理论。企业通过对政府的有效影响来控制政府政策的制定，并熟悉控制政策的实施，由此产生更好的效果。效率型金融监管理论解释了利益集体对经济规制的影响，适应性更强，应用于金融领域也是可行的。寻租理论认为，政府管制迫使市场主体更倾向于寻租，而由于存在寻租，导致市场竞争环境不公平，因此，期望通过政府管制解决市场失灵是无法实现的，最有效的解决办法是减少金融管制，进而解决寻租问题。

俘获理论指出，在运用政府管制时企业会以各种方式渐渐俘获，最终少数有实力的利益集团会俘获政府管制，导致政府管制效率极低，因此，要提高行业的运行效率必须先要放松管制。管制失灵理论指出，管制者与被管制者之间属于委托代理关系，管制者希望能通过管制维持经济体系顺畅运行，然而由于信息不对称极有可能导致管制失灵，使得管制效率低下。社会契约理论认为，政府是执行社会契约的主体，代表消费者的利益。然而，由于社会法律体系不健全，使得社会契约有所欠缺，因此必须通过政府管理来解决这一问题。管制辩证理论则较好的分析了监管—规避监管—再监管的博弈过程，该理论学派指出监管往往具有滞后性，总是在逃避监管行为之后才会出现监管，并对此行为进行调整，进而形成再监管，不断循环下去，实现金融监管可持续发展。

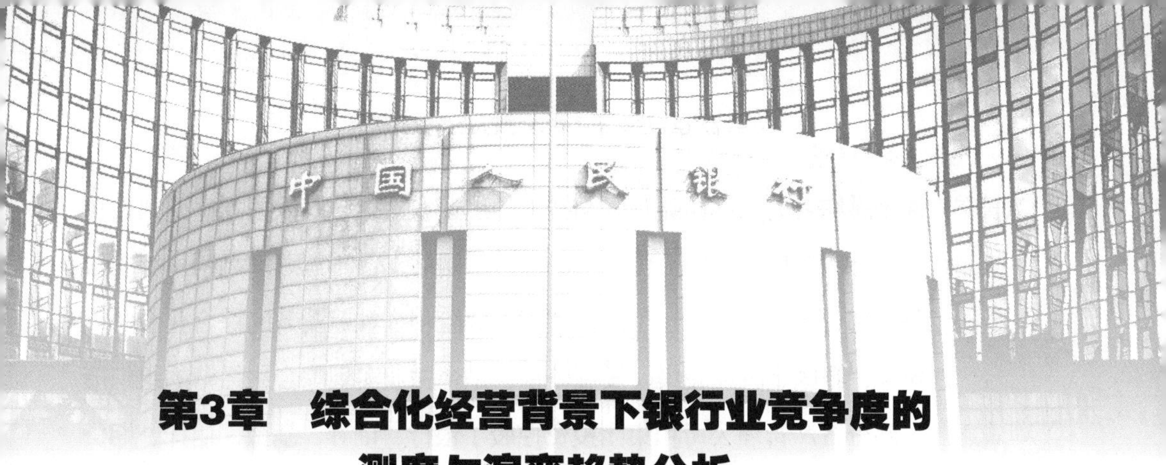

第3章　综合化经营背景下银行业竞争度的测度与演变趋势分析

结构分析方法认为，在市场份额高度集中的市场上，行业竞争度会较低。然而，诸多实证研究表明，该结论对于银行业并不完全成立。基于新实证产业组织理论的非结构方法则采用更为直接的方式，通过观察市场中的公司行为来量化行业竞争度，该方法是测度银行业竞争的主流方法。在非结构方法中，测度银行业竞争度的指标主要有三种：基于 P-R 模型的 HHI 指数、Lerner 指数、Boone 指数，而 Boone 指数是近年文献中最为常用的指标。本章结合中国银行业的发展现状，对 Boone 指数的估计方法进行优化，再以 2012—2019 年 53 家商业银行的经营数据为样本，测度中国银行业的竞争程度并分析其演变趋势。

3.1　综合化经营趋势与中国银行业竞争现状

1949—2005 年间，我国银行业呈现出高度集中的市场结构，分业经营是主旋律。2006 年 12 月，中国金融业五年的过渡期结束，金融机构迎来了对外全面开放，中国银行业金融机构面临与国际大型混业经营金融机构同台竞技。从“十一五”到“十三五”规划，相继提出“稳步”“稳妥”“审慎有序”的推进金融业综合化经营改革试点，金融业综合化经营成为我国金融体系的客观存在。当前，绝大多数银行类和非银行类金融机构开展综合经营业务，即通过跨市场、跨行业开展，使得银行业、保险业、证券业和信托业等相互融合与交叉变得更为深入，同时也通过并购与设立金融科技子公司和以资产管理业务为代表开展交叉性金融综合业务。伴随互联网技术的迅速发展，一些大型互联网科技企业陆续进入金融领域，开展征信、小额信贷、网络支付和理财产品销售等在线金融服务，部分企业已经构建了涵盖银行、保险和证券等业务的综合化金融平台。近年来，我国金融控股集团发展较快，是金融业实现综合化经营的组织形式之一，部分资产管理公司和集团投资控股了银行、证券、基金、信托、期货等机构等也可以认为是金融控股集团。还有一些地方政府为了防范金融风险、整合分散的地方金融资产，聚集社会闲散资金及综合利用多种融资工具，从整体上设置金融架构，搭建综合金融服务平台，组建培育地方金融控股集团。

随着金融改革和开放的不断深化，中国银行保险监督管理委员会等监管机构不断扩大银行业的经营范围和限制，以混合业务的综合化经营成为当前中国商业银行的共同选择。近年来，我国银行业高质量发展，经营总体稳健，资产负债持续增长，营利能力持续稳健，净利润规模逐年扩大。面对强监管和对外开放进程的全面提速，我国银行业供给侧结构性改革不断深化，银行业体系结构不断优化，行业集中度趋于合理区间，现已形成广覆盖、多层次、有差异化的银行金融机构体系，并表现出银行业经营结构优和经营总体平稳的良好局面。

3.1.1 机构数量持续增加

近年来，我国银行业金融机构已形成广覆盖、多层次、有差异化的银行机构体系。目前我国共有 4 593 家银行业金融机构法人机构，见表 3-1。从表中可以看出大型商业银行在 2018 年新增 1 家，即邮政储蓄银行；开发性金融机构 1 家即国家开发银行；民营商业银行数量不断扩大，从 2015 年的 5 家到 2020 年的 19 家，增长了 3.8 倍；农商行增加了 680 家，从 859 家扩大到 1 539 家；新型农村金融机构增加 318 家；而农村信用社减少了 732 家，从 2015 年的 1 373 家调整到 2020 年的 641 家；农村合作银行减少了 44 家；理财子公司和金融资产投资公司分别从 0 家直接增加到 20 家和 5 家，从而构建了多层次差异化的银行体系。

表3-1　我国银行业金融机构分布表

机构名称	2015 年	2016 年	2017 年	2018 年	2019 年	2020 年
政策性银行	2	2	2	2	2	2
国家开发银行	1	1	1	1	1	1
大型商业银行	5	5	5	6	6	6
股份商业银行	12	12	12	12	12	12
城市商业银行	133	134	134	134	134	133
民营商业银行	5	8	17	17	18	19
农村商业银行	859	1 114	1 262	1 397	1 478	1 539
农村合作银行	71	40	33	30	28	27
农村信用社	1373	1125	965	812	722	641
新型农村金融机构	1 373	1 504	1 623	16 674	1 687	1 691
非银行金融机构	385	412	437	444	451	455
外资银行	40	39	39	41	41	41
其他机构	2	2	2	1	1	1
理财子公司	0	0	0	0	0	20
金融资产投资公司	0	0	0	0	0	5

注：数据来源于中国银行保险监督管理委员会网站。

3.1.2　业务竞争愈演愈烈

商业银行负债业务面临着存款来源竞争激烈、存款定价更加灵活等挑战。近年来商业银行持续进行金融产品创新，提高经营服务质量，提高获取资金的能力及运用丰富的负债管理工具，推动商业银行负债业务的稳健增长。2020 年银行业金融机构总负债为 293.11 万亿元，其中大型商业银行总负债为 117.78 万亿元，股份制商业银行总负债为 53.24 万亿元，外资银行总负债为 3.33 万亿元，二者在总负债中的比重较 2015 年的分别增长了 63.58 个、53.56 个和 42.92 个百分点。2020 年，我国商业银行共实现净利润 1.939 万亿元。基于规模优势，2020 年六家大型商业银行净利润达到 1.09 亿元，在银行业中占比达到 56.3%，且近五年净利润保持稳定增长；城商行和农商行净利润共达到 0.43 万亿元；外资银行与民营商业银行的净利润显著偏低，分别为 170.4 亿元和 92.1 亿元。综合来看，大型商业银行在业务规模与营利能力上仍处于行业顶端。

3.1.3 开放程度持续提升

为了促进和丰富我国银行业的发展，国家鼓励民营银行和外资银行发展，从而起到不断优化银行业市场结构，同时也促进我国银行业金融机构的经营结构优化。对外开放政策的增速，进一步加大银行业竞争。2019 年来，国务院金融稳定发展委员会、央行和中国银行保险监督管理委员会等我国监管协调机构先后出台多项银行业对外开放措施，提高对外资重视程度，允许控股金融机构、外资参股，放宽外资金融机构的业务范围，中国金融开放步伐进一步加快。

从银行业体系看，我国银行业集中度（六家大型商业银行资产占行业比重）处于合理水平，2020 年末，六家大型商业银行总资产占银行业金融机构比例为 40%。外资银行资产规模增长迅猛，伴随金融开放力度的加大，更多措施将逐步落地，外资金融机构进入将加剧市场竞争，行业发展环境将更加复杂。在华外资银行经过多年的发展与布局，现已在我国多个城市设立众多营业机构，且资产总额处于上升状态，营业机构数量近三年处于平稳状态。截至 2020 年年底，我国共有 41 家外商独资银行，外资银行营业网点总数为 946 家，总资产额为 3.78 万亿元。中国银行业对外开放程度的扩大，同时会倒逼中资商业银行的改革提速，加快产品业务创新、信息技术投入，从而增强核心竞争力。随着外资银行经营范围的扩大，中资银行有了更多的交易对手，进一步扩大经营业务规模。此外，中资银行可以加强与外资银行的合作，以便向外资银行学习先进的经营理论和成熟的管理技术。

3.2　银行业竞争度测度模型的选择

3.2.1　银行业竞争度测度模型的演化

银行业竞争度测度方法起源于行业集中度测度方法，是行业集中度测度方法的特例。目前，对行业集中度测度的方法较多，如反映绝对集中度的行业集中率（CR_k 指数）等、反映相对集中度的洛伦兹曲线和基尼系数等，反映产业集中度的 HHI 指数等。虽然商业银行的产品——存款、贷款、中间业务具有很高的同质化程度，但随着行业竞争的加剧，商业银行纷纷推出个性化业务。更重要的是，近年来，传统商业银行不断向金融集团演进，业务竞争已经不局限于传统业务上的竞争，而是扩展到所有金融业务。鉴于此，本书是在当前银行业发展的现实基础上改进测度方法，测度中国银行业的竞争度，并从时间和截面两个维度来分析银行业竞争度的演变趋势。

在现有文献中，关于竞争度的测度研究可分为结构化和非结构化两种方法。早期文献主要以结构化方法为主，遵循“行业结构—市场份额—企业绩效”的 SCP 范式。随着时间的推移，将 SCP 范式应用于银行领域的研究受到很多学者的批评，因为市场结构—企业绩效之间不完全是单向因果关系。反之，企业绩效会影响市场结构，从而催生了非结构化方法。在非结构化方法中，关于竞争度测度方法的主要是：Iwata 模型 [13]、Bresnahan 模型 [233]、P-R 模型 [209]、Lerner 指数 [177]、HHI 指数 [156]、Boone 指数 [187] 等多种方法。其中，运用较多的是 Boone 指数、Lerner 指数、HHI 指数等。如邵汉华等 [234] 选取我国 102 家商业银行 2003—2012 年的面板数据，以 Lerner 指数方法测算我国银行业竞争程度，结果表明中国银行业竞争程度总体水平较低，国有大型商业银行和股份制商业银行市场势力要高于城商行和农商行，银行业市场势力呈现出顺周期性特征。唐文进等 [235] 选取我国 32 家商业银行 2003—2014 年的非平衡面板数据，以 Lerner 指数为银行竞争度的衡量指标，考虑到可能存在内生性问题，采用了 SYS-GMM 估计方法。实证结果表明我国银行业的基本业态处于垄断竞争，即竞争程度较低。五家大型商业银行与中小银行之间的竞争程度存在一定差异，2005 年以前五家大型商业竞争度低于中小商业银行，2005 年以后则高于中小商业银行。商业银行竞争程度总体上是出现波动下降的，银行业尚未形成稳定均衡的垄断竞争结构。李国栋 [236] 基于 14 家商业银行 1999—2012 年的面板数据，采用边际成本的系数估计值 Boone 指数，揭示我国银行业贷款市场的竞争程度及变化轨迹。实证结果表明，商业银行贷款市场的平均 Boone 指数为 −0.433，竞争度并不高。冯传奇 [237] 运用 HHI 指数方法，利用 2011—2017 年中国 88 家地方性商业银行数据，探讨银行业结构是否影响地方性商业银行存款利率，研究结果表明，银行业结构显著影响地方性银行存款利率。

这些研究极大地丰富了中国银行业竞争度测度方法。事实上，这些方法在被广泛运用的同时，也受到学术界大量的质疑。如反映产业集中度的综合指数 HHI 指数若没有对计量模型进行正确设定，很有可能导致估计偏误 [18]; Lerner 指数是通过估计价格与边际成本偏离程度的大小来判断竞争度的高低，但传统的 Lerner 指数估计方法由于存在内生性而导致结果偏误，有学者提出应使用经过修正的 Lerner 指数。对于银行业竞争度的估计方法，不管是 Lerner 指数、Boone 指数还是 HHI 指数，都需要对模型进行必要的修正才能得出较为科学的估计结果 [238-242]。最为重要的是，当前我国商业银行综合化经营的趋势日渐突出，商业银行逐渐演变成大型的金融集团公司，已有仅基于贷款业务测度银行业竞争度的测度方法，其局限性日渐凸显。因此，有必要在已有测度方法的基础上，优化出一种适应当下银行业发展的竞争度测度方法。

3.2.2 银行业竞争度测度模型的选择分析

在非结构方法中，竞争度测度指标主要有 Lerner 指数、HHI 指数、Boone 指数。Lerner 指数的估计以产品的价格与边际成本为基础，如式 (3-1) 所示:

$$L_{h,it}=\frac{P_{h,it}-MC_{h,it}}{P_{h,it}} \tag{3-1}$$

式中，$P_{h,it}$ 为产品 h 的价格，$MC_{h,it}$ 为产品 h 的边际成本。边际成本的估计要以超越对数成本函数为基础，因此，超越对数成本函数为：

$$\ln C_{it}=\delta_0+\sum_j\delta_j\ln y_{jit}+\sum_j\sum_k\delta_{jk}\ln y_{jit}\ln y_{kit}+\sum_h\gamma_h\ln w_{hit}$$
$$+\frac{1}{2}\sum_h\sum_s\gamma_{hs}\ln w_{hit}\ln w_{sit}+\sum_j\sum_h\theta_{jh}\ln y_{jit}\ln w_{hit}+\sum_{t=2}^{T}\eta_t year_t+u_{it} \tag{3-2}$$

在实证研究中，通常将银行的产品设定为存款（y_1）、贷款（y_2）、中间业务（y_3）3 种，成本设定为利息成本（ω_1）、劳动成本（ω_2）与资本成本（ω_3），在超越对数成本函数中，要素价格要满足对称性和一次齐次性，因而需要满足以下约束条件：

$$\gamma_1+\gamma_2+\gamma_3=1 \tag{3-3}$$

$$\gamma_{h1}+\gamma_{h2}+\gamma_{h3}=0，\ h=1,2,3 \tag{3-4}$$

$$\theta_{j1}+\theta_{j2}+\theta_{j3}=0，\ j=1,2,3 \tag{3-5}$$

在得到超越对数成本函数中系数的估计值之后，对成本函数求关于存款、贷款的一阶导数，从而得到存款、贷款和中间业务的边际成本：

$$MC_{1it}=\left(\delta_1+\delta_{11}\ln y_{1it}+\frac{1}{2}\delta_{12}\ln y_{2it}+\frac{1}{2}\delta_{13}\ln y_{3it}+\sum_h\theta_{1h}\ln w_{hit}\right)\frac{C_{it}}{y_{1it}} \tag{3-6}$$

$$MC_{2it}=\left(\delta_2+\frac{1}{2}\delta_{21}\ln y_{1it}+\delta_{22}\ln y_{2it}+\frac{1}{2}\delta_{23}\ln y_{3it}+\sum_h\theta_{2h}\ln w_{hit}\right)\frac{C_{it}}{y_{2it}} \tag{3-7}$$

$$MC_{3it}=\left(\delta_3+\frac{1}{2}\delta_{31}\ln y_{1it}+\frac{1}{2}\delta_{32}\ln y_{2it}+\delta_{33}\ln y_{3it}+\sum_h\theta_{2h}\ln w_{hit}\right)\frac{C_{it}}{y_{3it}} \tag{3-8}$$

存款和贷款的价格通过利息支出 / 计息负债、利息收入 / 生息资产近似得出，从而可得第 i 个银行的存款和贷款的 Lerner 指数，再以所有银行的 Lerner 指数为样本，求 Lerner 指数的算术平均值，从而可得到整个银行业的 Lerner 指数。一般认为，Lerner 指数越大，市场的竞争度越低。

HHI 指数的估计以投入产出函数为基础，通过总收入对于各项投入要素的

弹性之和量化竞争度:

$$\ln R_i = \alpha + \sum_{n=1}^{N} \beta_n \ln\left(\omega_{n,i}\right) + \sum_{k=1}^{K} \gamma_k Z_{k,i} + \xi_i \tag{3-9}$$

$$H_i = \sum_{n=1}^{N} \beta_n \tag{3-10}$$

式中，R_i 为总收入，$\omega_{n,i}$ 为第 n 种投入要素价格，$Z_{k,i}$（$k=1, 2, \cdots, K$）为控制变量。投入要素价格的系数之后即为 HHI 指数，当 H=1 时，银行业为完全竞争市场；当 $H \leqslant 0$ 时，银行业为垄断市场；当 $0 < H < 1$ 时，银行业为垄断竞争市场。

按照 Boone 等 [219] 给出的测度方法，Boone 指数为利润对于效率的弹性值:

$$\ln \pi_{it} = \alpha + \delta \ln c_{it} + \varepsilon_{it} \tag{3-11}$$

式中，π_{it} 为利润水平，c_{it} 为成本，而成本又被视为是效率水平的代理变量，δ 即所谓的 Boone 指数。在实际应用中，诸多学者对 Boone 指数的估计进行了拓展和延伸。首先，在效率指标的选取上，Leuvensteijn 等 [220] 使用边际成本作为效率指标 [221-222]，Schaeck 等 [223] 则采用平均成本作为效率指标。其次，Leuvensteijn 等 [220]、Tabak 等 [227] 对布恩（Jan Boone）提出的成本与利润的关系进行转化，低成本可以转为高利润或者较低的产品价格，而低成本意味着可以获取更多的市场份额，因此成本与利润的关系就转变为成本与市场份额之间的关系:

$$\ln s_{it} = \alpha + \delta \ln mc_{it} + \varepsilon_{it} \tag{3-12}$$

式中，s_{it} 为利润水平，mc_{it} 为边际成本，此种转化方法在当前的实证研究中被广泛使用。显然，在 HHI 指数、Boone 指数的估计中，要素投入价格与总收入、边际成本与市场份额存在互为因果的现象，因而在模型的估计中需要解决由互为因果导致的内生性问题。在表 3-2 中给出了估计 Lerner 指数、HHI 指数与 Boone 指数所需的指标以及所采用的估计方法。

如果以商业银行的 Lerner 指数为基础，以其加权平均值作为衡量银行业竞争度的指标，Lerner 指数的估计方法将直接决定行业竞争度的测度结果。在已有文献中，边际成本的估计方法并不统一，估计方法不统一会直接影响测度结果的一致性。因此，Lerner 指数不是测度银行业竞争度的首选。以 P-R 模型为基础的 HHI 指数，对样本、指标以及估计方法具有很强的依赖性，要素成本价格与总收入之间可能存在互为因果的关系，从而导致模型存在内生性问题，如果继续采用 OLS 估计，系数估计值将是有偏且不一致的，从而影响最终的测度结果。与之相类似，在估计 Boone 指数时，效率与市场份额之间同样存在与前两者类似的问题，如果以边际成本来衡量商业银行的效率，边际成本估计中存在的问题会直接影响解释变量的准确性。与此同时，由于商业银行经营效率与市场份额之间可能存在互为因果的关系，因而需要将模型存在的内生性问题考虑在内。

表3-2　Lerner 指数、HHI 指数与 Boone 指数所需指标与估计方法

<table>
<tr><th rowspan="2">测度指标</th><th colspan="3">所需指标</th><th rowspan="2">模型存在的主要问题</th></tr>
<tr><th>指标</th><th>定义</th><th>估计方法</th></tr>
<tr><td rowspan="2">Lerner 指数</td><td>产品价格</td><td>存款价格：利息支出 / 存款或者利息支出 / 计息负债
贷款价格：利息收入 / 贷款或者利息收入 / 生息资产</td><td rowspan="2">面板数据模型（约束条件）</td><td rowspan="2">边际成本的估计方法不统一</td></tr>
<tr><td>边际成本</td><td>超越对数函数</td></tr>
<tr><td rowspan="2">HHI 指数</td><td>总收入</td><td>营业收入 + 营业外收入</td><td rowspan="4">有约束的面板数据模型</td><td rowspan="2">内生性</td></tr>
<tr><td>要素成本价格</td><td>劳动成本：管理费用 / 总资产
资本成本：非利息支出 / 总资产
资金成本：利息支出 / 生息资产</td></tr>
<tr><td rowspan="2">Boone 指数</td><td>市场份额</td><td>贷款份额：贷款余额 / 总贷款
存款份额：存款余额 / 总存款</td><td rowspan="2">内生性</td></tr>
<tr><td>边际成本</td><td>超越对数函数</td></tr>
</table>

在 Boone 指数的估计中，同样需要估计存贷款的边际成本，而边际成本的估计则依赖于超越对数函数的估计，估计超越对数函数成为估计 Lerner 指数与 Boone 指数的核心。在样本数据为面板数据时，由于超越对数函数满足对称性和一次齐次性，因而在估计中需要设定约束条件。然而，目前对于带约束条件的面板数据模型并没有较好的处理方法，尤其是在固定效应与随机效应选

择上。更为重要的是，基于超越对数函数的估计得到的边际成本并不一定为正值，如果边际成本为负数，显然与现实相悖。如果边际成本的数值不合理或者估计存在误差，必然会降低 Lerner 指数、Boone 指数的可信度与精度。

在上述三种测度指标中，相比于 Lerner 指数与 HHI 指数，Boone 指数具有两方面的优势：首先，Boone 指数的经济学含义更为直观，Boone 指数可以直观地理解为“成本越低、利润越高”或者“成本越低、市场份额越大”；其次，Boone 指数的估计以回归方程为基础，可以通过加入虚拟变量、分组回归、门限回归和双重差分法等方式，以评估制度变迁、监管改革的政策效果，比较国与国之间银行业竞争度的差异。

3.3 综合化经营背景下银行业竞争度测度模型的优化

3.3.1 模型优化的现实基础

优化 Boone 指数的出发点可以归纳为两方面：一是模型本身存在的内生性问题；二是现有模型的构建思路已经不切合当前银行业发展的现状。其中，第一方面无需赘述，以下主要从当前银行业发展的现状出发，讨论优化 Boone 指数的现实基础。

首先，就商业银行的经营范围而言，综合化经营成为不可逆转的趋势，商业银行之间的竞争已经不仅仅局限于存款、贷款、中间业务上的竞争，而是拓展到了整个金融领域。图 3-1 中列出了 36 家上市商业银行经营范围的文本分析结果，由分析结果可知，除了贷款业务、存款业务、汇兑业务之外，证券业务和保险业务也在经营范围之内。除此之外，诸多商业银行逐渐演变为金融集团，中国平安、中信集团等都是较为典型的金融集团公司，中国平安最初以保险业务为主营业务，其后逐渐扩展到银行、证券、基金、信托、融资租赁、不动产、资产管理等金融业务。并且以传统银行业务为主体的大型商业银行也开始涉足非传统银行业务，如中国工商银行业设立了信托投资、金融租赁等子公司。

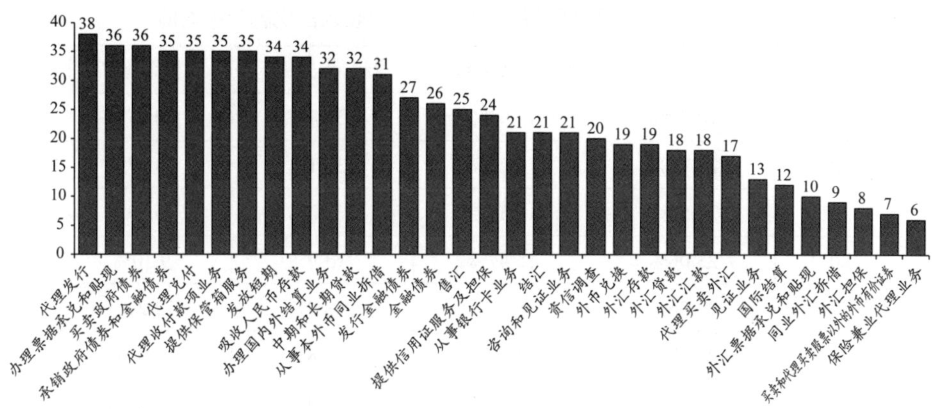

图3-1　36家上市商业银行营业范围的文本分析结果

其次，就商业银行的经营业务而言，承诺类、担保类、委托代理类等表外业务规模不断增长，非利息收入的占比逐渐提高，因此，在存款、贷款和中间业务上的竞争难以体现行业竞争水平。如表 3-3 所示，2008—2018 年我国四类商业银行的非利息收入占比，从四类银行的非利息收入占比的均值来看，非利息收入占比逐年提高，即总体上呈上升趋势。四类银行中，股份制商业银行、农商行的非利息收入占比在 2008—2018 年间增长了一倍。非利息收入占比逐年上升表明，由银行贷款业务获得的利息收入对银行的重要性正在逐渐减弱，在贷款业务上的竞争已经不能完全体现商业银行之间的竞争，因此，需要将其他业务考虑纳入测度银行业竞争度的考察范围。

最后，就商业银行的经营区域而言，经营区域的不统一会直接影响模型估计结果的准确性。在当前中国银行业监管规则制度之下，四种主要类型的商业银行存在经营地域的不同，如 6 家大型商业银行、12 家股份制商业银行面向全国，而众多的城商行和农商行则主要面向本省市和所在县域。城商行、农商行的存贷款市场份额较低，并不完全是因为其存贷款的边际成本较高，也存在监管规则约束的原因。因此，四种主要类型的商业银行在市场份额上不具有可比性，Boone 指数的估计也将受到制约。

表3-3　2008—2018年商业银行非利息收入占比的分组均值

年份	大型商业银行	股份制商业银行	城市商业银行	农村商业银行
2008	18.50%	14.92%	23.57%	20.07%
2009	21.78%	16.26%	13.01%	13.97%
2010	21.50%	15.54%	13.62%	16.89%
2011	23.06%	15.47%	11.09%	9.50%
2012	22.56%	18.19%	15.39%	12.21%
2013	23.57%	21.70%	16.38%	13.69%
2014	23.91%	25.78%	19.23%	16.07%
2015	25.31%	28.47%	25.14%	23.34%
2016	29.87%	31.11%	28.35%	34.68%
2017	27.61%	36.32%	31.62%	42.23%
2018	27.89%	40.02%	31.14%	40.05%

数据来源：iFind。

3.3.2　模型优化的具体措施

与上文相对应，Boone指数的优化措施具体可分为以下几个方面：一是调整商业银行的投入产出指标，将商业银行的综合化经营作为指标选择的前提；二是调整效率估计方法，克服现有效率测度方法的不足；三是调整估计方法，克服因效率与份额互为因果而产生的内生性问题。

商业银行的投入产出指标的设定具有阶段性特征。在产出指标的设定方面，早期文献仅将贷款作为商业银行的产出指标，随着后续研究的推进，中间业务也成为商业银行的产出之一。中国银行业的现状与欧美国家的情况略有不同，中国商业银行的融资渠道主要依赖于存款，揽储的压力较大，且监管措施严格，债券和股权融资补充可贷资金的作用有限。而对于欧美等资本市场发达国家的商业银行，能够较为便捷地通过债券和股权融资补充可贷资金。因此，在国内的研究中，有文献将存款作为商业银行的产出。值得关注的是，商业银行存在负向产出的问题，在商业银行的经营过程中，所发放的贷款会产生不良贷款，不良贷款会直接影响商业银行的有效产出，因而也需要将其作为商业银行的产出。鉴于此，有文献直接将资产作为商业银行的产出，按照会计核算原则，资产等于负债加所有者权益，不良贷款的核销会直接反映到资产减值中，而且商业银行的其他负债项目和资产业务也会反映到资产规模中。

将资产作为商业银行的产出也存在一定的局限性，表外业务无法体现到资产规模中，而表外业务对商业银行的收入和风险水平具有重要影响，因而在商业银行产出的设定中不能忽视表外业务。因此，本书提出另一种方案，将商业银行的产出之一以风险加权资产来表示，那么银行的风险加权资产主要包括市场风险的加权资产、信用风险的加权资产和操作风险的加权资产。操作风险是指由内部控制缺陷、信息系统以及外部事件所导致意外损失的风险，如电脑系统故障、人为错误、内部控制不当等，包括法律风险，但不包括策略性风险和声誉风险。市场风险主要是指因基础资产市场价格的不利变动，而使得银行表内和表外业务发生损失的风险。信用风险又称为违约风险，是指交易对方因各种原因，不愿或不能履行到期债务而构成违约的风险。信用风险加权资产的计量有权重法和内部评级法，以权重法为例，权重法下的信用风险加权资产是银行表外项目与银行账户表内资产信用风险加权资产之和。通过风险加权资产的定义可以知道，风险加权资产能够反映表内、表外各项业务的规模。此外，风险加权资产考虑了资产质量，将负向产出也纳入了考察范围。根据中国银保监会 2012 年通过的《商业银行资本管理办法(试行)》，对于信用风险较低的科目，其风险权重为 0[①]，即对于高质量的资产项目并没有反映到风险加权资产之中。基于此，可在风险加权资产的基础上，将现金及存放中央银行款项与之并列作

---

① 风险权重为0的科目：①现金、现金等价物；②国家或地区的评级为AA-(含)以上的国家或地区政府及其中央银行债权；③多边开发银行、国际清算银行和国际货币基金组织的债权；④对我国中央政府和央行的债权；⑤政策性银行的债权；⑥中央政府投资的金融资产管理公司为收购国有银行不良贷款而定向发行的债券；⑦对我国其他银行的债权（以风险权重为0%的金融资产作为质押的债权，其覆盖部分的风险权重为0%）。

为商业银行的产出。

在综合化经营的背景下，产出的设定一方面要兼顾表内的各项业务，另一方面也要将表外业务考虑在内，仅通过一种产出难以描绘商业银行的经营成果。如果将商业银行的产出设定为多种，继续采用边际成本测算商业银行的经营效率必然存在局限性。边际成本的估计通常会以超越对数成本函数为基础，在超越对数成本函数中，如果产出为两类以上，虽然可以估计得到每种产出的边际成本，但要得到总的边际成本，还需要进一步探讨。如上所述，在边际成本的估计中，模型的设定与估计方法会直接影响边际成本的估计值，从而影响效率测度结果的稳健性。为了得到商业银行总体上的经营效率，本书拟通过数据包络分析方法（DEA）测度商业银行的经营效率。数据包络分析方法能够克服现有估计方法的不足，一方面既可以将产出设定为多种，另一方面也能得到总体上的效率水平，更为重要的是，在样本确定的条件下，效率水平的估计值具有更好的稳健性。

在现有文献中，Boone 指数通常被定义为市场份额关于效率的弹性。如上所述，在综合化经营的大背景下，市场份额已经不局限于存款、贷款与中间业务的市场份额，而是扩展到了所有的业务的市场份额。基于此，本书将 Boone 指数模型的估计方程设定为：

$$\ln Assets_{it} = c + \beta \ln E_{it} + \varepsilon_{it} \tag{3-13}$$

式中，$Assets_{it}$ 为扣除固定资产后的资产规模，E_{it} 为商业银行的经营效率，ε_{it} 为随机扰动项。测度银行业竞争度的目的不仅是只关注竞争度指标的数值本身，而是在于分析行业竞争度的演变趋势、评估市场化改革措施的政策效果以及技术进步、对外开放对银行业竞争度的影响。基于此，在评估市场化改革的政策效果、技术进步、对外开放对银行业竞争度的影响时，将充分考虑效率与份额之间互为因果而形成的内生性问题，通过系统 GMM 估计克服模型的内生性问题，提高估计结果的可信度。

3.4　中国银行业竞争度测度的实证研究

3.4.1　商业银行经营效率的测度

在现有银行业竞争度的实证研究文献中，通常采用边际成本衡量商业银行的经营效率。在已有文献中，诸多文献就商业银行的经营效率进行了详细讨论，具体的测度模型主要有两类：基于回归方程的随机前沿模型与数据包络分析。回归方程的设定方式不同，基于随机前沿模型得到的效率指标也将不同，如果回归方程为成本方程，则估计得到的效率为成本效率；如果回归方程为产出方程，则估计得到的效率为产出效率。数据包络分析同样是估计随机前沿，但所使用的方法是线性规划，数据包络分析根据模型的设定同样可以分为投入导向型与产出导向型，若样本数据设为面板数据，则可以将效率指标 Malmquist 指数分解为技术效率增长、技术进步、规模效率。

上述三种效率测度方法各具优势，在基于边际成本的效率测度方法中，投入和产出可以设置为多个，但需借助超越对数成本函数，该方法能够分别估计出存款、贷款以及中间业务的边际成本。在基于回归方程的随机前沿模型中，被解释变量通常设置为总产出或者总成本，解释变量为产出或者投入要素。相比前两种方法，数据包络分析法无须设定生产函数或者成本函数，投入要素和产出种类均可以是多种，且无须设定约束条件。

在商业银行综合化经营的前提下，诸多商业银行转变为金融集团，主营业务已经不再局限于存款、贷款以及中间业务，已经涉及保险类、证券类业务。对于没有向金融集团化发展的商业银行，其表外业务规模亦不断扩大。鉴于此，商业银行之间的竞争已经不局限于贷款业务上的竞争，而是已经扩展到其他金融业务，效率测度方法亦要契合银行业综合化经营的现状，因而数据包络法分析法具有突出优势。

数据包络分析法（DEA）即效率评价方法，是 Charnes 等 [243] 提出的。DEA 方法的基本思想起源于法约尔 [244] 关于生产率的研究，法约尔认为现有文献中对生产率的研究工作并没有综合考虑多种产出和多种投入，因而是存在较多局限。鉴于此，法约尔将生产率（Productivity）的概念拓展为生产效率（Efficiency）。DEA 方法可以通过投入、产出数据就能给出同质决策单元的相对有效程度，而不需要事先就给出投入产出的函数形式，这也是 DEA 方法最为突出的优势。

在 DEA 方法的估计中，首先需要给定投入和产出指标，投入指标包括利息成本、资本成本与劳动力成本，产出指标包括存款、贷款与中间业务。在综合化经营的趋势之下，存款、贷款在计息负债和生息资产中的占比不断下滑，因而有必要将存款、贷款替换成计息负债、生息资产，将计息负债、生息资产与中间业务作为商业银行的产出。最为重要的是存款、贷款、计息负债、生息资产和中间业务收入主要体现在表内，如果将此三大类业务作为产出，没有将表外业务反映到产出之中。因此，本书又提出一种新的处理方法，将商业银行贷款由风险加权资产来替代，将风险加权资产、贷款、中间业务收入，或者计息负债、风险加权资产与中间业务收入作为商业银行的产出。风险加权资产不仅包括银行的各项资产，而且还可通过转换系数，将表外业务进行转化，转化为可与表内业务相比的风险加权资产，相比于贷款或者生息资产，风险加权资产可以更为全面地反映商业银行的经营成果。

基于以上分析，形成了六种测度商业银行经营效率的方案，具体如表 3-4 所示。在测度效率时，以 2012—2019 年 53 家商业银行的经营数据为样本，构建平衡面板数据。其中投入指标具体包括：利息支出、资本成本（非利息支出 = 营业支出 - 业务及管理费用）、劳动成本（业务及管理费用），并且将测度模型设定为规模报酬不变、投入导向。产出的设置分为三组：第一组分别为存款、贷款，存款、贷款、中间业务收入；第二组分别为计息负债、生息资产，计息负债、生息资产、中间业务收入；第三组分别为计息负债、风险加权资产、中间业务收入，计息负债、风险加权资产、现金及存放中央银行款项、中间业务收入。测度方案与描述性统计如表 3-4 所示，基于 DEA 方法的效率估计值的分布情况如图 3-2 所示。

表3-4　商业银行效率测度方案与描述性统计

	测度方案		观测值	均值	标准差	最小值	最大值
	投入	产出					
方案 1	利息支出 资本成本 劳动成本	存款 贷款	424	0.731 1	0.141 8	0.360 6	1
方案 2	利息支出 资本成本 劳动成本	存款 贷款 中间业务收入	424	0.765 7	0.144 4	0.360 6	1
方案 3	利息支出 资本成本 劳动成本	计息负债 生息资产 中间业务收入	424	0.693 7	0.128 6	0.360 5	1
方案 4	利息支出 资本成本 劳动成本	计息负债 生息资产	424	0.736 0	0.141 9	0.360 5	1
方案 5	利息支出 资本成本 劳动成本	计息负债 风险加权资产 中间业务收入	424	0.792 4	0.133 4	0.390 5	1
方案 6	利息支出 资本成本 劳动成本	计息负债 风险加权资产 现金及存放中央银行款项 中间业务收入	424	0.794 0	0.133 5	0.394 2	1

从 3 组效率估计值的描述性统计结果来看，6 种方案的测度结果在数值上的差异较小，但第 5 种、第 6 种测度方案最为接近。从效率估计值的核密度分布函数图可知，3 组测度方案存在一定的差异，尾部分布差异尤为明显，其中，第 5 种、第 6 测度方案的核密度函数图尤为接近。在此部分研究中，主要目标在于测度中国银行业的竞争度以及在时间维度上的演变，考虑到贷款在生息资产中的占比不断下滑、非利息收入占比不断上升的现实情况，第 1 组中的两种方案存在较为突出的局限性，因而以第 2 组、第 3 组中的效率测度结果为样本进行实证研究。在已有研究中，诸多文献将中间业务收入作为商业银行的产出，本书亦是如此，故将第 2 组中的第 4 种测度方案作为实证研究中的效率指标。在第 3 组中的两种测度方案无论是在数值上还是在分布上，都较为接近，

因此采用第5种测度方案作为实证研究中的另一效率指标。

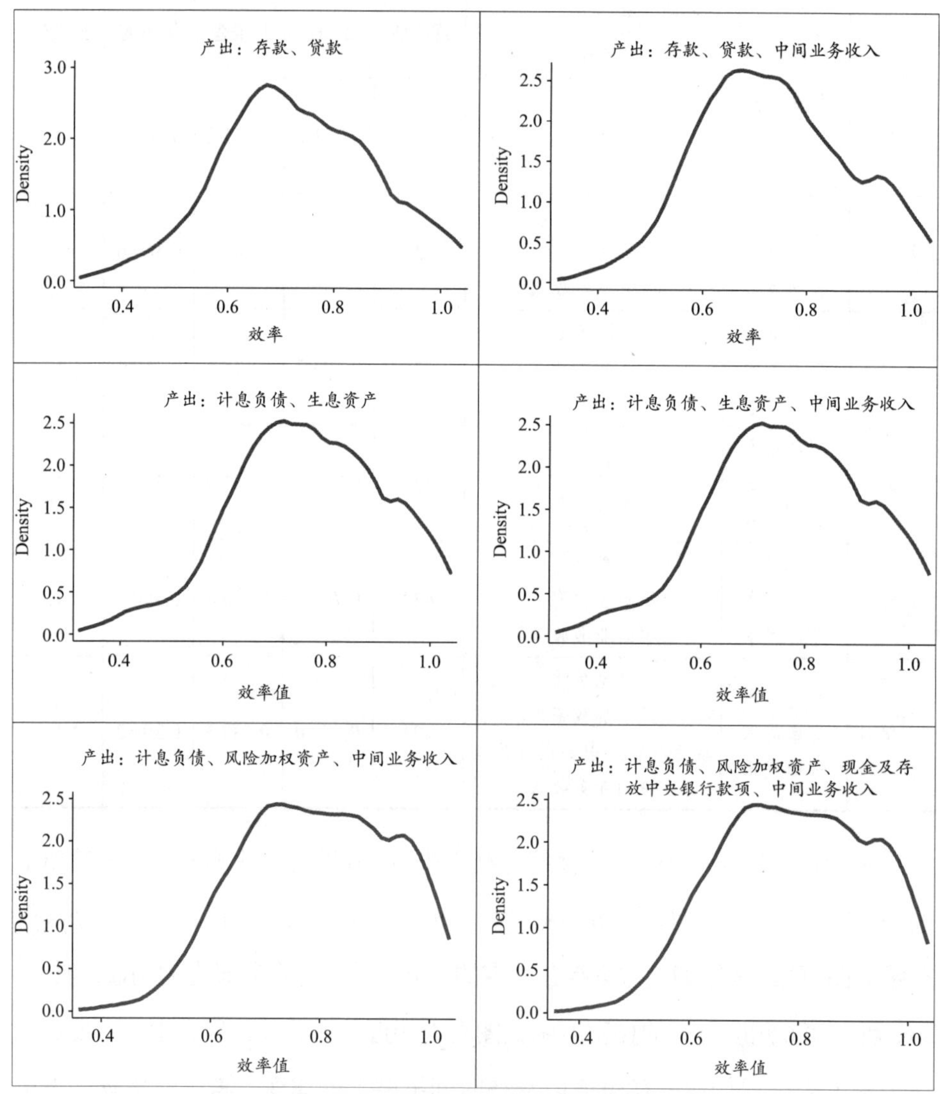

图3-2　基于 DEA 方法的效率估计值的核密度分布

3.4.2　中国银行业竞争度的测度及其演变

3.4.2.1　Boone 指数的估计值

首先将基于方案4和方案5得到的效率估计值命名为 E_{4t}、E_{5t}，进一步可以结合 Boone 指数的估计方程可得 Boone 指数的估计值。在 Boone 指数的估计当中，分别考虑了固定效应模型、随机效应模型、系统 GMM 估计，估计结果如表 3-5 所示。

表3-5　Boone 指数的估计

变量	(1)	(2)	(3)	(4)	(5)	(6)
	$\ln assets_t$	$\ln assets_t$	$\ln assets_t$	$\ln assets_t$	$\ln assets_t$	$\ln assets_t$
$\ln assets_{t-1}$			$0.902\ 1^{***}$ (0.006 1)			$0.924\ 6^{***}$ (0.006 5)
$\ln E_{4t}$	$2.734\ 1^{***}$ (0.3517)	$2.521\ 0^{***}$ (0.344 2)	$0.576\ 6^{***}$ (0.065 7)			
$\ln E_{5t}$				$2.949\ 0^{***}$ (0.308 9)	$2.862\ 4^{***}$ (0.305 6)	$0.342\ 9^{***}$ (0.056 6)
常数项	$25.409\ 4^{***}$ (0.273 3)	$25.526\ 2^{***}$ (0.189 4)	$2.436\ 0^{***}$ (0.147 0)	$25.195\ 7^{***}$ (0.279 0)	$25.246\ 0^{***}$ (0.178 2)	$1.951\ 3^{***}$ (0.159 9)
样本容量	424	424	371	424	424	371
观测对象	53	53	53	53	53	53
模型	随机效应	固定效应	系统 GMM	随机效应	固定效应	系统 GMM

注：括号中为标准差；*** 表示 $p<0.01$，** 表示 $p<0.05$，* 表示 $p<0.1$。

在表 3-5 第 (3)、(6) 列的系统 GMM 估计中，Abond 检验、Sargan 检验表明，在 5% 的水平上接受“扰动项无自相关”的原假设和“所有工具变量都有效”的原假设。在 1% 的置信水平上，效率的系数估计值均是显著的。以基于方案 4 的估计结果为例，在 1% 的置信水平上，系数估计值均是显著的，在随机效应模型中，资产对于效率的弹性为 2.734 1，在固定效应模型中为 2.521 0，而在系统 GMM 估计中为 0.576 6。即在 3 种模型中，效率增加 1%，资产规模将依次增加 2.734 1%、2.521 0%、0.576 6%。从系数的估计结果来看，Boone 指数在随机效应、固定效应与系统 GMM 估计之间存在较大差异，在系统 GMM 估计中，Boone 指数的估计值远低于前两者。由此可见，是否考虑模型存在的内生性问题是影响 Boone 指数估计的关键因素之一。

3.4.2.2 Boone 指数在时间维度上的演变

正如前文所述，测度银行业竞争度的目标不仅局限于估计 Boone 指数的绝对值，更要分析银行业竞争度的演变规律。按照已有文献的处理方式，首先是不考虑模型存在的内生性问题，按截面估计模型 Boone 指数；其次是在考虑内生性问题的条件下，在模型中增加年度虚拟变量，捕捉效率与资产之间的关系是否随年份变动。表 3-6 中给出了基于截面数据的估计结果。由估计结果可知，在 1% 的置信水平上，在 8 个截面的估计结果中，效率的系数估计值均显著，在以截面数据为样本的估计中，Boone 指数的估计值在 2012—2016 年逐步提升，2017—2019 年之后略有回落。

表3-6　基于截面数据样本的 Boone 指数

	变量	(1) 2012	(2) 2013	(3) 2014	(4) 2015	(5) 2016	(6) 2017	(7) 2018	(8) 2019
		$\ln assets_t$	$\ln assets_t$	$\ln assets_t$	$\ln assets_t$	$\ln assets_t$	$\ln assets_t$	$\ln assets_t$	$\ln assets_t$
Panel 1	$\ln E_{4t}$	9.072*** (2.767)	10.328*** (2.531)	10.675*** (2.803)	14.751*** (2.739)	17.454*** (2.635)	15.875*** (2.414)	13.826*** (2.594)	13.418*** (2.585)
	常数项	21.627*** (1.478)	21.010*** (1.376)	21.301*** (1.432)	19.103*** (1.455)	16.619*** (1.584)	18.016*** (1.400)	19.522*** (1.459)	19.803*** (1.463)
	样本容量	53	53	53	53	53	53	53	53
	R^2	0.174	0.246	0.221	0.362	0.462	0.459	0.358	0.346
Panel 2	$\ln E_{5t}$	7.105** (3.034)	9.399*** (2.814)	8.029** (3.450)	14.986*** (3.778)	15.118*** (3.859)	14.090*** (3.147)	9.755*** (3.317)	12.397*** (3.358)
	常数项	22.560*** (1.663)	21.271*** (1.598)	22.350*** (1.879)	18.512*** (2.117)	17.504*** (2.443)	18.527*** (1.936)	21.371*** (2.005)	19.878*** (2.030)
	样本容量	53	53	53	53	53	53	53	53
	R^2	0.097	0.180	0.096	0.236	0.231	0.282	0.145	0.211

注：括号中为标准差；*** 表示 $p<0.01$，** 表示 $p<0.05$，* 表示 $p<0.1$。

由于资产规模与效率之间有可能存在互为因果的关系，模型存在内生性问题，从而导致系数估计值存在偏差，以至于 Boone 指数的估计值不准确。鉴于此，进一步以面板数据为样本，采用系统 GMM 方法分析 Boone 指数随年份的变动情况，估计结果如表 3-7 所示，给出了系统 GMM 的估计结果，同时也给出了随机效应、固定效应的估计结果。

表3-7　Boone 指数在时间维度上的演变规律

变量	(1)	(2)	(3)	(4)	(5)	(6)
	$\ln assets_t$	$\ln assets_t$	$\ln assets_t$	$\ln assets_t$	$\ln assets_t$	$\ln assets_t$
$\ln assets_{t-1}$			0.936*** (0.007)			0.934*** (0.006)
$\ln E_{4t}$	−0.840*** (0.194)	−0.879*** (0.190)	0.606*** (0.058)			
$\ln E_{5t}$				−0.623*** (0.207)	−0.707*** (0.197)	0.791*** (0.049)
$\ln E_{4t}\times I_{year=2013}$				0.267*** (0.057)	0.269*** (0.054)	
$\ln E_{4t}\times I_{year=2014}$				0.507*** (0.059)	0.503*** (0.057)	0.094*** (0.010)
$\ln E_{4t}\times I_{year=2015}$				0.843*** (0.057)	0.842*** (0.055)	0.144*** (0.011)
$\ln E_{4t}\times I_{year=2016}$				1.101*** (0.059)	1.111*** (0.056)	0.035*** (0.012)
$\ln E_{4t}\times I_{year=2017}$				1.294*** (0.057)	1.301*** (0.055)	−0.027* (0.015)
$\ln E_{4t}\times I_{year=2018}$				1.463*** (0.057)	1.467*** (0.054)	−0.042*** (0.014)
$\ln E_{4t}\times I_{year=2019}$				1.632*** (0.057)	1.637*** (0.054)	−0.005 (0.015)
$\ln E_{5t}\times I_{year=2013}$	0.278*** (0.053)	0.280*** (0.052)				
$\ln E_{5t}\times I_{year=2014}$	0.498*** (0.054)	0.498*** (0.053)	0.082*** (0.010)			
$\ln E_{5t}\times I_{year=2015}$	0.823*** (0.053)	0.824*** (0.052)	0.140*** (0.013)			
$\ln E_{5t}\times I_{year=2016}$	1.095*** (0.056)	1.100*** (0.055)	0.059*** (0.013)			

续表

变量	(1)	(2)	(3)	(4)	(5)	(6)
	ln $assets_t$	**ln** $assets_t$	**ln** $assets_t$	**ln** $assets_t$	**ln** $assets_t$	**ln** $assets_t$
$\ln E_{5t} \times I_{year=2017}$	1.270*** (0.055)	1.274*** (0.053)	−0.016 (0.016)			
$\ln E_{5t} \times I_{year=2018}$	1.417*** (0.054)	1.420*** (0.053)	−0.040*** (0.012)			
$\ln E_{5t} \times I_{year=2019}$	1.579*** (0.054)	1.583*** (0.053)	0.005 (0.014)			
常数项	26.877*** (0.236)	26.898*** (0.102)	1.493*** (0.188)	26.753*** (0.217)	26.797*** (0.103)	1.467*** (0.174)
样本容量	424	424	371	424	424	371
观测对象	53	53	53	53	53	53
模型	随机效应	固定效应	系统 GMM	随机效应	固定效应	系统 GMM

注：括号中为标准差；*** 表示 $p<0.01$，** 表示 $p<0.05$，* 表示 $p<0.1$。

与表 3-5 的估计结果类似，系统 GMM 估计效率的系数估计值显著低于随机效应与固定效应模型中的估计结果。Abond 检验和 Sargan 检验表明，在 5% 的水平上接受“扰动项无自相关”的原假设和“所有工具变量都有效”的原假设。在随机效应与固定效应模型当中，年份虚拟变量与效率交乘项的系数均为负值，并且随着年份的增加，系数估计值的绝对值逐步增加，可见 Boone 指数随着时间的推移而下降。在系统 GMM 估计值中，当被解释变量为 $\ln E_{4t}$ 时，在 1% 的置信水平上，2014 年、2015 年、2016 年的虚拟变量与效率交乘项的系数均显著为正，2017 年、2018 年、2019 年的虚拟变量与效率交乘项的系数为负数，其中 2018 年的虚拟变量与效率的交乘项在 1% 的置信水平上显著不为 0。而当被解释变量为 $\ln E_{5t}$ 时，系数的估计值与前者大同小异。总体来看，在系统 GMM 估计中，与基期 2012 年相比，2014 年、2015 年、2016 年的 Boone 指数均有所提升，而在 2017 年、2018 年、2019 年略有下降，与表 3-6 中的估计结果具有一致性。对比随机效应、固定效应、系统 GMM 模型的估计结果可知，以截面数据为样本的估计结果与面板数据的系数估计值截然不同，且在趋势识别上亦不一致，如果不考虑模型存在的内生性问题，在识别 Boone 指数随时间变动的趋势上将存在偏误。

3.5 中国银行业竞争度测度的稳健性检验

在 Boone 指数的估计中，效率是核心变量，效率的估计方法会直接影响 Boone 指数的估计结果。因此，在稳健性检验中，将对效率测度方法进行调整，以验证估计结果的稳健性。

投入与产出的设定均会影响效率估计值，在稳健性检验中，对投入要素进行调整，将劳动成本、资本成本合并成非利息成本，即将投入要素简化为利息支出与非利息支出，具体的调整方案如表 3-8 所示。

从效率估计值的分布来看，效率估计值在均值、方差上的差异相对较小，但从效率估计值的核密度函数来看，稳健性检验中的 4 种测度方案在分布上存在明显的差异，如果将风险加权资产作为产出项，效率估计值的密度函数的尾部更厚（图 3-3）。

表3-8 稳健性检验中的效率测度方案

	测度方案		观测值	均值	标准差	最小值	最大值
	投入	产出					
方案 7	利息支出 非利息支出	计息负债 生息资产	424	0.652 0	0.124 3	0.335 6	1
方案 8	利息支出 非利息支出	计息负债 生息资产 中间业务收入	424	0.693 9	0.132 1	0.341 1	1
方案 9	利息支出 非利息支出	计息负债 风险加权资产 中间业务收入	424	0.748 4	0.126 3	0.382 2	1
方案 10	利息支出 非利息支出	计息负债 风险加权资产 现金及存放中央银行款项 中间业务收入	424	0.749 9	0.126 8	0.384 7	1

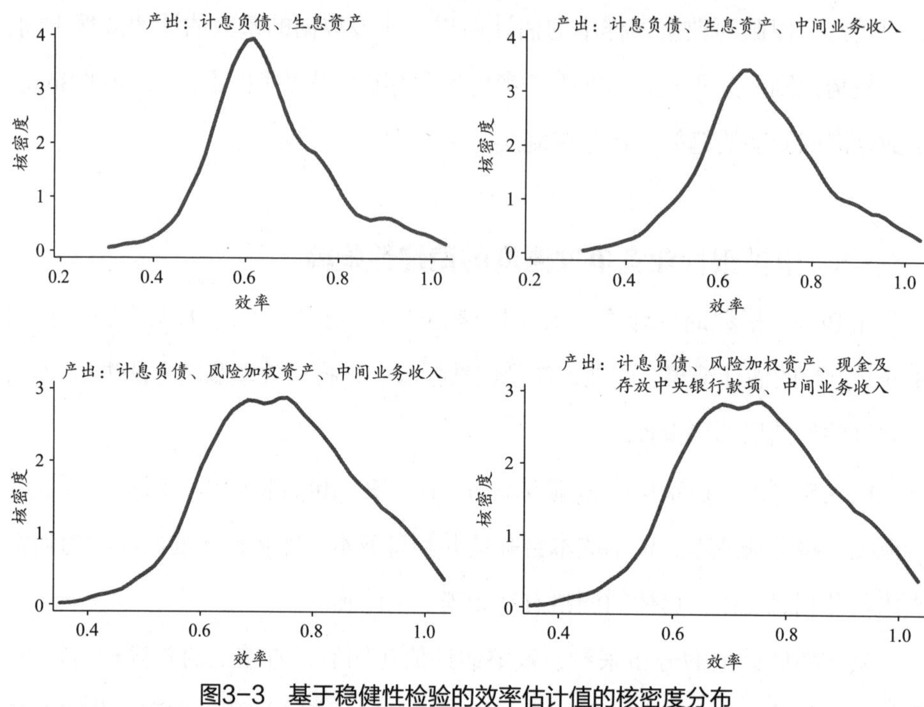

图3-3 基于稳健性检验的效率估计值的核密度分布

基于上述4种方案依次得到效率的估计值之后，进一步可估计Boone指数的估计值，估计结果如表3-9所示。Sargan检验与Abond检验表明，模型的扰动项无自相关，且所有工具变量都有效。由估计结果可知，在1%的水平上，商业银行经营效率的提升能够显著提升资产扩张的速度。显然，效率的测度方法不同，Boone指数的估计结果也不同。正如前文所述，如果以一个国家或者地区为研究对象，测度银行业竞争度的目的不只是关注其绝对值，更为重要的是分析竞争度如何随时间维度变化。

表3-9 稳健性检验中的Boone指数

变量	(1)	(2)	(3)	(4)
	$\ln assets_t$	$\ln assets_t$	$\ln assets_t$	$\ln assets_t$
$\ln assets_{t-1}$	0.923^{***} (0.005)	0.894^{***} (0.006)	0.896^{***} (0.007)	0.896^{***} (0.007)
$\ln E_{7t}$	0.493^{***} (0.074)			

续表

变量	(1)	(2)	(3)	(4)
	ln ***assets$_t$***	**ln** ***assets$_t$***	**ln** ***assets$_t$***	**ln** ***assets$_t$***
$\ln E_{8t}$		0.595*** (0.062)		
$\ln E_{9t}$			0.483*** (0.066)	
$\ln E_{10t}$				0.488*** (0.066)
常数项	1.937*** (0.123)	2.653*** (0.150)	2.643*** (0.180)	2.634*** (0.174)
样本容量	371	371	371	371
观测对象	53	53	53	53

注：括号中为标准差；*** 表示 $p<0.01$，** 表示 $p<0.05$，* 表示 $p<0.1$。

进一步，在模型中加入效率与年度虚拟变量的交乘项，估计结果如表3-10所示，Sargan 检验与 Abond 检验表明，模型的扰动项无自相关，且所有工具变量都有效。由估计结果可知，对于基于第7、第8、第9和第10种方案得到的效率估计值在1% 的置信水平上，2014年、2015年、2016年的虚拟变量与效率交乘项的系数均显著为正；2017年、2018年的年度虚拟变量与效率交乘项的系数均不显著；在5% 的置信水平上，基于第8、第9和第10种方案得到的效率估计值，与2019年的年度虚拟变量的交乘项，其系数估计值显著为正。综合来看，相比2012年，2014—2016年，资产对于效率的弹性有所上升；而在2017—2018年，资产对于效率的弹性略有下降；而在2019年，资产对于效率的弹性又有所上升。因此，2012—2019年，银行业竞争度虽有波动，但在总体呈上升趋势。综上，稳健性检验中的系数估计值虽然与实证研究略有差异，但在系数的显著性以及时间趋势的识别上是一致的，可见实证研究的估计结果具有较好的稳健性。

表3-10　基于稳健性检验的 Boone 指数变动趋势

变量	(1)	(2)	(3)	(4)
	k=7	k=8	k=9	k=10
	$\ln assets_t$	$\ln assets_t$	$\ln assets_t$	$\ln assets_t$
$\ln assets_{t-1}$	0.952^{***} (0.007)	0.919^{***} (0.010)	0.895^{***} (0.011)	0.893^{***} (0.011)
$\ln E_{kt}$	0.653^{***} (0.043)	0.752^{***} (0.055)	0.631^{***} (0.053)	0.526^{***} (0.046)
$\ln E_{kt}\times I_{year=2014}$	0.098^{***} (0.013)	0.089^{***} (0.011)	0.065^{***} (0.010)	0.061^{***} (0.011)
$\ln E_{kt}\times I_{year=2015}$	0.162^{***} (0.014)	0.154^{***} (0.013)	0.154^{***} (0.014)	0.158^{***} (0.013)
$\ln E_{kt}\times I_{year=2016}$	0.052^{***} (0.017)	0.046^{***} (0.016)	0.070^{***} (0.017)	0.085^{***} (0.013)
$\ln E_{kt}\times I_{year=2017}$	−0.011 (0.018)	−0.029 (0.019)	−0.009 (0.023)	0.006 (0.017)
$\ln E_{kt}\times I_{year=2018}$	−0.021 (0.017)	−0.012 (0.017)	−0.000 (0.018)	0.006 (0.016)
$\ln E_{kt}\times I_{year=2019}$	0.011 (0.016)	0.037^{**} (0.019)	0.062^{***} (0.020)	0.064^{***} (0.017)
常数项	1.074^{***} (0.169)	1.897^{***} (0.254)	2.578^{***} (0.291)	2.672^{***} (0.280)
样本容量	371	371	371	371
观测对象	53	53	53	53

注：括号中为标准差；*** 表示 $p<0.01$，** 表示 $p<0.05$，* 表示 $p<0.1$。

3.6　本章小结

本章首先介绍了银行业竞争度模型的演化过程，对非结构方法中的竞争度测度指标 Lerner 指数、HHI 指数、Boone 指数进行了比较，将 Boone 指数作为测度指标。再以 2012—2019 年 53 家商业银行的经营数据为样本，测度中国银行业的竞争度并分析其演变趋势，并进行稳健性检验。实证研究表明，估计方法会显著影响 Boone 指数的估计值。若不考虑模型存在的内生性问题，采用随机效应模型、固定效应模型估计 Boone 指数，Boone 指数估计值将显著大于基于系统 GMM 方法的估计值；产出类型的设置同样会显著影响 Boone 指数的估计值。由此可见，合理地设置产出类别、选择恰当的估计方法是准确测度银行业竞争度的关键要素。趋势分析表明，2012—2019 年，中国银行业竞争度整体呈上升趋势；具体来看，2012—2016 年，中国银行业竞争度逐步提升，而 2017—2019 年略有下降。

第4章 综合化经营背景下银行业竞争度演变的驱动因素

在第3章中，在比较结构竞争理论与非结构竞争理论的基础上，以基于非结构竞争理论的Boone指数为基础，从总体上测度了中国银行业的竞争度并分析其演变趋势。本章首先以竞争理论为基础，从理论层面分析影响银行业竞争度的主要因素，再结合当前中国银行业改革与发展的现状，从现实层面分析驱动中国银行业竞争度演变的因素。

4.1 银行业竞争度演化的驱动因素分析

4.1.1 基于结构竞争理论的驱动因素

在结构竞争理论“结构—行为—绩效”的分析范式中，市场结构会影响企业的经营决策，而经营决策又会影响企业的经营绩效，较高的市场集中度通常由企业垄断或者合谋的行为所致。因此，可以通过行业集中度来衡量行业竞争度，相应的测度指标主要是HHI指数和市场集中度。按照该逻辑企业的市场占有率是影响行业竞争度的核心指标，而市场占有率与行业准入直接相关，具体如图4-1所示。

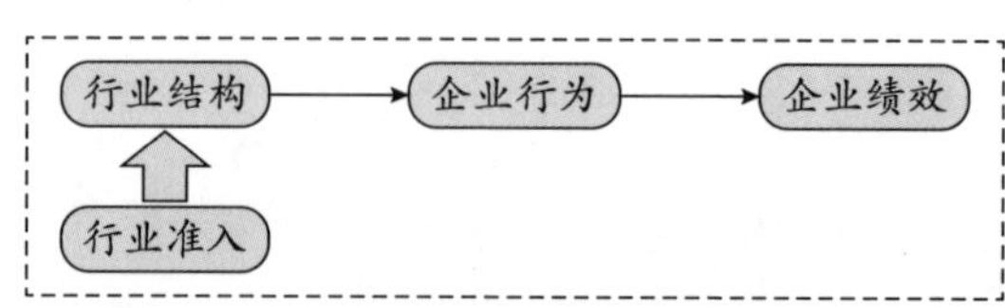

图4-1 结构竞争理论的分析框架

在开放经济体中，按照行业潜在进入者的身份国别属性，可以分为内部进入者和外部进入者，内部进入者指国内的个人或者法人，外部进入者为外籍个人或者法人。行业准入标准不仅限定了潜在进入者的国籍，还与注册资本、公司治理、业务范围等具体的准入条件有关。金融作为国民经济的核心，银行业则是现代金融体系的核心组成部分，而银行业的稳定性则关系到整个国民经济的稳定，尤其对于以间接融资为主要融资方式的经济体。因此，相比其他非金融行业的准入条件设计，银行业的准入条件设计显得更为审慎。

外资银行的准入条件设计不仅会将保护本国银行业发展作为前提，还会将维护本国金融稳定以及本国银行在外资银行的东道国是否得到同等待遇考虑在内，外资银行准入标准也会随着经济金融的发展现状进行调整，各国对外资银行的态度差异较大。以美国为例，1978 年《国际银行法》中，规定外资银行可以享受加入联邦存款保险等与美国国内银行平等的权利，但对于银行的跨州开设经营网点与分支机构的注册等问题则制定了更为严格的限制要求，即对外资银行的市场准入条件更为严厉。美国《金融服务公平贸易法》中，规定了外资银行准入原则，若外资银行的东道国不给予美国银行国民待遇，则联邦监管机关有权利不允许东道国外资银行进入本国市场。与美国相比，英国对外资银行的准入原则相对宽松，英国首先采用比较科学、公平、全面的风险测评方法、价值评估方法评价外资银行，然后根据 CAMEL 指标体系和 COM 指标体系，将外资银行划分为 A、B、C、D 四个等级，并对处于 C、D 等级的外资银行实施更为严格的监管。其次，对整个监管体系进行年度评估，确保价值评估的有效性。总体来看，英国采取的高门槛附加严格自律的准入模式，且对于以间接融资为主的国家，对银行的准入监管更为严格。相比于英国的准入模式，日本的外资银行的准入门槛相对较高，虽然日本在第二次世界大战之后的恢复得益于外资银行的支持，但对外资银行仍采取开放与限制并重的策略。

在基于结构竞争理论的 SCP 范式中，行业竞争主要是通过市场集中度来衡量，因而行业准入是影响行业竞争的主要因素。在基于非结构竞争理论的效率结构范式中，效率高的企业会因更低的成本获得更高的市场份额，而制度约束会直接作用于市场份额对于效率的弹性，因此效率的决定因素与制度约束是行业竞争度的主要原因。改革开放以来，在我国银行业市场化改革历程中，无论是宏观层面的市场准入、行为监管，还是微观层面的业务管理、公司治理以及技术变革，都反映在我国银行业 40 多年的变革中，对于民营资本与外资银行的准入条件中国银行业都是在探索中前行。

在外资银行准入方面，共经历了四个阶段：1979—1984 年为第一阶段，外资银行业以常驻代表机构的方式涉足中国银行业；1985—1996 年为第二阶段，营业性机构进入经济特区和沿海开放城市；1997—2001 年为第三阶段，上海浦东和深圳部分外资银行试点人民币业务；2007 年至今是第四阶段，外资银行以法人机构的身份开展业务。在民营资本准入银行业方面，自 1996 年成立首家民营银行（中国民生银行）以来，关于民营银行的准入与监管问题的讨论一直持续，长期未能达成一致结论。2013 年 11 月 15 日，党的十八届三中全会颁布的《中共中央关于全面深化改革若干重大问题的决定》明确指出，完善金融市场体系，扩大金融业对内对外准入限制，在加强监管前提条件下，允许具备条件的民间资本依法发起设立中小型银行等金融机构，民营银行的设立正式得到确认，2014 年至今我国筹建并设立了多家民营银行。在银行业行为监管方面，2008 年国际金融危机后，我国推出了《商业银行资本管理办法》《商业银行流动性管理办法》，与国际银行业监管措施接轨。同时为防范系统性金融风险，维护金融体系的稳定，结合现实又推出了宏观审慎评估体系，该体系主要以资本充足率为核心，同时兼顾资产负债水平、杠杆比例、定价行为、流动性、外债风险、资产质量和信贷政策执行等相关方面，对商业银行执行更为严格全面的监管措施。在公司治理层面，推动国有银行进行股份制改革，厘清商业银行经营管理的权责。

4.1.2　基于非结构竞争理论的驱动因素

相比结构竞争理论的 SCP 范式，非结构竞争理论中效率结构范式则遵循相反的逻辑，对企业来说，较高的生产效率意味着更低的生产成本，而较低的生产成本更有可能获得更高的市场占有率，从而导致市场结构不断集中，即效率是市场结构的原因。因此，在效率结构范式中（图 4-2），在给定效率与市场结构对应关系的前提下，效率的影响因素则是影响市场结构的间接影响因素。如随着生产技术的提高与改进可以降低企业的生产成本，企业生产成本的降低可以提高企业的生产效率，而生产效率的提高又可以进一步增加企业的市场占有份额，最终降低行业的竞争程度。

图4–2　非结构竞争理论的分析框架

商业银行经营效率的影响因素可以归纳为三个方面，即业务范围、公司治理、行业监管，其中，对于业务范围的讨论相对较多。商业银行的业务范围决定其收入结构，因而在已有文献中，通常将业务范围和收入结构合并讨论。商业银行的传统业务主要是存款与放款，相对应的商业银行的主要利润主要来源于利息差。在商业银行的经营过程中存在范围经济效应，办理存、放款业务的客户同样有投资和购买保险的需求，因而商业银行就有动力在传统存贷款业务的基础上，拓展新的业务种类。如果范围经济存在，商业银行的经营效率也会随之提升。

公司治理是决定企业经营效率最为核心的因素，而关于公司治理与企业经营效率的研究是公司金融研究中的核心话题。广义的公司治理结构是企业所有权，即产权安排的具体化，而狭义的公司治理则指有关公司的剩余索取权和公司的控制权等分配的一整套制度安排。其中，管理层的结构与规模、高管的身份属性、高管的任期、激励机制的设计对企业经营效率的影响是已有文献关注的重点问题。

企业经营效率不完全受内生因素的影响，还会受行业监管等外生因素的影响，特别是行业监管对金融业经营效率的影响尤为明显。如上所述，若商业银行的经营存在范围经济，在传统存贷业务的基础上，开展保险、证券、私募等金融业务，有利于商业银行降低平均成本，提升经营效率。然而，由于银行业是从事货币资金这种特殊商品的行业，本身的稳健性不仅影响到整个金融体系的安全，而且还影响到整个国民经济的健康发展。因此，本着维护金融稳定的目标，各国监督管理部门对银行业执行了较多严格的监督管理措施。1929 年世界性的“大萧条”之后，美国实施了严格的分业经营，混业经营虽然有利于发挥范围经济，但也会导致风险传递，证券自营业务的亏损可能会危及银行存款业务的稳定性。在行为监管政策的设计中，首要目标是维护金融稳定，虽然本着激励相容的基本原则，但商业银行的营利目标并未作为主要因素来考虑。

在实际情况中，高效率并不意味着高市场占有率，在效率向市场份额的传导过程中，还受制度规则的约束。例如，在利率市场化之前，我国商业银行的贷款利率以央行发布的贷款利率为基准，即使商业银行因经营效率较高，可以更低的利率发放贷款，占有更多的市场份额，但受监管制度的约束，商业银行不能通过价格竞争优势获得更多的市场份额。

从中国银行业发展的具体情况来看，在管理制度变革方面，持续推进近 30 年的利率市场化改革，从制度上完成了利率市场化。在技术变革方面，在金融科技发展背景下，利用大数据、云计算、区块链和人工智能等新兴前沿技术推动下，银行业不断涌现出新的业务模式、新的产品创新与服务以及新技术在银行中的应用，技术深刻地改变了银行业态，并成为未来银行业发展的核心竞争工具。微信支付、支付宝、余额宝等以互联网技术为依托的新工具深刻地影响改变了生活，同时也对商业银行的经营效率产生影响，影响银行业的竞争格局。

4.2　综合化经营背景下中国银行业竞争度演化的主要驱动因素

4.2.1　制度变迁与银行业竞争度

在非结构竞争理论中，银行业竞争程度通过市场份额对边际成本的弹性来测度。在现有文献中，分析银行业竞争度时，通常假定制度条件保持不变，而将弹性变动的影响因素归因于商业银行自身所具备的特征，即认为银行业竞争度是由商业银行的特征所决定的。然而，行业所在的制度环境并不是一成不变的，而是随着经济社会的发展、市场化改革的推进而不断调整。制度环境的调整对商业银行的影响存在异质性，一部分商业银行可能在制度变迁中获益，而另一部分商业银行则可能在制度变迁中的受损，从而改变市场格局，影响银行业竞争度。

在各国金融市场改革的进程中，各国金融市场化改革的核心步骤是利率市场化改革。利率市场化会直接影响商业银行的定价行为，从而影响银行业竞争度。由于资金是主要生产要素之一，具有高度稀缺性，因而融资市场属于典型的买方市场，作为资金的供给者，资金定价商业银行享受主导权。在利率管制或者有限浮动的条件下，商业银行能够获取固定利差，在利差固定的条件下，寻找信用级别更高的客户成为商业银行贷款业务的主要工作。商业银行普遍具有“担保信仰”与“抵押信仰”，即使贷款申请人诚实守信，但由于没有担保或者抵押物，此类贷款申请人也会被拒之门外，出现信贷歧视的现象。在没有担保或者抵押的前提下，贷款申请人通常愿意以更高的利率获取贷款融资，但由于贷款利率管制或者浮动范围有限，即使通过风险溢价的方式也难以获得贷款融资。对于商业银行而言，商业银行普遍遵循“以存定贷”的经营策略，对于风险控制较好的商业银行，即使扩张贷款业务有利可图，但限于监管政策的制约，商业银行业也不能通过更高的存款利率吸收更多的存款，从而间接地减少了贷款投放量。

利率市场化之后，利率管制与浮动限制解除，信用良好的贷款申请人与风险控制较好的商业银行均能够从中获益。对于信用良好的贷款申请人，即使没有担保或者抵押，贷款申请人通过风险溢价的方式弥补没有担保或者抵押所造成的潜在风险，商业银行投放贷款的动机也会随之增强，贷款利率市场化会直接促进贷款市场竞争度。对于风险控制较好的商业银行，则可以通过提高贷款利率吸收更多的存款，从而投放更多的贷款，存款利率市场化会间接促进贷款市场的竞争度。

然而，经济主体的行为会随着制度变迁而调整，制度改革能否实现改革目标的关键在于能否改变经济主体的行为。在制度上实现利率市场化并不意味着在市场机制上实现了市场化，利率市场能否提升银行业竞争度，关键在于能否改变商业银行的定价策略。如果商业银行具有较强的市场势力，利率市场化之后，商业银行可以更为充分地发挥自身所具备的市场势力，以获取更多的超额利润。在此情景下，说明利率市场化后并未提升银行业竞争程度，而是降低了银行业的竞争程度；反之，若利率市场化后，在市场中占主导地位的商业银行势力被有效地削弱，说明利率市场化提升了银行业的竞争程度。因此，仅仅在制度层面上的利率市场化并不能表明利率市场化改革的完结，还需要进一步将改革深化，同时必须要畅通供给与需求的传导机制，才能提升银行业竞争程度。

4.2.2 技术进步与银行业竞争度

随着大数据、人工智能、区块链及云计算等互联网技术的快速发展，数字技术渗透到了经济金融的各个方面，经济金融数字化趋势日益明朗。在数字技术的推动下，商业银行无人化、智能化经营的趋势日益明显，诸多商业银行推出了贷款智能化审批、零售业务一体化与机器值守，并且将智能化引入商业银行的风险管理、业务拓展等方面，归纳起来共有以下三个方面。

第一，智能化技术使银行的风险控制能力得到提升。风险控制能力是商业银行经营管理的核心内容，也是商业银行可持续发展的重要保障。在金融科技与商业银行数字化转型升级背景下，商业银行可将智能化技术如机器学习法、遗传算法、神经网络等技术运用到风险控制体系中，可大力提升传统风险管理方法在准确性、效率性、响应速度及欺诈识别能力上的不足。因此，智能化技术在商业银行风险控制体系上的运用将极大提高银行业的竞争力。

第二，智能化技术的运用可以提高银行经营效率，降低经营成本。目前随着语音精准识别技术、机器智能学习技术、图像处理识别技术和智能机器人等设备的成熟，给智能化技术的运用与推广奠定了坚实的基础。智能化机器在商业银行应用中主要体现在智能机器人大堂经理、智能投顾、刷脸支付、智能客服等方面的日益广泛使用。银保监会数据显示，截至 2020 年 7 月，六家大型商业银行净关闭营业网点 386 家，离柜率不断攀升，近五年平均柜面交易替代率高达 88%。智能化技术的运用使商业银行服务更精准、更高效、更标准和更快捷，大大提升了银行客户体验感，同时智能化设备降低了商业银行网点的人工成本和节省客户业务办理等待时间，如自助发卡机、货币兑换机、智能排队机等设备的应用，极大地提高了营业网点服务方式与效率，使网点金融服务变得更加高效便捷，因此，智能化机器创新了银行业经营的新模式。

第三，智能化技术提升银行业的营销效率和服务能力。通过运用人工智能、大数据、云计算等技术，对银行拥有的庞大高质量、高价值数据进行挖掘，如创建银行客户画像，通过客户画像了解客户的行为偏好、风险偏好、需求偏好、渠道偏好等，提供差异化服务与产品，有利于银行开展有效的个性化智能营销活动。同时也可帮助银行多维度识别并挖掘出客户的新要求，银行可融合渠道与产品，把握推荐产品与服务时机，第一时间将广告推送至目标客户或潜在客户手中，主动“创造”需求。因此，通过智能化营销手段，可从被动向主动、向泛在式营销转变，最终提高银行业的营销效率与服务能力。

在数字化的推动下，银行业的竞争格局也会随之改变，具体表现在两个方面。

首先，数字化推动的智能化可能会促使银行业集中度进一步提高。银行提高安全、快捷和方便的服务将成为各商业银行竞争的焦点，数字化技术在银行的广泛运用，会极大提高银行客户的体验感，因而成为银行业争取客户资源竞争的重要领域。金融科技的快速发展与银行业务的深度融合，会成为各商业银行实现数字化转型发展的核心竞争力。同时商业银行在智能化技术服务的竞争，将进一步打破传统银行业的竞争格局。商业银行的智能化改造不仅需要投入大量的研发资金、研发软件程序与硬件设备，还需要投入大量资金布置硬件。智能化改造会提高商业银行经营的固定成本，但也会降低可变成本，因而对于业务量较大的商业银行而言是有利可图的。综上，智能化改造一方面需要充足的资金作为投入，另一方面需要拥有庞大的业务量作为支撑。因此，以数字化技术为支撑的智能化会进一步降低银行业竞争度，提高银行业集中度。

其次，以数字化技术为支撑的新业态发展对传统商业银行业务形成了冲击。以数字化技术为支撑，以互联网为媒介，大量的传统放贷业务可以通过互联网交易，即大量类银行业务通过互联网媒介开展交易，如网贷业务、余额宝(货币市场基金)、支付宝等。支付宝不仅是支付媒介，还可通过余额宝发挥储蓄功能，并且通过“花呗”衍生出了类似信用卡的功能，集支付、储蓄、借贷三者为一体，适应了综合化经营的内在要求，联通了各个业务板块。相比传统银行业务的处理方式，新业态发展更为方便快捷，用户体验感更好，并将大量资金从银行体系转移到银行体系之外进行循环，分流了大量银行资金。因此，在数字化技术的推动下，商业银行之间的竞争格局，演变为商业银行之间、商业银行与类银行之间的竞争，银行业竞争更为激烈。

4.2.3 行业准入与银行业竞争度

金融监管不仅包括对金融机构的日常行为监管，还包括对金融机构的准入、退出监管。若以占有的市场份额与行业集中程度作为衡量银行业竞争程度的指标，那么行业准入就是影响银行业竞争程度的直接因素。从我国银行业的行业准入标准的设计来看，标准设计不仅针对潜在进入者的资本属性，还对准入的区域或者经营的地域进行了限定。

对于制造业企业而言，在没有特定约束的条件下，所生产的商品都能够在全国范围内销售。然而，商业银行经营却有所不同。目前我国银行业金融机构主要可划分为 7 大类，即大型商业银行、全国性股份制商业银行、城商行、民营银行、外资银行、农村金融机构及其他类金融机构。其中城商行主要经营活动范围是地级市；大型商行与股份制商行主要经营活动范围为全国；民营银行一般面向本地，也有互联网银行性质的民营银行通过互联网面向全国；农村金融机构严格以其所在地级市或者县级单位为经营区域；外资银行的经营区域以审批的区域为准。银行金融机构的发起与设立不仅要满足特定的条件，对于能够在全国范围内经营的银行，新增分支机构、网点等同样需要满足特定的条件。

明确民营银行发起成立的条件、扩大中国银行业对外资银行的开放程度只是从制度层面解除行业准入限制，但行业准入除了制度层面的壁垒之外，还有隐形的业务壁垒。银行业的零售业务与其他商品业务销售的不同，贷款是银行的主要产品，发放贷款并不是资金循环的最后一个步骤，而对于制造业企业来说，产品销售是完成资金循环的最后一步。对于商业银行来说，发放贷款仅是零售业务的第一步，更为重要的是要确保还本付息。因此，如何发展信用良好的优质客户是零售业务的核心。对于银行业的潜在进入者，满足发起成立和成立分支机构的条件仅是获取了准入资格，如何搜寻信用较好的优质客户、发展业务是突破隐性壁垒中最为关键的步骤。如果银企关系比较稳定，新进入的银行在业务拓展上将面临较大困难，而新发起成立的民营银行、外资银行都会面临此问题。

中国加入 WTO 之初，国内诸多学者认为外资银行的进入必然会对国内银行业造成巨大冲击，但事实与预期并不一致。虽然外资银行存在诸多优势，但同样存在水土不服的问题，如外资银行的市场策略是否科学，对中国市场风险的理解程度、决策机制是否适应中国市场，外资银行的创新能力与科技能力，中资银行与外资银行的实力反转；与此同时，中国市场和客户由于对外资银行的不了解，其认可度有限。因此，外资银行进入中国银行业对中国商业银行的冲击还较小，并未形成“鲶鱼效应”。对于中国的民营银行而言，同样面临相类似的问题，一方面，民营银行由于资本实力不强，难以与大型商业银行或股份制商业银行相提并论；另一方面，由于民营银行进入银行业的时间较晚，要介入相对稳定的银企关系，发展优质客户的难度较大，难以改变原有的竞争格局。

综上所述，明确民营资本进入银行的标准以及扩大银行业对外开放程度，对银行业竞争度的影响具有不确定性。如果现有银行实力雄厚，银企关系稳定，融资成本在企业运营能够负担的范围之内，新进入的银行业以及外资银行突破隐性行业壁垒的难度则较高。

4.3 本章小结

本章首先基于结构竞争理论与非结构竞争理论，从理论层面分析银行业竞争度演化的驱动因素。以理论分析为基础，并结合我国银行业的发展现实情景，分析驱动我国银行业竞争程度演变的主要因素。其次，结合改革开放以来银行业发展与改革的实践，以及综合化经营的典型特征，归纳驱动中国银行业竞争度演变的主要因素。最后，分别讨论制度变迁、技术进步与行业注入对我国银行业竞争度的驱动作用。

第5章 利率市场化改革对银行业竞争度的影响研究

改革开放以来，利率市场化改革是我国金融市场化改革的重要环节，提升金融市场竞争水平是利率市场化改革的初衷。本章首先梳理我国利率市场化改革进程，分析利率市场化改革影响银行业竞争度的传导机制。其次，构建实证模型，以2012—2019年53家商业银行的经营数据为样本，从总体上量化利率市场化改革对银行业竞争度的影响程度，再按商业银行类型，分析利率市场化改革对各类商业银行的影响是否存在异质性。

5.1 利率市场化改革与银行业竞争度

5.1.1 利率市场化改革的进程

利率市场化是指由货币的供应方和需求方共同来决定利率水平，由市场的供求机制决定利率水平。20世纪80年代以来，各个国家陆续开展利率市场化。美国在80年代就实现了利率市场化改革，日本在20世纪末也完成了利率市场化改革。改革开放以来，我国利率市场化改革贯穿于金融改革的全过程。利率市场化改革的基本思路是先放开对货币市场的利率管制，接着放开债券市场利率，最后才是贷款利率和存款利率。

1987年，我国开始着手进行人民币贷款利率市场化改革。1998—1999年，商业银行多次调整人民币贷款利率，在此期间，除农村信用社外的商业银行对中小企业贷款利率最高可下调10%，幅度最高可上调30%，利率波动较大。

2004 年 1 月，我国金融机构设定了针对所有企业贷款利率，波动幅度范围，其中贷款利率波动上限为央行基准利率的 1.7 倍，贷款利率波动下限为央行基准利率的 0.9 倍。2004 年 10 月，央行开始放开商业银行贷款利率的最高限制，但商业银行贷款利率最低利率限制并没有放开。2012 年 6 月和 7 月，央行将商业银行贷款利率浮动区间下限由基准利率的 0.9 倍调整为 0.8 倍，随后又调整为基准利率的 0.7 倍。2013 年，央行正式解除了人民币贷款利率的最低限制，我国人民币贷款利率实现了全面市场化改革，这标志着各金融机构掌握制定贷款利率水平的主动权。

存款利率改革是利率市场化改革中的重要内容，央行对存款利率的管制较为严格。比起贷款利率，金融机构的人民币存款利率对资金成本造成的影响更大，对金融机构贷款利率债券利率和银行间同业拆借利率等都会造成一定影响，对金融机构的资产负债业务也意义重大。2004 年 10 月，央行正式解除对人民币存款利率的最低限制，标志着我国人民币存款利率市场化改革取得了阶段性进展。2012 年 6 月，央行将商业银行存款利率浮动上限定为基准利率的 1.1 倍。2015 年间，央行多次调整存款利率上限浮动空间，存款利率从央行基准利率的 1.1 倍上调到基准利率的 1.2 倍，进而又上调到基准利率的 1.5 倍。2015 年 5 月，央行推出银行存款保险制度，并设定银行存款赔付上限，这表示银行也有面临破产的风险。2015 年 6 月，央行发布《大额存单管理暂行办法》，提出个人投资者认购金额必须高于 30 万元。2017 年，央行宣布正式解除人民币存款利率的最高限制。至此，我国基本完成了人民币存贷款利率市场化改革（表 5-1）。

表 5-1　中国利率市场化改革历程

时间	改革事项
1993 年 11 月	十四届三中全会《关于建立社会主义市场经济体制若干问题的决定》提出利率市场化改革的基本设想
1996 年 6 月	取消拆借利率上限管理，实现了拆借利率完全市场化

续表

时间	改革事项
1997 年 6 月	银行间同业市场开办债券回购业务，债券回购利率和现券交易价格均由交易双方协商确定，同步实现了市场化
2002 年 11 月	党的十六大报告提出“稳步推进利率市场化改革，优化金融资源配置”
2003 年 8 月	农村信用社改革试点地区信用社的贷款利率浮动上限扩大到基准利率的 2 倍
2003 年 10 月	十六届三中全会《关于完善社会主义市场经济体制若干问题的决定》对利率市场化改革进行了纲领性的论述，“稳步推进利率市场化，建立健全由市场供求决定的利率形成机制，中央银行通过运用货币政策工具引导市场利率”
2004 年 1 月	商业银行、城市信用社的贷款利率浮动上限扩大到贷款基准利率的 1.7 倍，农村信用社贷款利率的浮动上限扩大到贷款基准利率的 2 倍。贷款利率浮动上限不再根据企业所有制性质、规模大小分别制定
2004 年 10 月	基本取消了金融机构人民币贷款利率上限，仅对城乡信用社贷款理论实行基准利率 2.3 倍的上限管理，人民币贷款利率过渡到上限放开、实行下限管理的阶段，市场化程度显著提高
2012 年 6 月	将金融机构存款利率浮动区间的上限调整为基准利率的 1.1 倍
2013 年 7 月	全面放开金融机构贷款利率管制
2014 年 11 月	将金融机构存款利率浮动区间的上限由存款基准利率的 1.1 倍调整为 1.2 倍
2015 年 3 月	将金融机构存款利率浮动区间的上限由存款基准利率的 1.2 倍调整为 1.3 倍
2015 年 5 月	实行存款保险制度，为存款利率进一步市场化奠定基础
2015 年 6 月	将金融机构存款利率浮动区间的上限由存款基准利率的 1.3 倍调整为 1.5 倍
2015 年 8 月	放开一年期以上（不含一年期）定期存款的利率浮动上限
2015 年 10 月	对商业银行和农村合作金融机构等不再设置存款利率浮动上限

5.1.2　利率市场化改革影响银行业竞争度的传导机制

利率市场化改革的理论基础是金融抑制理论和金融深化理论，利率市场化认为只有让市场决定利率水平，才能正确引导资本流向，从而促进经济持续平稳增长，即金融机构通过市场供求关系来确定货币市场经营融资的利率水平。利率市场化改革的内容包括利率决定、利率结构、利率传导和利率管理等。事实上，就是让金融机构掌握利率的决策权，结合自身的资金状况以及对金融市场的发展方向来调整利率水平，以央行的基准利率作为金融机构的基础，参照货币市场利率，通过市场供求来确定市场利率体系和利率形成机制。为实现货币政策目标，央行以货币政策工具间接影响和决定市场利率水平。

利率市场化改革归根结底是为了给实体经济提供更好的金融支持。银行业金融机构通过实施差异化的利率策略，实现金融服务水平的提升，企业融资成本降低，加强金融机构对实体企业的支持，尤其是加强对中小微企业的支持。金融机构通过差异化策略使融资变得更多元化，拓宽金融机构获利渠道，提升其获利能力，促进经济结构调整，促进经济转型升级，为实体经济获取金融支持营造良好环境。金融机构实现贷款利率市场化改革后，会通过上浮贷款利率获取更多的利息收入，提升银行的获利能力。另外，对中小微企业进行贷款审批时，银行会推出更严格的贷款条件，优先为条件好的中小微企业提供贷款，这样可以有效避免不良贷款，实现贷款质量的提高。贷款利率改革后，金融机构能为资质条件较好的客户企业创造更多收益，降低资质条件不高客户企业的收益，使得资质条件差、信誉度不高、风险较大的客户企业将从信贷市场退出。利率市场化改革后能吸引更多的闲置资金，存款利率改革后，能更好地利用社会闲置资金，因为存款利率上浮，社会闲置资金会涌入金融机构。利率市场化改革后，金融机构能够结合自身经营情况来确定存贷款利率，将存款利率适当上浮，短时期内可以吸引较多的社会闲置资金。

学术界关于利率市场化是否会对银行业竞争产生影响，影响度又有多大持两种不同的观点，第一种观点指出利率市场化对银行业竞争有积极作用，因为利率市场化会导致银行业的利润空间遭到挤压，银行不得不进行多元化经营，提升自己的市场势力，从而增加了市场竞争力。第二种观点认为，由于我国金融行业的特殊性，国有四大银行占据主要地位，利率市场化改革有利于促进大中型股份制银行的产生，小银行受到打击，不容易进行业务转型，最终使得银行业集中度显现下降趋势，银行业竞争减弱。

5.1.2.1　利率市场化提升了银行业竞争度

利率市场化改革导致利率波动不确定性增加，从而影响银行存贷差的利润空间，极大地冲击了商业银行的传统经营模式。利率市场化是市场掌握定价权，这导致银行金融产品的定价能力和技术水平压力更大。而且，利率化改革导致商业银行的利率、信用和流动性风险整体加大。最为关键的是改变商业银行外部经营环境，影响银行业的竞争格局，使竞争日益激烈。我国银行业主要以利差收入为主，同质化严重，竞争相对激烈，利率市场化会进一步加剧银行之间的竞争。但现在还存在一些制度性的因素，限制了小型商业银行同大中型商业银行之间的公平竞争。例如，在存款保险制度缺失的情况下，大中型商业银行以国家信誉为隐性担保，小型商业银行就没有这一优势，这就有损小型商业银行的社会形象和信誉。我国金融体系比西方发达资本主义市场更为封闭，而且政府行政干预力度也相对更大，银行等金融机构可以通过控制存款利率和贷款利率的方式轻易获取高额利润。但随着国家利率市场改革进程的加快，监管机构逐渐放开存贷款利率管制，再加上金融脱媒的影响，势必会加剧银行间的竞争。

5.1.2.2　利率市场化降低了银行业竞争度

利率市场化后，金融市场投资、主动负债等比重逐步提高，银行的表外业务不断增加，银行资产负债表管理的对象更为多元化，结构趋于复杂化，一定程度加大了银行的管理难度。大中型商业银行由于管理经验较丰富，管理水平较高，能够在较短时间内实现扭转，快速应对。但对于小型商业银行而言，业务结构的变化很可能产生一段时期的冲击，导致无法快速应对复杂性业务，从而在激烈的市场环境下失去竞争力，最终无法与大中型商业银行竞争，银行业内部竞争减弱。此外，小型商业银行定价管理能力受到极大挑战，银行的定价管理，存在缺乏科学的贷款利率定价机制，存款定价较粗放，基本上以基准利率为基础进行定价，精细化程度较低，银行管理会计体系不完善等缺点，也无法与大型商业银行竞争。以前在管制利率下，银行负债受法定利率的上限约束，大中型商业银行与小型商业银行的负债没有价格差异。利率市场化后这两个因素发生变化。同时利率市场化将催生大量金融创新产品和工具，银行管理策略需要由静态向动态转变。在这种情况下，利率市场化改革最有利于大型商业银行的发展，一旦大中型商业银行形成垄断，则挤压小商业银行的发展空间，从而降低了银行业的竞争度。

5.2 利率市场化影响银行业竞争度的实证研究

5.2.1 实证模型的构建

在利率市场化进程中，贷款利率与存款利率的先后放开是两个标志性事件。在商业银行的经营中，“存贷一体”“以存定贷”是商业银行的基本策略，首先根据存款余额确定贷款余额，贷款增长率会直接左右“揽储”力度；其次是将存款利率作为贷款利率定价的主要参考指标，贷款利率又会影响存款利率的设定。因此，贷款利率的放开不仅会影响商业银行的贷款业务，也会间接影响存款业务。

正如前文所述，存款和贷款是商业银行主要的表内业务，在综合经营的趋势之下，商业银行的表外业务规模不断扩大。因此，要从总体上量化利率市场化之后，银行业的竞争度是否显著变动，需要对效率的估计方法进行调整，本章继续沿用第 4 章中的测度方法。大型商业银行、城商行、股份制商业银行、农商行的业务结构存在一定的差异。农商行主要以存贷款业务为主，综合经营程度相对较低，而其他 3 类银行的综合经营程度相对较高。由于业务结构存在差异，利率市场化对不同类型的商业银行的冲击存在差异性。鉴于此，本章首先从总体上评估利率市场化对银行业竞争度的影响，其次再分别评估利率市场化对各类商业银行的影响是否存在异质性。

假定资产规模与效率满足线性关系，因而资产规模关于效率的弹性为常数。利率市场化之后，弹性值发生了变动，如果弹性值变动量为正，按照本书的设定，银行业竞争度则提升；反之，如果变动量为负，银行业竞争度则下降，具体如图 5-1 所示。

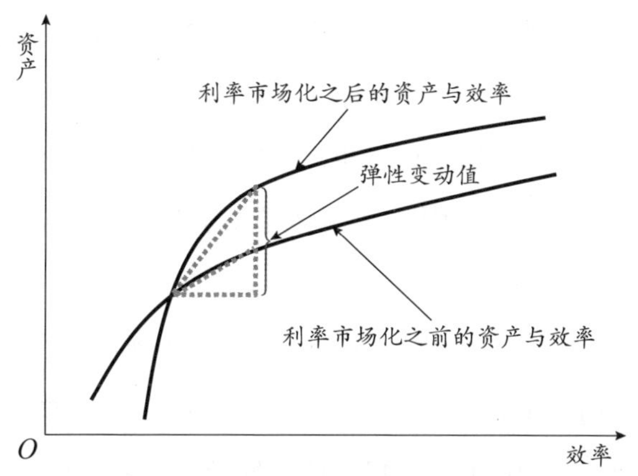

图5-1　利率市场化与银行业竞争度

为了评估利率市场化对银行业竞争度的影响，故在 Boone 指数的估计模型中加入时间虚拟变量与效率的交乘项。利率市场化分两步完成，首先在 2013 年 7 月放开贷款利率，其次在 2015 年 10 月放开存款利率，因而需在模型中加入两个时间虚拟变量：

$$\ln assets_{it}=\alpha+\delta_1\ln E_{it}+\delta_1\ln E_{it}\times I_{\{year>2015\}}+\varepsilon_{it} \tag{5-1}$$

式中，$assets_{it}$ 为资产规模，$I_{\{year>2015\}}$ 为时间虚拟变量，即如果年份大于 2015 年则赋值为 1，其他年份赋值为 0。则交乘项系数不为 0 意味着利率市场化对银行业竞争程度影响显著。对于不同类型的商业银行，其经营的地域范围略有不同。我国大型商业银行和股份制商业银行的经营范围较广，一般都是全国性覆盖，而其他商业银行的经营范围则相对较窄，通常是地方性的，仅能在所在的地级市或者区县经营。如果经营范围可以覆盖全国，那么该商业银行具备更广的资金来源，并且能够在全国范围内配置贷款。然而，地方性的城商行与农商行也具有比较优势，例如能够与地方政府的关系更为密切，更为了解本地企业的信息以及熟悉本地的产业结构。鉴于此，进一步调整式 (5-1) 中的交乘项：

$$\ln assets_{it}=\alpha+\delta_1\ln E_{it}+\delta_3\ln E_{it}\times I_{local}+\delta_4\ln E_{it}\times I_{local}\times I_{\{year>2015\}}+\varepsilon_{it} \tag{5-2}$$

式中，I_{local} 为商业银行类型的指示变量，如果样本商业银行为城商行或者农商行，则 I_{local} 为 1，其他为 0。如果交乘项的系数显著不为 0，则说明利率市场化之后，城商行或者农商行的竞争力存在显著变动。例如，当交乘项的系数表现为负显著，那么即使农商行或者城商行与大型商业银行和股份制商业银行的效率增长水平相同，其资产增长速度也比大型商业银行和股份制商业银行更慢。利率市场化对不同类型商业银行的影响存在着异质性，导致银行业市场整个的竞争格局发生改变。

考虑到综合化经营的趋势以及表外业务规模不断扩大的现实，在本章的实证研究中继续沿用第 4 章中的效率测度方法，采用 DEA 方法测度商业银行经营效率。在经营效率的测度中，投入要素的设置方案有两种：一是利息支出、资本成本和劳动成本，二是利息支出与非利息支出；产出类型的设置同样设定为两种方式：一是计息负债、生息资产、中间业务收入，二是计息负债、风险加权资产、中间业务收入，即采用第 4 章中的第 4 种、第 5 种、第 8 种和第 9 种效率测度方案。

5.2.2 实证模型的估计

考虑到效率与资产增长之间可能存在互为因果的关系，从而导致模型存在内生性，故采用动态面板数据模型评估利率市场化对银行业竞争度的影响，估计结果如表 5-2 所示。Abond 检验表明，在 1% 的置信水平上，模型的扰动项无自相关; Sargan 检验表明，在 5% 的置信水平上，所有工具变量都有效。由表 5-2 的估计结果可知，对于以上 4 种效率测度方案得到的效率估计值，在 1% 的置信水平上，相比于利率市场化完成之后，资产对于效率的弹性均显著降低。由此可见，利率市场化完成之后，银行业的竞争度并未如预期那样显著提升，反而有所下降。因此，在制度上完成利率市场化并不意味着银行业真正实现市场化，还需要进一步深化改革，消除阻碍充分发挥市场化机制的各类因素。

表5-2　利率市场化与银行业竞争度

变量	(1)	(2)	(3)	(4)
	$\ln assets_{it}$	$\ln assets_{it}$	$\ln assets_{it}$	$\ln assets_{it}$
$\ln assets_{it-1}$	0.931*** (0.006)	0.943*** (0.006)	0.911*** (0.006)	0.919*** (0.009)
$\ln E_{4t}$	0.869*** (0.052)			
$\ln E_{5t}$		0.816*** (0.053)		
$\ln E_{8t}$			0.725*** (0.056)	
$\ln E_{9t}$				0.650*** (0.050)
$\ln E_{4t} \times I_{\{year>2015\}}$	−0.078*** (0.008)			
$\ln E_{5t} \times I_{\{year>2015\}}$		−0.087*** (0.007)		
$\ln E_{8t} \times I_{\{year>2015\}}$			−0.047*** (0.010)	
$\ln E_{9t} \times I_{\{year>2015\}}$				−0.054*** (0.009)
常数项	1.537*** (0.165)	1.222*** (0.173)	2.138*** (0.171)	1.948*** (0.258)
观测值	371	371	371	371
样本量	53	53	53	53

注：括号中为标准差；***$p<0.01$。

5.2.3　基于银行类型的异质性分析

进一步量化利率市场化是否改变了利率市场化之前的竞争格局，结合样本数据对式 (5-2) 进行估计，估计结果如表 5-3 所示。与上文类似，模型适用于系统 GMM 估计；Sargan 检验表明，在 5% 的置信水平上，所有工具变量都有效。由表 5-3 可知，在 1% 的置信水平上，$\ln E_{it} \times I_{local}$ 显著为正，$\ln E_{it} \times I_{local} \times I_{\{year>2015\}}$

的系数显著为负。由此可见，相比于大型商业银行、股份制商业银行，立足于地方的城商行、农商行拥有比较优势，即提升相同的效率水平，城商行、农商行的资产扩张速度更快；然而，利率市场化之后，城商行、农商行拥有的比较优势有所削弱，资产对于效率的弹性在两类银行间趋同。

表5-3　利率市场化与银行业竞争格局

变量	(1)	(2)	(3)	(4)
	ln $assets_{it}$	**ln** $assets_{it}$	**ln** $assets_{it}$	**ln** $assets_{it}$
$\ln assets_{it-1}$	0.976^{***} (0.008)	0.980^{***} (0.008)	0.987^{***} (0.008)	0.968^{***} (0.009)
$\ln E_{4t}$	0.775^{***} (0.037)			
$\ln E_{4t} \times I_{local}$	0.527^{***} (0.060)			
$\ln E_{4t} \times I_{local} \times I_{\{year>2015\}}$	-0.201^{***} (0.017)			
$\ln E_{5t}$		0.585^{***} (0.053)		
$\ln E_{5t} \times I_{local}$		0.445^{***} (0.056)		
$\ln E_{5t} \times I_{local} \times I_{\{year>2015\}}$		-0.174^{***} (0.016)		
$\ln E_{8t}$			0.610^{***} (0.037)	
$\ln E_{8t} \times I_{local}$			0.698^{***} (0.065)	
$\ln E_{8t} \times I_{local} \times I_{\{year>2015\}}$			-0.204^{***} (0.016)	
$\ln E_{9t}$				0.538^{***} (0.055)
$\ln E_{9t} \times I_{local}$				0.602^{***} (0.065)
$\ln E_{9t} \times I_{local} \times I_{\{year>2015\}}$				-0.181^{***} (0.016)

续表

变量	(1)	(2)	(3)	(4)
	ln $assets_{it}$	**ln** $assets_{it}$	**ln** $assets_{it}$	**ln** $assets_{it}$
常数项	0.187 (0.229)	0.186 (0.220)	−0.052 (0.240)	0.496* (0.275)
观测值	371	371	371	371
样本量	53	53	53	53

注：括号中为标准差；***p <0.01,**p <0.05,*p <0.1。

5.3　利率市场化与银行业竞争度的稳健性检验

效率是实证研究的核心指标，在实证研究中采用 DEA 方法估计商业银行的经营效率，为了检验估计结果的稳健性，进一步调整估计商业银行经营效率的估计方法。在现有文献中，诸多学者采用边际成本量化商业银行的经营效率。边际成本的计算依赖于成本函数，而成本函数是关于产出和投入要素价格的函数，成本函数通常设定为超越对数成本函数：

$$\begin{aligned}\ln C_{it} = {} & \alpha_0 + \sum_j \alpha_j \ln y_{jit} + \frac{1}{2}\sum_j \sum_k \alpha_{jk} \ln y_{jit} \ln y_{kit} + \sum_h \delta_h \ln w_{hit} \\ & + \frac{1}{2}\sum_h \sum_s \delta_{hs} \ln w_{hit} \ln w_{sit} + \sum_j \sum_h \rho_{jh} \ln y_{jit} \ln w_{hit} + \sum_m \eta_m X_{mt} \\ & + \sum_i \eta_{mm} X_{mt}^2 + \sum_m \sum_j \eta_{mj} \ln X_{mt} \ln y_{jit} + \sum_m \sum_j \eta_{mh} \ln X_{mt} \ln w_{hit} \\ & + \lambda_T T + \frac{1}{2}\lambda_{TT} T^2 + \sum_h \lambda_{Tj} T \ln y_{jit} + \sum_h \lambda_{Th} T \ln w_{hit} + \xi_{it}\end{aligned} \tag{5-3}$$

式中，C_{it} 为总成本；y_{jit} 为商业银行的产出；w_{hit} 为投入要素价格；X_{mt} 为控制变量；T 为时间趋势，用于反映技术进步；ξ_{it} 为随机扰动项。成本函数通常假定要素价格需要满足对称性与一次齐次性，即在成本函数的估计中要加入约束条件：

$$\sum_h \delta_h = 1 \tag{5-4}$$

$$\sum_s \delta_{hs} = 0, \sum_h \rho_{jh} = 0, h = 1, \cdots, N_w, j = 1, \cdots, N_y \tag{5-5}$$

$$\alpha_{jk} = \alpha_{kj},\quad \delta_{hs} = \delta_{sh} \tag{5-6}$$

为了更好地对超越对数成本函数施加约束条件，通常会将总成本和投入要素除以某一个投入要素价格，假设将所有投入要素价格除以最后一种投入要素价格（$w_{N_w it}$），超越对数成本函数可转换为：

$$\begin{aligned}\ln\left(C_{it}/w_{3it}\right)=&\alpha_0+\sum_j\alpha_j\ln y_{jit}+\frac{1}{2}\sum_j\sum_k\alpha_{jk}\ln y_{jit}\ln y_{kit}\\&+\sum_h\delta_h\ln\left(\frac{w_{hit}}{w_{N_w it}}\right)+\frac{1}{2}\sum_h\sum_s\delta_{hs}\ln\left(\frac{w_{hit}}{w_{N_w it}}\right)\ln\left(\frac{w_{sit}}{w_{N_w it}}\right)\\&+\sum_j\sum_h\rho_{jh}\ln y_{jit}\ln\left(\frac{w_{hit}}{w_{N_w it}}\right)+\sum_m\eta_m X_{mt}+\sum_i\eta_{mm}X_{mt}^2\\&+\sum_m\sum_j\eta_{mj}\ln X_{mt}\ln y_{jit}+\sum_m\sum_h\eta_{mh}\ln X_{mt}\ln\left(\frac{w_{sit}}{w_{N_w it}}\right)\\&+\lambda_T T+\frac{1}{2}\lambda_{TT}T^2+\sum_j\lambda_{Tj}T\ln y_{jit}+\sum_h\lambda_{Th}T\ln\left(\frac{w_{sit}}{w_{N_w it}}\right)+\xi_{it}\end{aligned}\tag{5-7}$$

超越对数成本函数的估计主要有三种方法：第一种是有约束条件的回归，即考虑约束条件的前提下对式（5-2）进行估计[220, 236]。第二种是有约束条件的似不相关回归[245-246]。之所以要采用似不相关回归，主要是为了缓解模型本身存在的多重共线性问题，通过谢泼德引理（Shephard Lemma）得到由要素价格和资产总量决定的成本函数，再将成本函数与超越对数成本函数合并成联立方程。设投入要素为利息支出与非利息支出，产出为贷款、其他生息资产、中间业务收入，基于式（5-3）可得成本函数为：

$$S_{1it}=\delta_1+2\delta_{11}\ln w_{1it}+2\delta_{12}\ln w_{2it}+\rho_{11}\ln y_{1it}+\rho_{21}\ln y_{2it}+\rho_{31}\ln y_{3it}+\varepsilon_{1it}\tag{5-8}$$

$$S_{2it}=\delta_2+2\delta_{12}\ln w_{1it}+2\delta_{22}\ln w_{2it}+\rho_{12}\ln y_{1it}+\rho_{22}\ln y_{2it}+\rho_{32}\ln y_{3it}+\varepsilon_{2it}\tag{5-9}$$

式中，S_1、S_2 为两种投入的成本函数，且 $S_1+S_2=1$。为了避免随机扰动项 ξ_{it}、ε_{1it}、ε_{2it} 之间的协方差矩阵产生奇异性，通常会舍去式（5-8）或者式（5-9），仅将两者中的一个方程与式（5-3）中构成联立方程。值得关注的是，如果将产出设定为两种或者三种，基于超越对数成本函数可以得到两种或者三种的边际成本，由于要从总体上考察商业银行的竞争力，因而需要将两种或者三种的边际成本综合为一种边际成本。Koetter 等 [247] 直接将两类边际成本加总得到总的边际成本，如果两类产出在总产出中的占比差异较大，直接加总的方法显然不妥，本书认为可以以各类产出在总产出中的占比为权重，通过加权平均的方法估计总的边际成本。

显然，产出种类与要素价格的估算方式、控制变量的选择、超越对数成本函数的估计方法都会直接影响边际成本的估计。有学者 [191, 248, 250-251] 将银行产出设定为资产，也有学者 [252] 将之设定为贷款。“以存定贷”是商业银行经营的基本原则，因此，商业银行之间的竞争不局限于在贷款市场上的竞争，还普遍存在揽储压力，因而有文献将商业银行的产出设定为存款和贷款 [17]。在商业银行的资产中，除了贷款之外，还有其他生息资产，有学者 [220] 将产出设定为贷款、证券和其他服务，也有学者 [194] 将产出设定为贷款和证券，还有学者 [245-246] 将之设定为贷款、其他营利性资产、手续费收入，更有学者 [253] 将之设定为贷款、投资和非利息收入。与之相对应的是，如果将产出设定为资产，平均收入则为利息收入与中间业务收入之和 / 总资产。如果将贷款设定为产出，对应的价格为利息收入 / 贷款总额。

投入要素通常设定为利息成本、劳动力成本和资本成本，但具体的估计方法却不尽相同。利息成本的估计方式有两种：一是利息收入 / 贷款总额，二是利息收入 / 生息资产。考虑到贷款在生息资产中的占比不断下降，生息资产结构在商业银行之间存在差异，第一种估计方式存在较为突出的局限性。劳动成本通常为业务及管理费用 / 员工人数 [194, 198, 220]，然而，在我国商业银行披露的信息中，员工人数数据缺失较多，尤其是非上市银行，因而需要对该指标进行调整。李国栋等 [16] 采用管理费用 / 总资产替代原有指标。资本成本的取值有两种方式：一是非利息支出 / 固定资产 [191, 194, 220, 251-252]，二是非利息支出 / 资产 [16-17, 198]。也有文献将投入要素划分为两类：利息支出与非利息运营支出，相应的价格为利息支出 / 全部借入资金、营业费用 / 总资产 [245-246]。除了产品种类、投入要素价格之外，超越对数成本函数中还会加入控制变量，如所有者权益及其二次项 [252]、时间趋势及其二次项 [191, 220]、商业银行的特征变量 [245]，加入时间趋势（T）及其二次项的目的在于反映技术进步。

第三种是有约束条件的随机前沿模型 [252]。成本函数的标准定义为在给定产出的前提下，成本最小化。然而，在现实中商业银行有可能达不到成本最小化的前提，并且还会受到随机冲击，因而需要考虑采用随机前沿模型，在面板数据模型中，还需要考虑无效率项是否随时间变化。Coccorese[252] 基于随机前沿模型给出了一种比较巧妙的估计方法，即将产出设定为资产（Q_{it}）。假设投入要素价格为 3 类，并将所有者权益及其二次项、时间趋势及其二次项作为控制变量，此时可将式 (5-7) 改写为：

$$\begin{aligned}\ln\left(C_{it}/w_{3it}\right) = {} & \alpha_0 + \alpha_Q \ln Q_{it} + \frac{1}{2}\alpha_{QQ}\left(\ln Q_{it}\right)^2 + \sum_{h=1}^{2}\delta_h \ln\left(\frac{w_{hit}}{w_{3it}}\right) \\ & + \frac{1}{2}\sum_{h=1}^{2}\sum_{s=1}^{2}\delta_{hs}\ln\left(\frac{w_{hit}}{w_{3it}}\right)\ln\left(\frac{w_{sit}}{w_{3it}}\right) + \sum_{h=1}^{2}\alpha_{Qh}\ln Q_{it}\ln\left(\frac{w_{hit}}{w_{3it}}\right) \\ & + \alpha_E \ln E_{it} + \frac{1}{2}\alpha_{EE}\left(\ln E_{it}\right)^2 + \sum_{h=1}^{2}\alpha_{Eh}\ln E_{it}\ln\left(\frac{w_{hit}}{w_{3it}}\right) \\ & + \alpha_{EQ}\ln E_{it}\ln Q_{it} + \alpha_T T + \frac{1}{2}\alpha_{TT}T^2 + \sum_{h=1}^{2}\alpha_{Th}T\ln\left(\frac{w_{hit}}{w_{3it}}\right) + \alpha_{TQ}T\ln Q_{it}\end{aligned} \tag{5-10}$$

基于式 (5-10) 可得边际成本，即成本对于产出的弹性：

$$E_{TOC,Q} = \frac{\partial C_{it}}{\partial Q_{it}} = \alpha_Q + \alpha_{QQ}\ln Q_{it} + \sum_{h=1}^{2}\alpha_{Qh}\ln\left(\frac{w_{hit}}{w_{3it}}\right) + \alpha_{TQ}T + \alpha_{EQ}E_{it} \tag{5-11}$$

参照 Aigner 等 [254]、Meeusen 等 [255] 给出的随机前沿模型，产出弹性（或者边际成本 $MC_{it} = \partial C_{it}/\partial Q_{it}$）与成本收入比（$RC_{it} = P_{it}Q_{it}/TOC_{it}$）之间存在以下关系式：

$$P_{it}Q_{it}/C_{it} = \partial C_{it}/\partial Q_{it} + u_{it} + v_{it} = MC_{it} + u_{it} + v_{it} \tag{5-12}$$

式中，u_{it} 为无效率项 (Inefficiency Term)，v_{it} 为 “Idiosyncratic Error”。将式 (5-11) 代入式 (5-12) 中，可得：

$$RC_{it}=\alpha_Q+\alpha_{QQ}\ln Q_{it}+\sum_{h=1}^{2}\alpha_{Qh}\ln\left(\frac{w_{hit}}{w_{3it}}\right)+\alpha_{TQ}T+\alpha_{EQ}E_{it}+u_{it}+v_{it} \quad (5\text{-}13)$$

显然，遵循 Coccorese[252] 给出的思路，不需要估计超越对数成本函数，而仅需要采用面板随机前沿模型估计式（5-12）就可以获取 Lerner 指数。如果将投入要素设定为 2 类，则无须考虑约束条件，如果设置为 3 类，约束条件也仅需要考虑 $\sum_{h=1}^{2}\alpha_{Qh}=1$。Coccorese 给出的方法具有两方面的优势：首先，将产出设定为总资产，而不是两种或者三种产出，可以省去通过综合各类边际成本得到总的边际成本的环节。从银行业的现实情况来看，非利息收入占比将逐步提升，综合经营的趋势日渐明朗，银行之间的竞争已经不局限于贷款业务的竞争，而是升级为所有资产业务的竞争，将产出设定为资产亦不失合理性。其次，此方法无须估计超越对数成本函数，也无须估计产出的价格，估计方法更为简洁。鉴于此，本书将采用 Coccorese 给出的方法估计边际成本。

在 Coccorese 给出的方法中，产出为总资产，投入要素的设置延续上文的方法，将其设定为利息支出、劳动成本、资本成本，劳动成本为业务及管理费 / 总资产，资本成本（营业支出－业务及管理费）/ 总资产。根据技术效率是否随时间改变，随机前沿模型又可以分为两类，具体估计结果如表 5-4 所示，除了列示面板随机前沿模型的估计结果之外，同时还列示了随机效应模型、固定效应模型的估计结果。

表5-4　基于面板随机前沿模型的成本收入比方程

变量	(1)	(2)	(3)	(4)
	RC_{it}	RC_{it}	RC_{it}	RC_{it}
Q_{it}	−0.014	0.086	0.086	0.086
	(0.058)	(0.071)	(0.067)	(0.068)
W_{1it}	0.095**	0.039	0.070	0.052
	(0.039)	(0.043)	(0.046)	(0.050)
W_{2it}	0.178***	0.256***	−0.070	−0.052
	(0.043)	(0.048)	(0.046)	(0.050)
	(0.005)	(0.010)	(0.005)	(0.014)

续表

变量	(1)	(2)	(3)	(4)
	RC_{it}	RC_{it}	RC_{it}	RC_{it}
E_{it}	0.095 (0.059)	0.157** (0.064)	−0.038 (0.070)	−0.036 (0.070)
常数项	−0.165 (0.457)	−4.212** (1.643)	0.208 (0.427)	0.095 (0.445)
观测值	424	424	424	424
样本量	53	53	53	53
模型	随机效应	固定效应	面板随机前沿模型技术效率不随时间变动	面板随机前沿模型技术效率随时间变动

注：括号中为标准差；*** 表示 $p<0.01$，** 表示 $p<0.05$，* 表示 $p<0.1$。

基于面板随机前沿模型的估计结果，可得边际成本的估计值，图 5-2 中列示了边际成本估计值的核密度图，从核密度的分布来看，边际成本的估计值在数值以及分布上均较为接近。与基于 DEA 方法得到的效率值不同，边际成本越大，说明经营效率越低，而边际成本越低，则经营效率越高，即与 DEA 方法得到的效率值恰好相反。

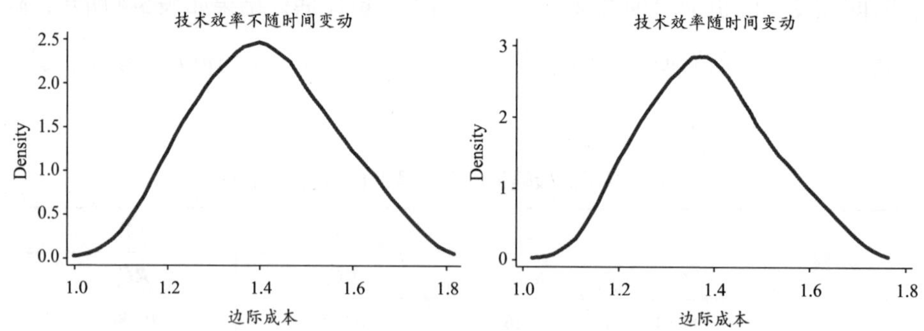

图5-2 基于面板随机前沿模型的边际成本估计值的核密度分布

表 5-5 给出了利率市场化与银行业竞争度的稳健性检验结果，Abond 检验表明，在 1% 的置信水平上，模型的扰动项无自相关；Sargan 检验表明，在 5% 的置信水平上，所有工具变量都有效。按照 Boone 指数的出发点，如果商业银

行的效率越高或者边际成本越低，在充分竞争的条件下，商业银行占有的市场份额就会越大，资产规模将以更快的速度增长。由表 5-4 的估计结果可知，在 1% 的置信水平上，边际成本的下降会导致资产规模以更快的速度增长。然而，在利率市场化之后，资产对于边际成本的弹性显著提升，边际成本的下降带来的资产规模增长显著降低。由此可见，相比于利率市场化之前，利率市场化之后，边际成本降低相同的幅度，所带来的资产规模增长幅度略低于利率市场化完成之前，估计结果与实证研究的结论基本一致，实证研究的结果具有较好的稳健性。

表5-5　基于稳健性检验的利率市场化与银行业竞争度

变量	(1)	(2)	(3)	(4)
	$\ln assets_{it}$	$\ln assets_{it}$	$\ln assets_{it}$	$\ln assets_{it}$
$\ln assets_{t-1}$		0.933^{***} (0.005)		0.932^{***} (0.005)
$\ln MC_{1it}$	-4.528^{***} (0.316)	-0.247^{***} (0.051)		
$\ln MC_{1it} \times I_{year>2015}$	0.213^{***} (0.036)	0.026^{***} (0.006)		
$\ln MC_{2it}$			-5.387^{***} (0.405)	-0.320^{***} (0.062)
$\ln MC_{2it} \times I_{year>2015}$			0.237^{***} (0.037)	0.027^{***} (0.007)
常数项	30.791^{***}	1.707^{***}	31.487^{***}	1.681^{***}
	(0.290)	(0.122)	(0.365)	(0.114)
样本容量	424	371	424	371
观测对象	53	53	53	53
模型	固定效应	动态面板	固定效应	动态面板

注：括号中为标准差；*** 表示 $p<0.01$，** 表示 $p<0.05$，* 表示 $p<0.1$。

进一步验证利率市场化与银行业竞争格局的稳健性，估计结果如表 5-6 所示。由估计结果可知，在 5% 的置信水平上，城商行、农商行的虚拟变量与边际成本的交乘项系数仍然显著为负值，城商行、农商行的虚拟变量、利率市场化的指示变量与边际成本的交乘项系数显著为正。由此可见，城商行、农商行的比较优势在稳健性检验中仍然存在，利率市场化之后，比较优势有所削弱。

表5-6 基于稳健性检验的利率市场化与银行业竞争度

变量	(1)	(2)	(3)	(4)
	$\ln assets_{it}$	$\ln assets_{it}$	$\ln assets_{it}$	$\ln assets_{it}$
$\ln assets_{t-1}$		0.938*** (0.007)		0.941*** (0.007)
$\ln MC_{1it}$	−4.016*** (0.259)	−0.080** (0.031)		
$\ln MC_{1it} \times I_{local}$	−0.156 (0.359)	−0.055** (0.033)		
$\ln MC_{1it} \times I_{local} \times I_{year>2015}$	−0.380*** (0.044)	0.013** (0.008)		
$\ln MC_{2it}$			−5.028*** (0.331)	−0.096*** (0.037)
$\ln MC_{2it} \times I_{local}$			−0.320 (0.470)	−0.077** (0.037)
$\ln MC_{2it} \times I_{local} \times I_{year>2015}$			−0.399*** (0.046)	0.009* (0.008)
常数项	29.670*** (0.145)	1.712*** (0.182)	30.308*** (0.190)	1.596*** (0.178)
样本容量	424	371	424	371
观测对象	53	53	53	53
模型	固定效应	动态面板	固定效应	动态面板

注：括号中为标准差；*** 表示 $p<0.01$，** 表示 $p<0.05$，* 表示 $p<0.1$。

5.4 本章小结

制度变迁以利率市场化改革为典型事件，利率市场化改革是金融市场改革的最为核心的环节之一。本章基于利率市场化改革与银行业竞争程度，以及我国利率市场化改革的进程相关理论，继续运用第3章优化后的实证模型分析利率市场化对银行业竞争度的影响。实证分析结果表明，利率市场化完成之后，银行业的竞争度并未如预期那样显著提升，反而有所下降。由此可见，在制度上完成利率市场化并不意味着银行业竞争度会随之提升，还需要进一步深化改革，完善市场机制，实现真正意义上的市场化，从而提升银行业竞争度。而且相比于大型商业银行、股份制商业银行，立足于地方的城商行、农商行拥有比较优势，即提升相同的效率水平，城商行、农商行的资产扩张速度更快；然而，利率市场化之后，城商行、农商行拥有的比较优势有所削弱。

第6章　金融科技对银行业竞争度的影响研究

近年来，金融技术领域不断革新，以互联网技术与数据挖掘技术为核心的数字金融发展迅速，互联网金融发展是金融科技的典型代表。从现实来看，金融科技是驱动银行业竞争度演变的主要因素，货币市场基金、P2P 贷款、众筹、微信支付等互联网金融业务对商业银行的存贷款业务和中间业务形成了一定冲击。然而，金融科技对商业银行的发展来说是把双刃剑。一方面，金融科技衍生出类存贷款业务会冲击商业银行的传统业务，挤占传统商业银行的市场份额，加剧类银行金融机构与商业银行的竞争；另一方面，银行业也会积极应用金融科技的发展成果，以提升自身的经营效率与行业竞争力。然而，在新技术的应用过程中，需要投入大量的资金进行软件研发、布置硬件以及日常维护。从成本核算的角度来看，对于业务规模庞大的商业银行，应用新技术的平均成本相对较低，而对于业务规模较少的商业银行，平均成本则相对较高。综合来看，金融科技的发展可能会冲击现有的竞争格局，对业务规模较大的商业银行更为有利。鉴于此，本章从技术进步的角度切入，量化分析金融科技的发展对中国银行业竞争度的影响。

6.1　金融科技与银行业竞争度

6.1.1　金融科技发展的典型特征

自 21 世纪以来，全球科技创新日新月异，全球经济结构亦随之转变，发展出诸多新业态。在政府战略目标和金融业发展需求的推动下，以大数据、云计算、人工智能、区块链等为代表的金融科技发展迅速。金融科技是指金融机构运用各种科学技术手段改进其服务和产品，实现效率提升、成本降低的目标。金融稳定委员会定义金融科技，指出其是技术支持的金融创新，可能导致新的商业模式、应用程序、流程或产品对金融市场和机构产生相关的重大影响，并提供金融服务。美国从 20 世纪 90 年代就开始提出金融科技，美国金融业指出金融科技是指金融机构为金融机构提供 B2B 的服务。事实上，金融科技是两大产业的深度融合，金融机构运用互联网、大数据、区块链等技术为客户提供更好的服务，提升客户的体验感，并且能够实施风险管控。金融科技完全打破了银行传统业务，运用新技术，以创新能力在银行业各细分市场中潜心挖掘用户。金融科技借助高新技术，以互联网业务开展的低成本性为基础，提升客户的体验感，拓宽客户人群的覆盖面，挖掘金融领域的潜在客户。

1992 年，中国科技金融促进会上正式提出金融科技，标志着金融科技在中国的诞生。从金融科技的发展历程可以看出，我国金融科技的发展可以划分为以下几个阶段。

第一阶段，1986 年之前的金融科技 1.0 阶段，又称金融信息化阶段。借助传统的 IT 软硬件设施，金融机构基本实现了业务的自动化、电子化，办公的无纸化，通过初步的信息技术积累来提高金融机构服务效率和工作效率，降低金融行业运营成本，培养掌握先进科学技术的工作人员是推动金融科技发展的主要表现。

第二阶段，1987—2009 年的金融科技 2.0 阶段，又称互联网金融阶段。在此阶段，金融科技发展突飞猛进，以网络阶段、众筹、网络基金销售等为代表的发展业态最为典型。我国涌现了大批先进的信息科技公司，借助网络技术将用户、信息、数据进行汇聚，改革金融机构的传统业务，实现金融领域资产端、支付端、交易端、资金端等任意组合的互联互通，进而实现金融业信息共享和业务融合。

第三阶段，2009 年至今的金融科技 3.0 阶段，又称金融和科技深度融合阶段。金融机构的信息采集来源、投资决策过程、信用中介角色、风险定价模型等在大数据、区块链、云计算等应用下发生了极大的变化，催生了智能投资顾问、智能风险管控、大数据征信等新的行为，既提高了工作效率，又极大降低了金融机构的风险和金融服务的成本。

金融科技促进互联网金融的快速发展，互联网金融是通过互联网技术实现资金融通、资金支付和信息中介等业务的一种新兴金融。互联网技术发展日新月异，加上移动终端设备在中国的普及，资金的融通、资金的支付、信息中介服务等形式的互联网金融的快速发展，使得金融业资源优化配置，金融体系的包容度增强，小微企业融资环境改善，普惠金融实现快速发展，极大冲击了银行业的发展。第三方支付、众筹融资、网络贷款与融资、渠道销售等业务在中国爆发式增长，加上电子商务对传统商业形态的冲击，互联网金融以其创新发展形态、更广的视野和高新技术水平等优势与金融机构传统业务展开竞争。与传统银行业务不同，互联网金融的负债与资产形式不同，资金使用权发生转移，所产生的社会影响更大更广泛。自从互联网金融理念在中国兴起，一批具有互联网科技背景的企业开始深挖金融机构传统业务的不足，弥补其服务盲点，直接应对用户需求，并且取得了一定的成果。

6.1.2 金融科技影响银行业竞争度的传导机制

金融科技极大冲击了商业银行的传统业务领域、业务模式及经营理念。然而，商业银行资源、成本、机制等因素制约其进行科技创新，加上银行自身进行技术创新的成本较高，内部决策程序繁杂，开发周期长，这些限制了商业银行创新思维的发展。由于经营环境与以往不同，粗放式的“跑马圈地”及“躺着挣钱”的监管套利时代已不复存在。市场竞争环境愈加激烈，商业银行的经营模式若不进行创新，必然会引起银行间的无序竞争和过度竞争，进而导致各家银行对大型客户企业的“多头授信”或者“过度授信”。对于金融科技发展对银行业竞争程度的影响研究，目前学术界持有两种不同观点。一些学者认为金融科技提升了银行业的信息技术，提高了金融技术的使用，为银行创造更为公平的市场环境，从而降低少数银行业金融机构的市场势力，进一步提高银行业市场竞争力。另一些学者研究发现，掌握信息技术的商业银行提高了其信息化处理能力，使得商业银行市场势力上升，从而技术会降低银行业竞争。

从广义的视角来看，银行业的范围不仅包括各类银行金融机构，依托互联网的余额宝、P2P 等具备存贷款特征的业务也应包括在内。一方面，依托互联网的类存贷款业务可能会对商业银行的存贷款业务形成挤出效应，即依托互联网的类银行金融机构作为商业银行的竞争对手与之竞争。另一方面，互联网金融的业务经营模式能够为商业银行提升经营效率提供借鉴，自互联网金融兴起之后，商业银行广泛吸取互联网金融的业务发展模式，业务办理与审批的电子化、智能化水平不断提升，业务办理无人值守、无接触的模式不断扩大。然而，金融科技的发展并不能惠及所有类型的商业银行。鉴于此，以下将分别探讨金融科技对银行业竞争度的具体影响机制。

（1）金融科技提高或加剧银行业竞争度的机制。金融技术的运用使数据信息能够在行业内广泛传播与共享，带来更为公平的市场环境，从而降低少数银行的市场势力，促进银行业市场竞争。事实上，金融科技的发展会推动一种变相的利率市场化，商业银行中尤其是零售型存款会由于金融科技的发展，从商业银行转向互联网金融，这种负债端会首先面临“脱媒”压力，导致商业银行将其负债端更多地投放于类似同业拆借资金类的批发型融资。而商业银行负债端的改变会导致其资产端风险偏好的上升，结合商业银行的借贷利率和净息差都有所下降的情况来看，商业银行并未将资金成本的上升向下游企业转移，而极有可能选择更高风险的资产来弥补其负债端成本上升所带来的损失。

金融科技的发展会加快商业银行“去中介化”趋势，从支付端来看，移动终端的普及，使得移动支付、第三方支付越来越受欢迎，其收付款、转账汇款等支付结算功能能够有效代替银行的传统支付功能；从资产端角度看，企业和个人的资金需求可以通过互联网平台实现需求匹配，并成功进行融资，冲击了银行传统信贷业务；从负债端来看，商业银行的存款利率的市场定价机制并未形成，金融科技却能在一定程度上推进其利率市场化发展，引发第二次“金融脱媒”。相比第一次“金融脱媒”，金融科技引起的“金融脱媒”侧重于提高金融业务的效率，实现金融机构服务的结构性匹配，其带来的变革更彻底。由于金融科技和互联网金融的发展特性，为了满足小微企业融资需求会产生规模经济、外部经济以及范围经济等多重效应，这必然为中小银行或互联网企业有能力与大型银行竞争创造条件，互联网金融业务的发展可能会对商业银行的传统业务产生挤出效应，从而增加银行业的竞争度。

（2）金融科技降低或减缓银行业竞争度的机制。技术溢出理论一般具有外部性，主要表现为技术领先的产业或行业通过主动或被动的传播技术，使得先进技术被扩散到其他产业或行业，从而促进其他产业或行业的技术创新以及业务发展。金融科技发展能够通过技术溢出效应显著提高商业银行的全要素生产率，由于银行存在异质性，金融科技的技术溢出效应对于不同类型银行的影响程度存在显著差异。

金融科技集成了大数据、人工智能、云计算、区块链等技术，互联网金融、数字金融是金融科技的具体形态，金融科技的应用是一个系统工程。在应用金融科技发展成果的过程中，需要投入大量的资金布置硬件设备和基础软件，在后续的使用中，也需要持续投入资金进行日常维护。从成本分析的角度来看，硬件设备及其布置在硬件设备上的基础软件属于固定成本，软件升级与日常维护属于可变成本。由于金融科技的特殊性，硬件设备的造价相对较高，软件研发也需要投入大量资金。对于业务规模较小的商业银行，应用金融科技技术的平均成本相对较高；而对于业务规模较大的商业银行，应用金融科技技术的平均成本则相对较低。相比业务规模小的商业银行，业务规模较大的商业银行应用金融科技技术的积极性将会更高，新技术的应用会显著降低其经营成本。鉴于并不是所有商业银行都能够分享金融科技的发展成果，在银行业的业务竞争中，业务规模大的商业银行原本就具有竞争优势，但如果其充分应用金融科技的发展成果，将会进一步强化其竞争优势。因此，金融科技的发展有可能会进一步扩大各类商业银行的竞争力差距，降低银行业的竞争度。

综合上述两种观点，结合当前各类商业银行应用金融科技技术的具体情况，金融科技的应用会进一步分化各类商业银行的竞争力，大型商业银行、股份制银行的竞争优势可能会得到强化，而农商行、村镇银行、合作金融机构的竞争力可能会式微，银行业竞争度也可能会下降。在本章余下的部分中，将继续按照“效率—市场份额”的逻辑，从市场份额变化着手，量化分析金融科技的发展对银行业竞争度的影响。

6.2　金融科技影响银行业竞争度的实证模型

6.2.1　基于宏观样本数据的 VAR 模型

按照本章的研究规划，首先从宏观层面评估金融科技催生的新业态——互联网金融是否对商业银行的存贷款业务形成显著冲击。虽然金融科技工具名目繁杂，但按照其功能同样可以分为投资工具和融资工具。按照投资工具的期限长短、风险程度、能否随时提现，众多能够随时提现且收益稳健的互联网金融工具事实上已经成为存款的替代品，例如风靡一时的余额宝，余额宝本质上是货币市场基金，但其销售渠道以支付宝、淘宝为载体，并且投资额度的限制较少，提现灵活，备受大众的青睐。而网贷平台则为有融资意愿和投资意愿的个人提供了交易场所，为个人和小微企业提供了新的融资渠道。那么诸如上述的金融科技工具是否挤占了银行的存贷款业务，将以向量自回归模型（VAR）为工具，结合宏观层面的总量数量，通过格兰杰因果关系检验互联网金融工具的业务规模与存贷款规模的关系，具体模型如式（6-1）和式（6-2）所示：

$$\begin{cases} Credit_t = \sum_{p=1}^{P} \alpha_{1p} Credit_{t-p} + \sum_{p=1}^{P} \beta_{1p} IntCredit_{t-p} + M_{2t} + \varepsilon_{1t} \\ IntCredit_t = \sum_{p=1}^{P} \alpha_{2p} Credit_{t-p} + \sum_{p=1}^{P} \beta_{2p} IntCredit_{t-p} + M_{2t} + \varepsilon_{2t} \end{cases} \tag{6-1}$$

$$\begin{cases} Deposit_t = \sum_{p=1}^{P} \alpha_{1p} Deposit_{t-p} + \sum_{p=1}^{P} \beta_{1p} IntDeposit_{t-p} + M_{2t} + \xi_{1t} \\ IntDeposit_t = \sum_{p=1}^{P} \alpha_{2p} Deposit_{t-p} + \sum_{p=1}^{P} \beta_{2p} IntDeposit_{t-p} + M_{2t} + \xi_{2t} \end{cases} \tag{6-2}$$

式中，$Deposit_t$、$Credit_t$为商业银行的存贷款规模；$IntDeposit_t$、$IntCredit_t$为与商业银行存贷款功能相似的互联网金融工具；M_{2t}为货币供应量，作为货币政策的代理变量。在给定货币供应量的条件下，如果金融科技工具的业务规模扩张对商业银行的存贷款规模形成了负向冲击，且通过格兰杰因果关系检验，由此说明互联网金融的发展挤占了商业银行存贷款份额。相反，如果金融科技工具的业务规模扩张对商业银行的存贷款规模形成了正向冲击，且通过格兰杰因果关系检验，则表明互联网金融对传统金融业务并无影响。

6.2.2 基于微观样本数据的结构 VAR 模型与面板 VAR 模型

除了从宏观层面评估金融科技发展是否对存贷款业务造成冲击之外，还将结合商业银行的微观经济数据，检验金融科技的发展是否对商业银行的市场份额形成冲击。在金融科技发展的过程中，商业银行也会吸收金融科技的发展成果，以提升自身的竞争力。在第 3 章中，在非结构竞争理论的框架下，通过实证研究明确了效率的提升能够显著增加商业银行的市场份额。以第 3 章的研究结论为基础，本章将进一步检验金融科技投入能否提升经营效率。通过 Malmquist 指数，商业银行的经营效率又可以分解为规模效率指数、技术效率变化指数和技术进步指数，检验金融科技投入是否对所有分解项有显著的促进作用，还是仅对其中某一项或者某两项具有促进作用。如果金融科技投入能够提升经营效率，是否是因为金融科技投入的增加，显著提升了技术进步指数。

如上所述，金融科技的发展催生了新业态，使得非正规金融的规模迅速增加，从而对传统金融形成了冲击。由于各个商业银行的市场势力与市场份额有所不同，在相同的冲击之下，各个商业银行的反馈亦有所不同。与此同时，为了降低经营成本、提升经营效率，商业银行也会吸收金融科技发展的优秀成果。然而，由于商业银行的业务规模与资产规模的不同，面对相同的技术，商业银行吸收和应用新技术的程度也有所不同。商业银行应用金融科技成果主要表现为日常业务的无人值守、经营决策的智能化，应用金融科技成果一方面需要软件的支撑，另一方面也需要硬件的支持。鉴于此，在实证研究中，将软件系统费用、办公设备及计算机余额作为商业银行应用金融科技成果的代理变量，图 6-1 分别给出了业务规模（贷款规模、生息资产规模）与金融科技投入占比（金融科技投入 / 总资产）之间的关系。由图 6-1 可知，业务规模与金融科技投入之间存在正相关关系。从成本管理的角度看，业务规模越大，技术换代升级产生的平均成本将越低，业务规模大的商业银行运用金融科技技术的积极性也将越强。

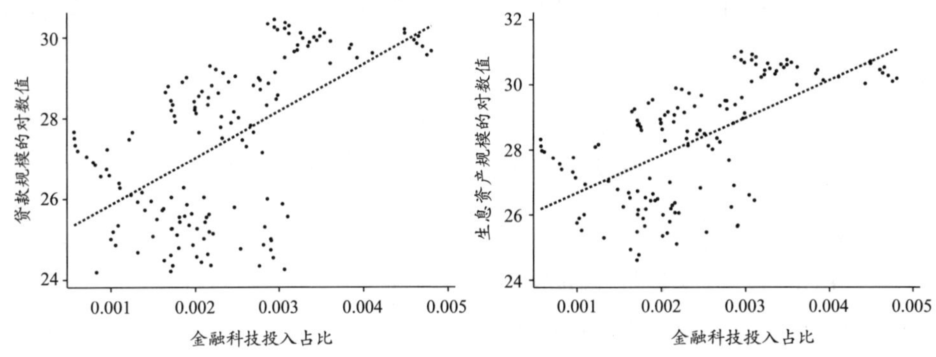

图6-1　商业银行资产规模与金融科技投入

鉴于此，本部分的实证研究分为两个层次：首先，分析金融科技的发展对商业银行的存贷款业务规模是否存在异质性影响，其次，分析金融科技的应用能否有助于提升商业银行的经营效率，对于不同规模的商业银行是否存在异质性。假设样本共包含 n 家商业银行，货币政策与金融科技的发展会对每家商业银行形成冲击，同时货币政策也会对金融科技发展产生影响，但单个商业银行的存贷款不会对总体上的货币政策与金融科技发展产生影响。基于此，模型不再是一般意义上的向量自回归模型，而是带约束条件的结构向量自回归模型，具体如式（6-3）和式（6-4）所示。

$$\begin{cases} Credit_t = \sum_{p=1}^{P}\alpha_p Credit_{t-p} + \sum_{p=1}^{P}\beta_{1p} IntCredit_{t-p} + \sum_{p=1}^{P}\gamma_{1p} M_{t-p} + \varepsilon_{1t} \\ IntCredit_t = \sum_{p=1}^{P}\beta_{2p} IntCredit_{t-p} + \sum_{p=1}^{P}\gamma_{2p} M_{t-p} + \varepsilon_{2t} \\ M_{2t} = \sum_{p=1}^{P}\gamma_{3p} M_{t-p} + \varepsilon_{3t} \end{cases} \tag{6-3}$$

$$\begin{cases} Deposit_t = \sum_{p=1}^{P}\alpha_p Deposit_{t-p} + \sum_{p=1}^{P}\beta_{1p} IntDeposit_{t-p} + \sum_{p=1}^{P}\gamma_{1p} M_{t-p} + \xi_{1t} \\ IntDeposit_t = \sum_{p=1}^{P}\beta_{2p} IntDeposit_{t-p} + \sum_{p=1}^{P}\gamma_{2p} M_{t-p} + \xi_{2t} \\ M_{2t} = \sum_{p=1}^{P}\gamma_{3p} M_{t-p} + \xi_{3t} \end{cases} \tag{6-4}$$

为了更为直观地展示变量之间的关系，式（6-3）和式（6-4）还可以改写成矩阵的形式：

$$\begin{aligned} &\begin{pmatrix} 1 & a_{12} & a_{13} \\ 0 & 1 & a_{23} \\ 0 & 0 & 1 \end{pmatrix}\begin{pmatrix} Credit_t \\ IntCredit_t \\ M_{2t} \end{pmatrix} = \begin{pmatrix} \gamma_{11}^{(1)} & \gamma_{12}^{(1)} & \gamma_{13}^{(1)} \\ \gamma_{21}^{(1)} & \gamma_{22}^{(1)} & \gamma_{23}^{(1)} \\ \gamma_{31}^{(1)} & \gamma_{32}^{(1)} & \gamma_{33}^{(1)} \end{pmatrix}\begin{pmatrix} Credit_{t-1} \\ IntCredit_{t-1} \\ M_{2t-1} \end{pmatrix} + \cdots \\ &+ \begin{pmatrix} \gamma_{11}^{(p)} & \gamma_{12}^{(p)} & \gamma_{13}^{(p)} \\ \gamma_{21}^{(p)} & \gamma_{22}^{(p)} & \gamma_{23}^{(p)} \\ \gamma_{31}^{(p)} & \gamma_{32}^{(p)} & \gamma_{33}^{(p)} \end{pmatrix}\begin{pmatrix} Credit_{t-p} \\ IntCredit_{t-p} \\ M_{2t-p} \end{pmatrix} + \begin{pmatrix} \xi_{1t} \\ \xi_{2t} \\ \xi_{3t} \end{pmatrix} \end{aligned} \tag{6-5}$$

$$\begin{aligned} &\begin{pmatrix} 1 & a_{12} & a_{13} \\ 0 & 1 & a_{23} \\ 0 & 0 & 1 \end{pmatrix}\begin{pmatrix} Deposit_t \\ IntDeposit_t \\ M_{2t} \end{pmatrix} = \begin{pmatrix} \delta_{11}^{(1)} & \delta_{12}^{(1)} & \delta_{13}^{(1)} \\ \delta_{21}^{(1)} & \delta_{22}^{(1)} & \delta_{23}^{(1)} \\ \delta_{31}^{(1)} & \delta_{32}^{(1)} & \delta_{33}^{(1)} \end{pmatrix}\begin{pmatrix} Deposit_{t-1} \\ IntDeposit_{t-1} \\ M_{2t-1} \end{pmatrix} + \cdots \\ &+ \begin{pmatrix} \delta_{11}^{(p)} & \delta_{12}^{(p)} & \delta_{13}^{(p)} \\ \delta_{21}^{(p)} & \delta_{22}^{(p)} & \delta_{23}^{(p)} \\ \delta_{31}^{(p)} & \delta_{32}^{(p)} & \delta_{33}^{(p)} \end{pmatrix}\begin{pmatrix} Deposit_{t-p} \\ IntDeposit_{t-p} \\ M_{2t-p} \end{pmatrix} + \begin{pmatrix} \xi_{1t} \\ \xi_{2t} \\ \xi_{3t} \end{pmatrix} \end{aligned} \tag{6-6}$$

进一步可以简化为：

$$A_1 y_{1t} = \Gamma_{11} y_{1t-1} + \cdots + \Gamma_{1p} y_{1t-p} + \varepsilon_{1t} \tag{6-7}$$

$$A_2 y_{2t} = \Gamma_{21} y_{2t-1} + \cdots + \Gamma_{2p} y_{2t-p} + \varepsilon_{2t} \tag{6-8}$$

对式（6-7）和（6-8）进行恒等变换可得：

$$A_1(1-\Gamma_{11}L-\cdots-\Gamma_{1p}L^p)y_t=A_1u_t=B_1\varepsilon_{1t} \tag{6-9}$$

$$A_2(1-\Gamma_{21}L-\cdots-\Gamma_{2p}L^p)y_t=A_2u_t=B_2\varepsilon_{2t} \tag{6-10}$$

式中，$A_1=A_2=\begin{bmatrix}1 & \cdot & \cdot \\ 0 & 1 & \cdot \\ 0 & 0 & 1\end{bmatrix}$，$B_1=B_2=\begin{bmatrix}\cdot & 0 & 0 \\ 0 & \cdot & 0 \\ 0 & 0 & \cdot\end{bmatrix}$，矩阵中“·”为待估参数，在模型估计的基础上进一步可以通过脉冲响应函数确定金融科技发展对单家商业银行的存贷款业务规模是否存在负面影响。

按照第 3 章中的方案 5 设定投入产出指标，投入指标为利息支出、资本成本、劳动成本，产出指标分别为计息负债、风险加权资产和中间业务收入。结合样本数据，首先，通过 Malmquist 指数从总体上测度商业银行全要素生产率的变动指数，其次，将全要素生产率变动指数分解为规模效率指数、技术效率变化指数和技术进步指数，最后，分别检验金融科技投入与上述指数之间的变动关系。基于以上分析，具体的实证模型如下：

$$\begin{cases} TFP_{it}=\sum\limits_{p=1}^{P}\alpha_{1p}TFP_{it-p}+\sum\limits_{p=1}^{P}\beta_{1p}Tech_{it-p}+\varepsilon_{1t} \\ Tech_{it}=\sum\limits_{p=1}^{P}\gamma_{1p}Tech_{it-p}+\sum\limits_{p=1}^{P}\rho_{1p}TFP_{it-p}+\varepsilon_{2t} \end{cases} \tag{6-11}$$

$$\begin{cases} SC_{it}=\sum\limits_{p=1}^{P}\alpha_{2p}SC_{it-p}+\sum\limits_{p=1}^{P}\beta_{2p}Tech_{it-p}+\varepsilon_{1t} \\ Tech_{it}=\sum\limits_{p=1}^{P}\gamma_{1p}Tech_{it-p}+\sum\limits_{p=1}^{P}\rho_{1p}SC_{it-p}+\varepsilon_{2t} \end{cases} \tag{6-12}$$

$$\begin{cases} TC_{it}=\sum\limits_{p=1}^{P}\alpha_{1p}TC_{it-p}+\sum\limits_{p=1}^{P}\beta_{1p}Tech_{it-p}+\varepsilon_{1t} \\ Tech_{it}=\sum\limits_{p=1}^{P}\gamma_{1p}Tech_{it-p}+\sum\limits_{p=1}^{P}\rho_{1p}TC_{it-p}+\varepsilon_{2t} \end{cases} \tag{6-13}$$

$$\begin{cases} TEC_{it}=\sum\limits_{p=1}^{P}\alpha_{1p}TEC_{it-p}+\sum\limits_{p=1}^{P}\beta_{1p}Tech_{it-p}+\varepsilon_{1t} \\ Tech_{it}=\sum\limits_{p=1}^{P}\gamma_{1p}Tech_{it-p}+\sum\limits_{p=1}^{P}\rho_{1p}TEC_{it-p}+\varepsilon_{2t} \end{cases} \tag{6-14}$$

式中，TFP_{it}、SC_{it}、TC_{it}、TEC_{it} 分别为样本商业银行的全要素生产率指数、规模效率指数、技术效率变化指数和技术进步指数，$Tech_{it}$ 为软件系统费用、办公设备及计算机资产之和的对数值。在面板 VAR 模型的基础之上，进一步基于单家银行进行异质性分析，如果对于业务规模大且金融科技投入占比高的商业银行，金融科技投入能够显著提升其经营效率，其市场势力可能会因此进一步得到强化，从而降低银行业竞争度。

6.3 金融科技对银行业传统业务的挤出效应研究

本章的实证研究分为两个层次：一是实证分析金融科技对商业银行传统存贷款业务的影响；二是实证分析金融科技的发展对商业银行的影响是否存在异质性，是否会改变银行业的竞争格局。

6.3.1 变量的选择与平稳性检验

6.3.1.1 变量选择

互联网金融是金融科技的典型代表，互联网金融区别于传统金融业务的突出特征就是“金融脱媒”。金融机构通过应用互联网技术，突破了办理业务的时间和地点的限制。在诸多互联网金融业务中，网络贷款是一种典型的“脱媒”贷款业务，基于货币市场基金的“余额宝”是最具有代表性的“脱媒”存款业务。因此，在实证分析过程中，以网络贷款余额（$P2P_t$）与以余额宝为代表的货币市场基金（Money Market Fund，MMF）规模作为衡量互联网金融发展的两类指标。

对于第一层次的研究目标，需要以整个银行业的存款（$Deposit_t$）、贷款规模（$Credit_t$）作为样本数据。除了以上两类指标，模型中还需要代表货币政策立场的指标。中国的货币政策规则正逐步从数量型向价格型转换，已有文献均有使用 M2 和上海同业拆借利率作为货币政策立场的指标，上海同业拆借利率主要采用隔夜（1 天）利率（Shibor O/N），宏观变量的走势如图 6-2 所示。

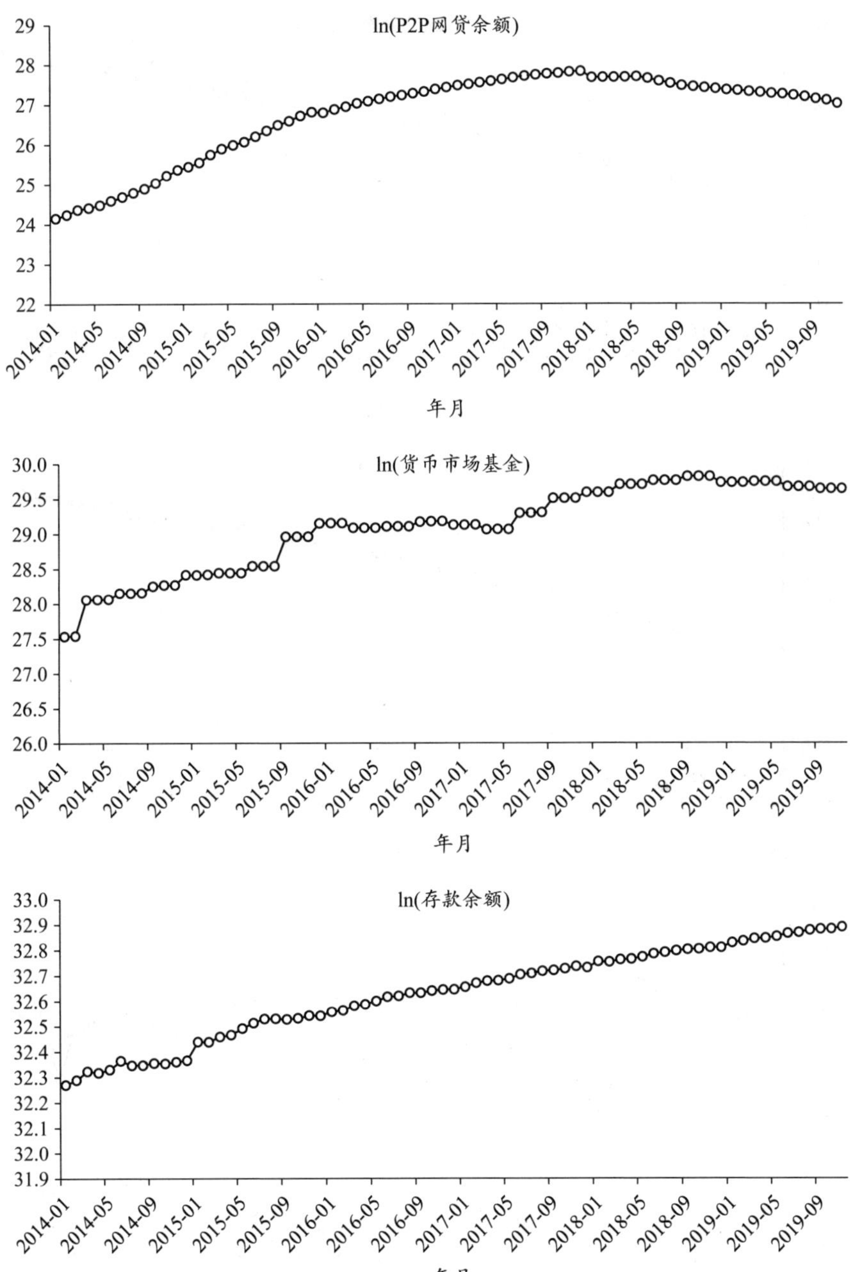

图6-2　网络贷款、货币市场基金、存贷款与货币政策

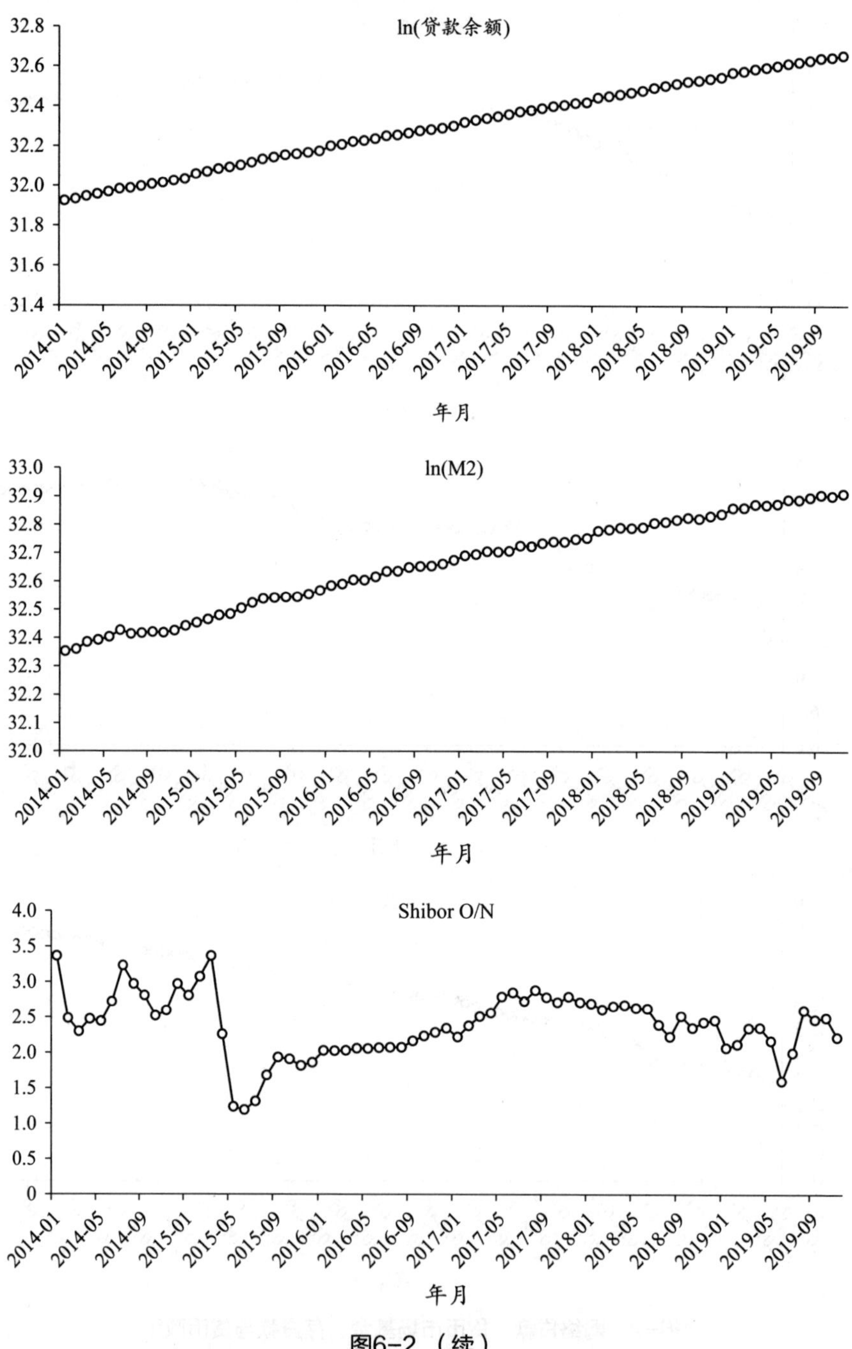
ln(贷款余额)
32.8
32.6
32.4
32.2
32.0
31.8
31.6
31.4
2014-01
2014-05
2014-09
2015-01
2015-05
2015-09
2016-01
2016-05
2016-09
2017-01
2017-05
2017-09
2018-01
2018-05
2018-09
2019-01
2019-05
2019-09
年月
ln(M2)
33.0
32.9
32.8
32.7
32.6
32.5
32.4
32.3
32.2
32.1
32.0
年月
Shibor O/N
4.0
3.5
3.0
2.5
2.0
1.5
1.0
0.5
0
年月

图6-2 （续）

6.3.1.2　变量平稳性检验

为防止出现实证结果偏误或者“伪回归”现象，在实证分析前应该对 VAR 模型中的变量进行平稳性检验。从时间序列指标来看，常用的变量平稳性检验方法有 ADF 检验、DFGLS 检验、KPSS 检验、NP 检验、ERS 检验、PP 检验等，其中最常用的检验方法是 ADF 检验。本章节采用 ADF 检验方法来进行变量的平稳性检验。由图 6-2 可知，时间序列既包含显著的时间趋势，又有季节性特征，因而在进行单位根检验之前，对所有时间序列进行季节性调整，并包含时间趋势的变量取一阶差分，调整之后的单位根检验如表 6-1 所示。从单位根检验的结果来看，在 5% 的置信水平上，变量均是平稳序列。

表6-1　网络贷款、货币市场基金、存贷款与货币政策变量的平稳性检验

变量	季节调整	一阶差分	常数项	*T* 统计量	*P* 值
ln(P2P 网贷余额)	是	是	是	−4.578 8	0.000 4
ln(货币市场基金)	是	是	是	−12.637 8	0.000 1
ln(存款余额)	是	是	是	−2.902 1	0.050 8
ln(贷款余额)	是	是	是	−8.845 8	0.000 0
ln(M2)	是	是	是	−4.757 0	0.000 2
Shibor O/N	是	是	是	−3.255 8	0.020 9

6.3.2　VAR 模型阶数的确定与稳定性检验

在运用 VAR 模型进行回归分析前应该确定滞后期的阶数。滞后阶数的选择较为关键，会影响到分析结果。例如，滞后阶数越大就越能全面反映 VAR 模型的动态特征，然而阶数越大也会增加需要估计的参数，而且减少自由度。因此，滞后阶数的选择必须考虑周全。本书选取的模型滞后阶数由综合似然比（LR）、AIC、HQIC 和 SBIC 等指标来确定，详见表 6-2。稳定性检验结果如图 6-3 所示，从检验结果可以看出，所有特征值都在单位圆内，说明 VAR 模型的稳定性较好。从模型 1 和模型 3 中，有两个根接近单位圆，表明这些冲击的持续性较强。

表6-2 VAR 模型阶数与稳定性检验

VAR 模型	内生变量	外生变量	滞后阶数
模型 1	ln(贷款余额)(一阶差分) ln(P2P 网贷余额)(一阶差分)	M2(一阶差分)	3
模型 2	ln(存款余额)(一阶差分) ln(货币市场基金余额)(一阶差分)	M2(一阶差分)	3
模型 3	ln(贷款余额)(一阶差分) ln(P2P 网贷余额)(一阶差分)	Shibor O/N(一阶差分)	4
模型 4	ln(存款余额)(一阶差分) ln(货币市场基金余额)(一阶差分)	Shibor O/N(一阶差分)	4

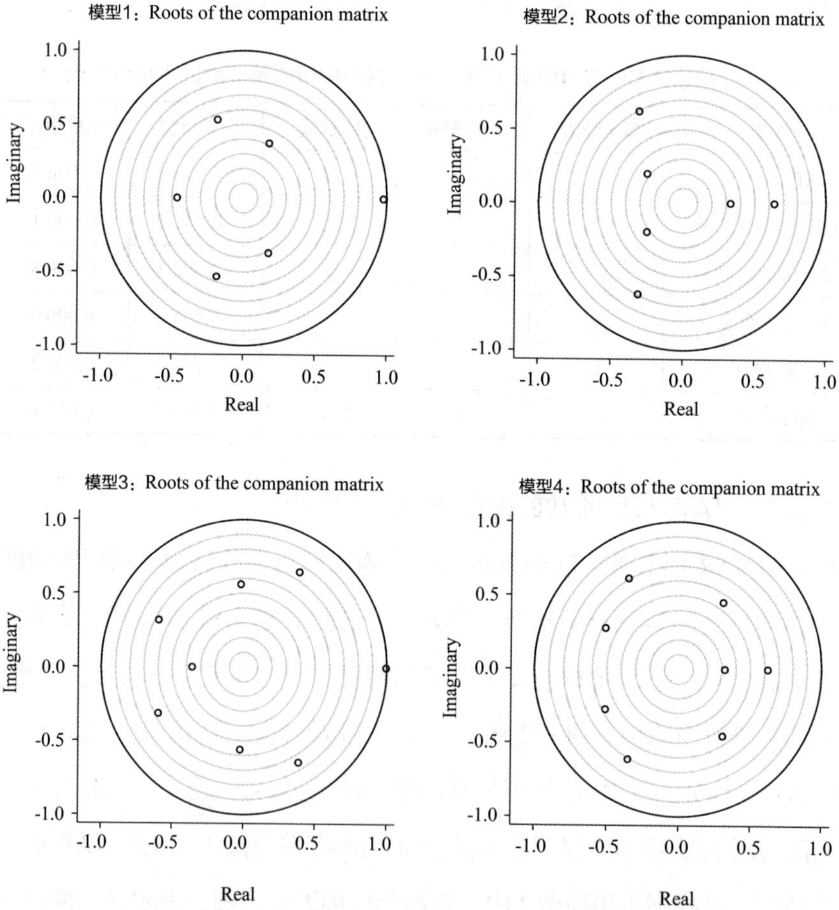
模型1：Roots of the companion matrix
模型2：Roots of the companion matrix
模型3：Roots of the companion matrix
模型4：Roots of the companion matrix
Imaginary
Real
1.0
0.5
0.0
-0.5
-1.0

图6-3 VAR 模型的稳定性检验

6.3.3　格兰杰因果检验与脉冲响应分析

在确定了模型阶数和稳定性后，对模型做进一步分析，在模型估计基础上检验变量间是否存在格兰杰因果关系，结果如表 6-3 所示。基于模型 1 的格兰杰因果关系检验结果表明，在 5% 的置信水平上，ln$(P2P_t)$ 是 ln（贷款余额）的格兰杰原因；在模型 3 中，在 5% 的置信水平上，ln$(P2P_t)$ 是 ln（贷款余额）的格兰杰原因，ln（贷款余额）是 ln$(P2P_t)$ 的格兰杰原因；其他格兰杰因果关系检验均不存在因果关系的原假设。综合来看，ln$(P2P_t)$ 是 ln（贷款余额）的格兰杰原因。以此为基础，进一步通过脉冲响应函数来判断互联网金融发展是否对商业银行的存贷款业务存在挤出效应，脉冲响应函数如图 6-4 所示。由图 6-4 可知，ln$(P2P_t)$ 与 ln（货币市场基金）并没有对 ln（贷款余额）、ln（存款余额）形成负面冲击。检验结果表明，互联网金融的发展对商业银行的传统业务不存在挤出效应。

表6-3　网络贷款、货币市场基金、与存贷款的格兰杰因果关系检验

零假设：不存在 Granger 因果关系	χ^2 统计量	P 值
模型1：一阶差分：ln $P2P_t$ →一阶差分：ln（贷款余额）	10.294 0	0.016
模型1：一阶差分：ln（贷款余额）→一阶差分：ln $P2P_t$	3.193 5	0.363
模型2：一阶差分：ln MMF_t →一阶差分：ln（存款余额）	1.648 2	0.649
模型2：一阶差分：ln（存款余额）→一阶差分：ln MMF_t	5.011 0	0.171
模型3：一阶差分：ln $P2P_t$ →一阶差分：ln（贷款余额）	12.624 0	0.013
模型3：一阶差分：ln（贷款余额）→一阶差分：ln$P2P_t$	9.824 4	0.043
模型4：一阶差分：ln MMF_t →一阶差分：ln（存款余额）	7.012 1	0.135
模型4：一阶差分：ln（存款余额）→一阶差分：ln MMF_t	2.191 3	0.701

6.4　金融科技对商业银行存贷款业务影响的异质性分析

6.4.1　结构 VAR 模型的估计与异质性分析

在金融科技发展的过程中，商业银行之间汲取并应用新技术的程度存在差异，从而会影响原有的竞争格局。因此，可以通过分析互联网金融发展对商业

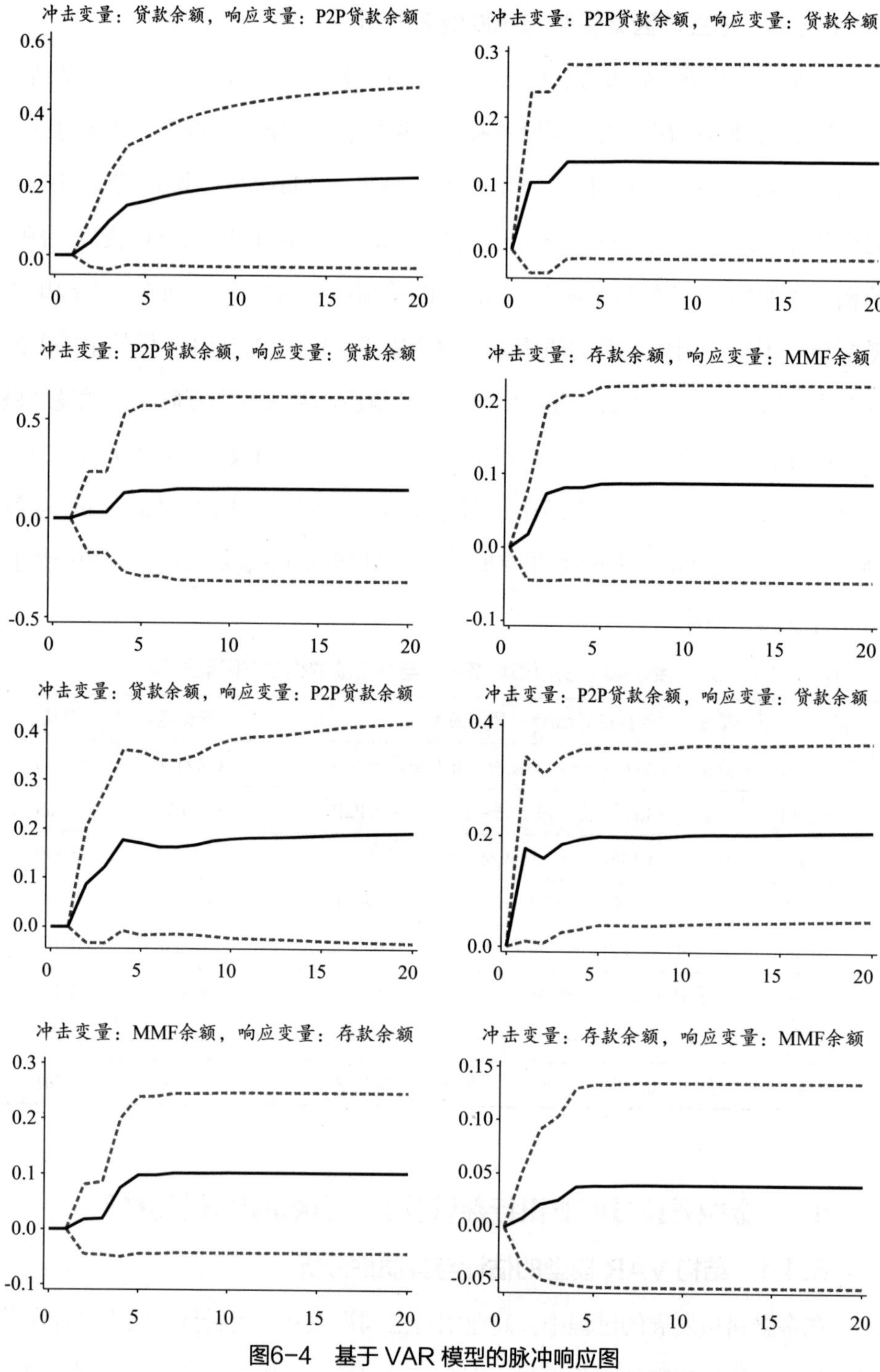

图6-4 基于 VAR 模型的脉冲响应图

银行存贷款业务是否存在异质性，确定互联网金融发展是否改写了原有的竞争格局。经过数据清洗，样本数据共包含 16 家商业银行，故需要构建 16 个结构 VAR 模型。按照结构 VAR 模型的建模流程，首先需要检验存贷款余额序列的平稳性，在单位根检验中同样采用 ADF 方法，具体结果如表 6-4 所示，除浦发银行和宁波银行的贷款余额序列之外，其他商业银行的存贷款余额序列均为平稳序列。若将 16 家商业银行 2014 年第 1 季度至 2019 年第 3 季度的数据构建为面板数据，基于面板数据的单位根检验结果同样支持序列的平稳性。

表6-4　商业银行存贷款余额的平稳性检验

变量	季节调整	一阶差分	常数项	T 统计量	P 值
浦发银行 -ln(存款余额)	是	是	是	−4.663 3	0.001 5
华夏银行 -ln(存款余额)	是	是	是	−4.347 4	0.003 0
民生银行 -ln(存款余额)	是	是	是	−3.436 2	0.021 1
招商银行 -ln(存款余额)	是	是	是	−3.391 2	0.023 9
南京银行 -ln(存款余额)	是	是	是	−3.663 5	0.013 1
兴业银行 -ln(存款余额)	是	是	是	−6.130 9	0.000 1
北京银行 -ln(存款余额)	是	是	是	−4.247 8	0.003 9
农业银行 -ln(存款余额)	是	是	是	−4.311 1	0.003 2
交通银行 -ln(存款余额)	是	是	是	−4.645 1	0.001 5
工商银行 -ln(存款余额)	是	是	是	−7.441 1	0.000 0
光大银行 -ln(存款余额)	是	是	是	−3.265 3	0.032 5
建设银行 -ln(存款余额)	是	是	是	−3.484 6	0.019 1
中国银行 -ln(存款余额)	是	是	是	−4.438 3	0.002 4
中信银行 -ln(存款余额)	是	是	是	−4.867 8	0.000 9
平安银行 -ln(存款余额)	是	是	是	−4.998 6	0.000 7
浦发银行 -ln(贷款余额)	是	是	是	−2.596 9	0.109 2
华夏银行 -ln(贷款余额)	是	是	是	−4.934 6	0.000 8
民生银行 -ln(贷款余额)	是	是	是	−5.049 0	0.000 6
招商银行 -ln(贷款余额)	是	是	是	−4.030 1	0.005 9
南京银行 -ln(贷款余额)	是	是	是	−3.199 3	0.034 4

续表

变量	季节调整	一阶差分	常数项	*T* 统计量	*P* 值
兴业银行 -ln(贷款余额)	是	是	是	−3.455 1	0.020 3
北京银行 -ln(贷款余额)	是	是	是	−4.005 3	0.006 2
农业银行 -ln(贷款余额)	是	是	是	−4.100 2	0.005 1
交通银行 -ln(贷款余额)	是	是	是	−5.806 5	0.000 1
工商银行 -ln(贷款余额)	是	是	是	−5.176 7	0.000 5
光大银行 -ln(贷款余额)	是	是	是	−4.339 9	0.003 2
建设银行 -ln(贷款余额)	是	是	是	−3.143 2	0.038 6
中国银行 -ln(贷款余额)	是	是	是	−4.562 8	0.001 8
中信银行 -ln(贷款余额)	是	是	是	−3.366 8	0.024 4
平安银行 -ln(贷款余额)	是	是	是	−3.448 8	0.021 2
宁波银行 -ln(贷款余额)	是	是	是	−2.334 3	0.171 2

在确认序列的平稳性之后，进一步通过似然比（LR）、AIC、HQIC 和 SBIC 等指标确定模型的滞后阶数。得到结构 VAR 模型的阶数之后，进一步对模型进行估计。按照上文的设定，货币政策会影响金融科技发展以及每个商业银行的存贷款，而单个商业银行的存贷款则不会左右 M2 和互联网金融发展。在本部分的结构 VAR 模型中，以 M2 作为货币政策变量。本节实证研究的目的在于对比分析脉冲响应函数是否在商业银行之间存在异质性，结构 VAR 模型的估计结果及其他检验结果不再赘述。

在估计 16 个结构 VAR 模型的基础上可以得到 16 个脉冲响应函数，在本部分的实证研究中，以 M2 作为反映货币政策立场的变量。为了识别出是否冲击样本商业银行之间存在异质性，以 16 家商业银行的平均存贷款余额为基础构建基准模型。如果基于结构 VAR 模型得到的脉冲响应函数在基准模型的脉冲响应函数的置信区间之内，则判断该商业银行与参考标准不存在显著差异；反之，如果在置信区间之外，则认为该商业银行与参考标准存在显著差异，具体的对比结果如图 6-5 所示。

相比于其他商业银行，中国工商银行、中国农业银行、中国建设银行、中国银行和交通银行 5 家大型商业银行的存贷款规模相对较大，因而可以将上述 5 家银行分为一组，其他商业银行归为一组。由图 6-5 可知，对于资产规模较大、市场份额较高的 5 家大型商业银行，其贷款对于来自 P2P 冲击的响应与基准模型相较，在 5% 的置信水平上并无显著差异。而贷款业务规模相对较小的兴业银行、平安银行、华夏银行、南京银行和宁波银行，其贷款规模对于来自 P2P 冲击的响应，在前 4 期内则位于基准模型脉冲响应函数的下方。由此可见，在给定货币政策立场的条件下，对于市场份额较大的商业银行，互联网金融的发展对贷款业务的冲击并不明显，但对于市场份额较小的商业银行，来自互联金融发展的负面冲击较为明显。由此可见，在贷款市场上，互联网金融的发展进一步拉大了两者的差距，形成了“强者愈强、弱者愈弱”的“马太效应”，从而使得贷款市场上的竞争度下降。

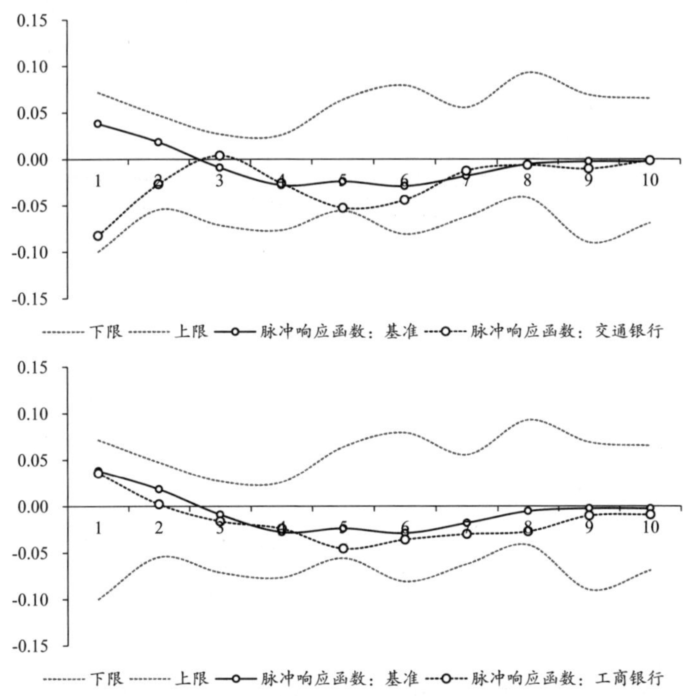

图6-5 基于结构 VAR 模型的脉冲响应图（P2P 贷款规模与贷款余额）

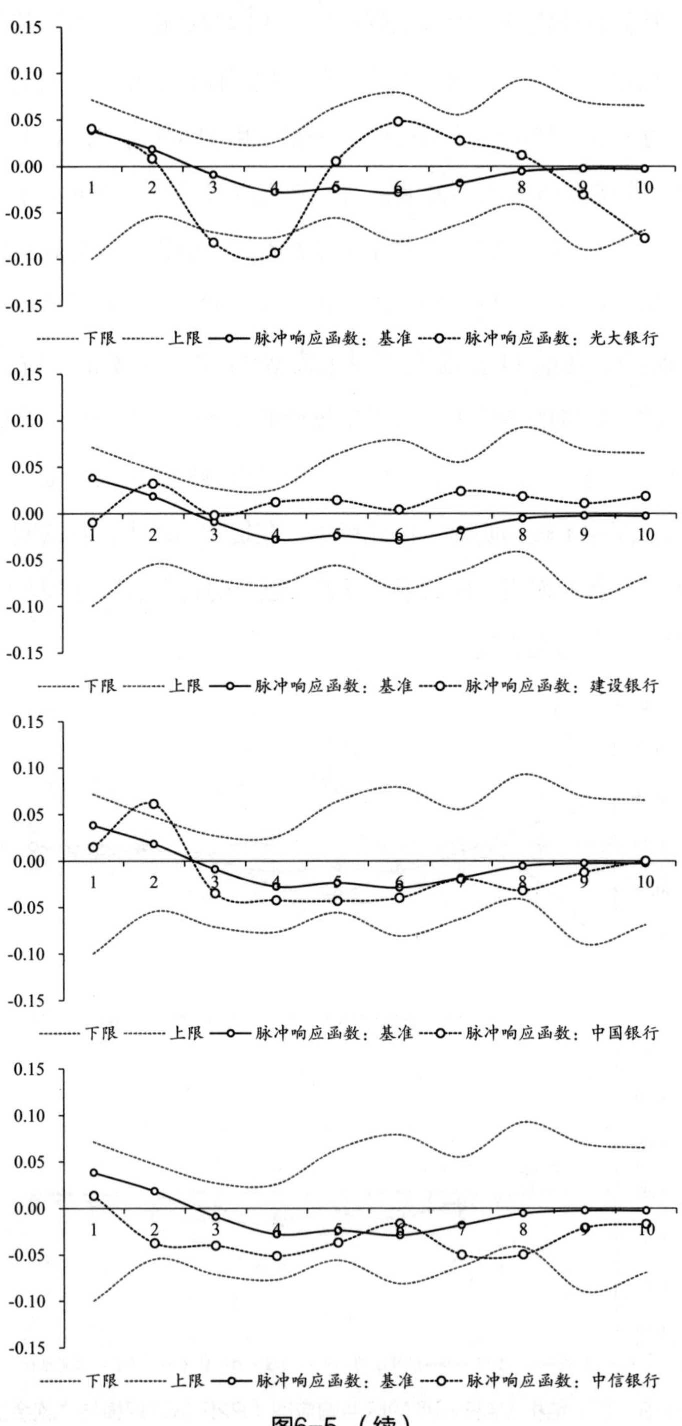
0.15
0.10
0.05
0.00
-0.05
-0.10
-0.15
1 2 3 4 5 6 7 8 9 10
下限 上限 脉冲响应函数：基准 脉冲响应函数：光大银行
0.15
0.10
0.05
0.00
-0.05
-0.10
-0.15
1 2 3 4 5 6 7 8 9 10
下限 上限 脉冲响应函数：基准 脉冲响应函数：建设银行
0.15
0.10
0.05
0.00
-0.05
-0.10
-0.15
1 2 3 4 5 6 7 8 9 10
下限 上限 脉冲响应函数：基准 脉冲响应函数：中国银行
0.15
0.10
0.05
0.00
-0.05
-0.10
-0.15
1 2 3 4 5 6 7 8 9 10
下限 上限 脉冲响应函数：基准 脉冲响应函数：中信银行

图6-5 （续）

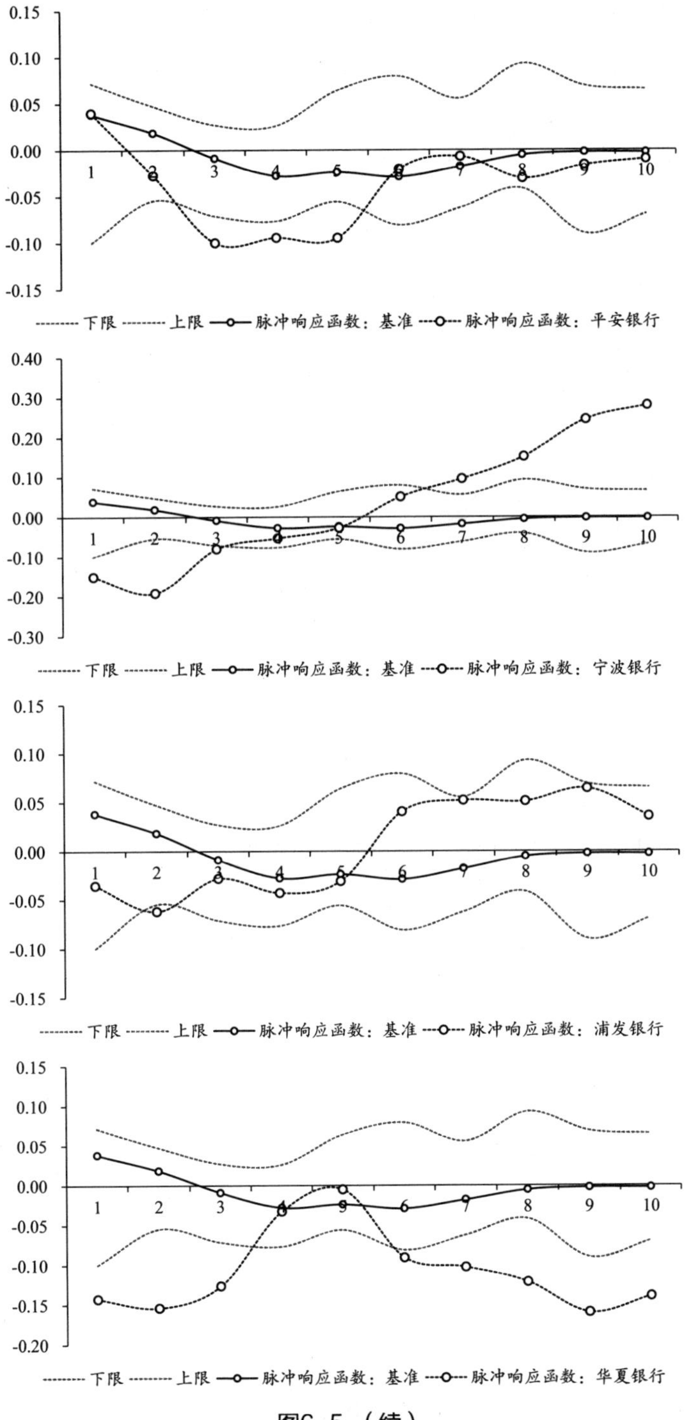

0.15
0.10
0.05
0.00
-0.05
-0.10
-0.15
1 2 3 4 5 6 7 8 9 10
下限 上限 脉冲响应函数：基准 脉冲响应函数：平安银行
0.40
0.30
0.20
0.10
0.00
-0.10
-0.20
-0.30
1 2 3 4 5 6 7 8 9 10
下限 上限 脉冲响应函数：基准 脉冲响应函数：宁波银行
0.15
0.10
0.05
0.00
-0.05
-0.10
-0.15
1 2 3 4 5 6 7 8 9 10
下限 上限 脉冲响应函数：基准 脉冲响应函数：浦发银行
0.15
0.10
0.05
0.00
-0.05
-0.10
-0.15
-0.20
1 2 3 4 5 6 7 8 9 10
下限 上限 脉冲响应函数：基准 脉冲响应函数：华夏银行

图6-5（续）

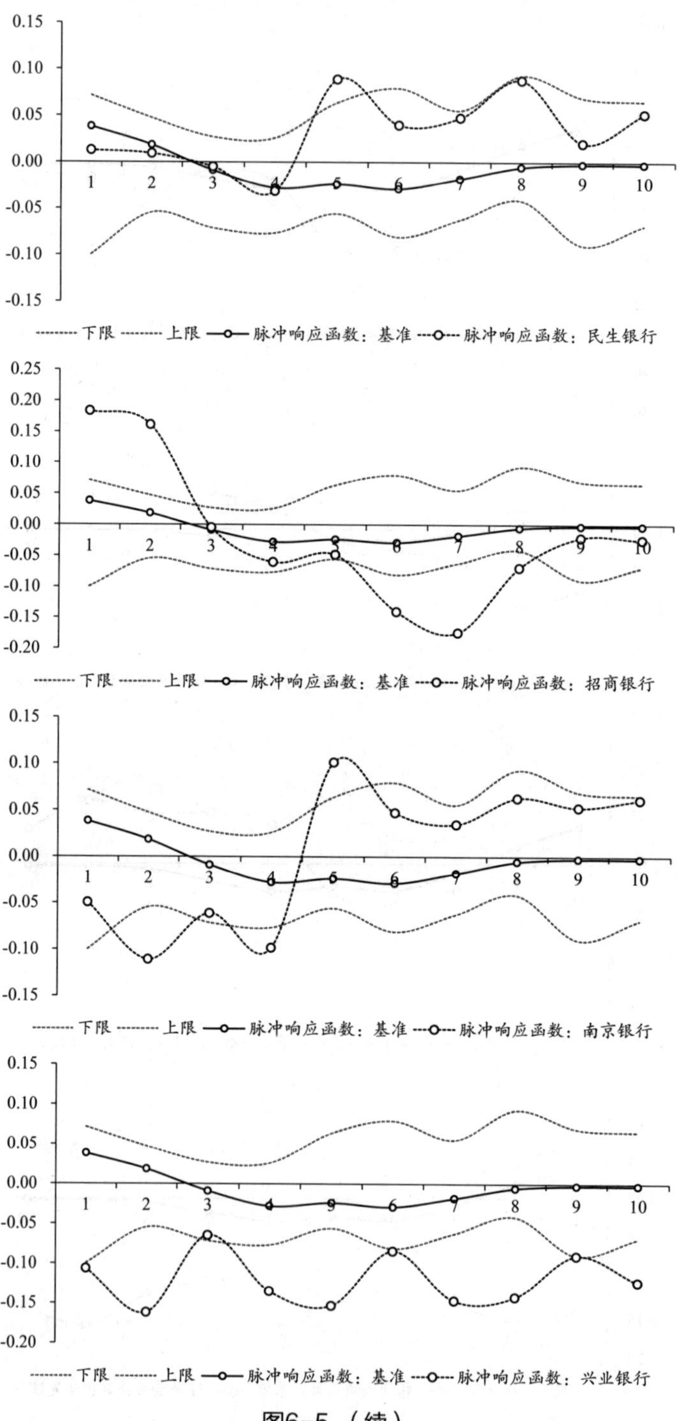

0.15
0.10
0.05
0.00
-0.05
-0.10
-0.15
1 2 3 4 5 6 7 8 9 10
下限 上限 脉冲响应函数：基准 脉冲响应函数：民生银行
0.25
0.20
0.15
0.10
0.05
0.00
-0.05
-0.10
-0.15
-0.20
1 2 3 4 5 6 7 8 9 10
下限 上限 脉冲响应函数：基准 脉冲响应函数：招商银行
0.15
0.10
0.05
0.00
-0.05
-0.10
-0.15
1 2 3 4 5 6 7 8 9 10
下限 上限 脉冲响应函数：基准 脉冲响应函数：南京银行
0.15
0.10
0.05
0.00
-0.05
-0.10
-0.15
-0.20
1 2 3 4 5 6 7 8 9 10
下限 上限 脉冲响应函数：基准 脉冲响应函数：兴业银行

图6-5（续）

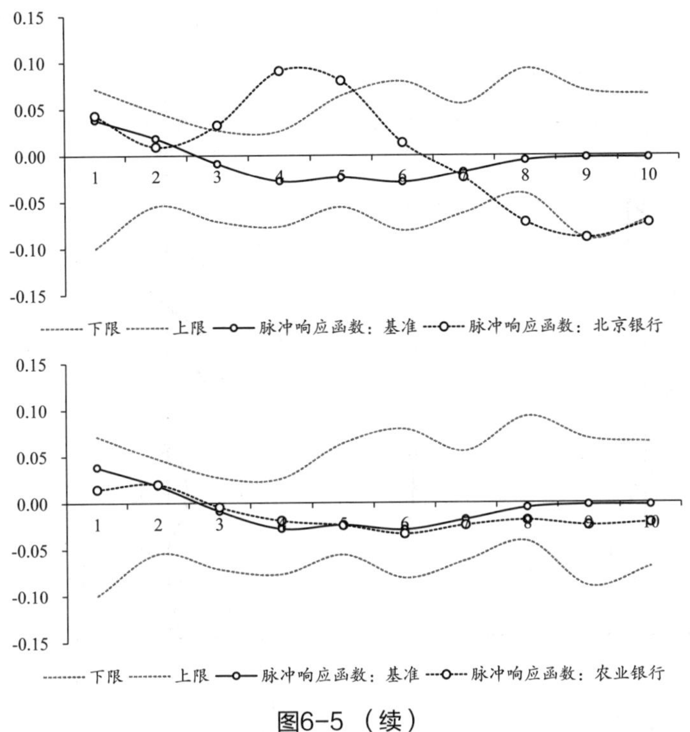

图6-5（续）

按照相同的方式，进一步检验金融科技发展对商业银行存款余额影响的异质性，具体的脉冲响应函数如图 6-6 所示。由估计结果可知，与基准模型相比，在 5% 的置信水平上，除中国工商银行、交通银行之外，货币市场基金对中国农业银行、中国建设银行、中国银行存款规模的冲击在总体上并无显著差异。然而，对于存款规模相对较小的平安银行、华夏银行、南京银行、宁波银行，其存款规模对来自货币市场基金冲击的反应则显著高于基准模型。由此可见，在存款市场上，互联网金融的发展给予了存款规模相对较小的商业银行更多的发展空间，缩小了两组商业银行之间的差距，从而提升了商业银行存款市场上的竞争度。

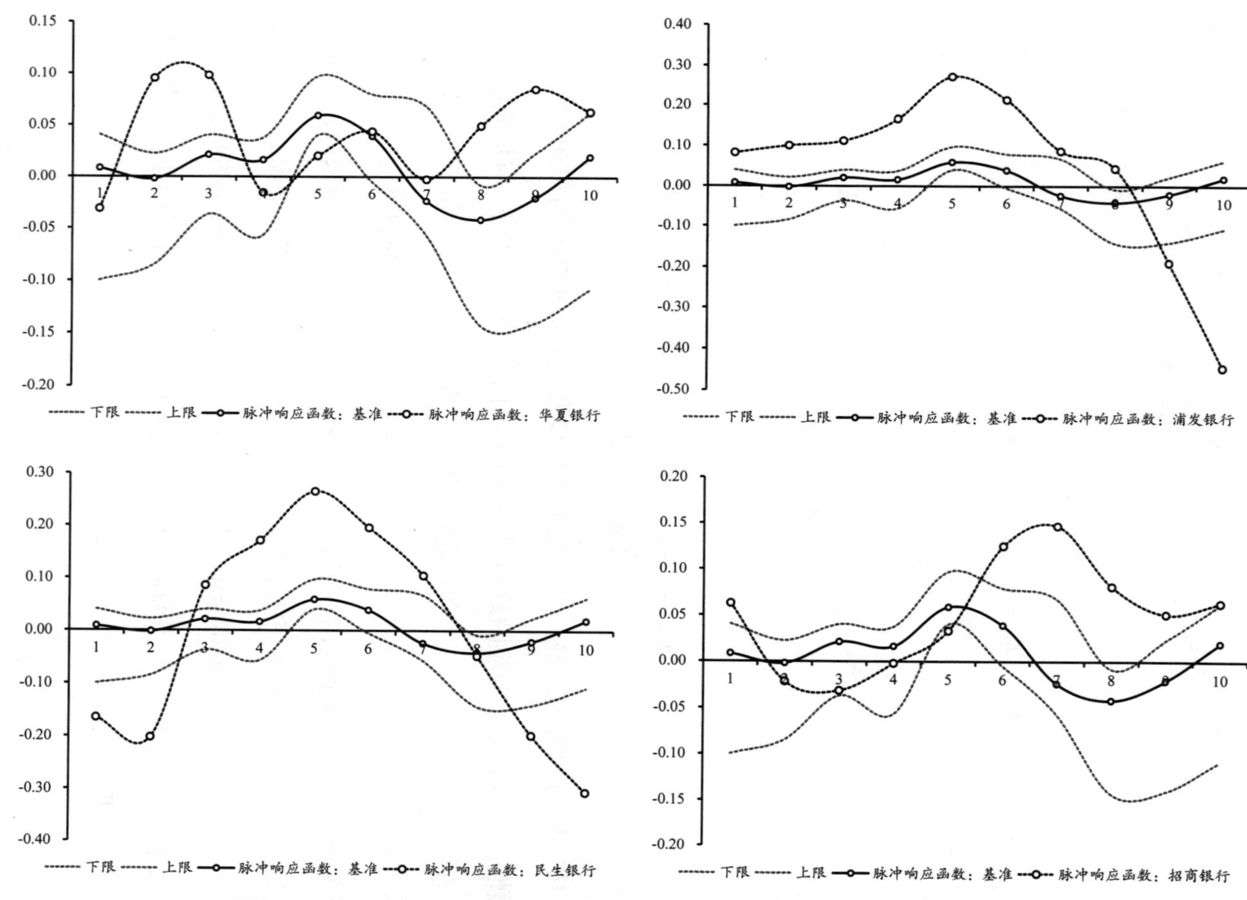

图6-6 基于结构VAR模型的脉冲响应图（货币市场基金规模与存款余额）

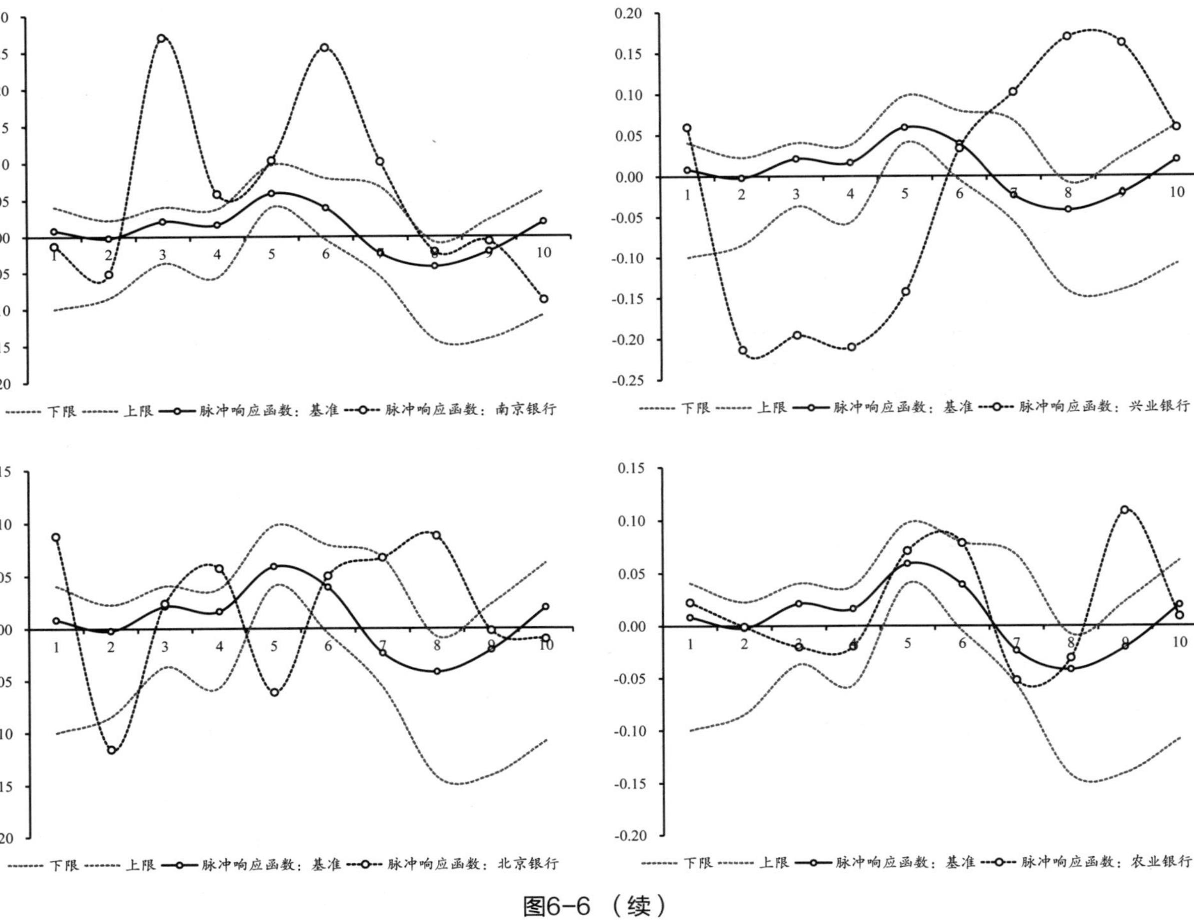
下限 上限 脉冲响应函数：基准 脉冲响应函数：南京银行
下限 上限 脉冲响应函数：基准 脉冲响应函数：兴业银行
下限 上限 脉冲响应函数：基准 脉冲响应函数：北京银行
下限 上限 脉冲响应函数：基准 脉冲响应函数：农业银行

图6-6（续）

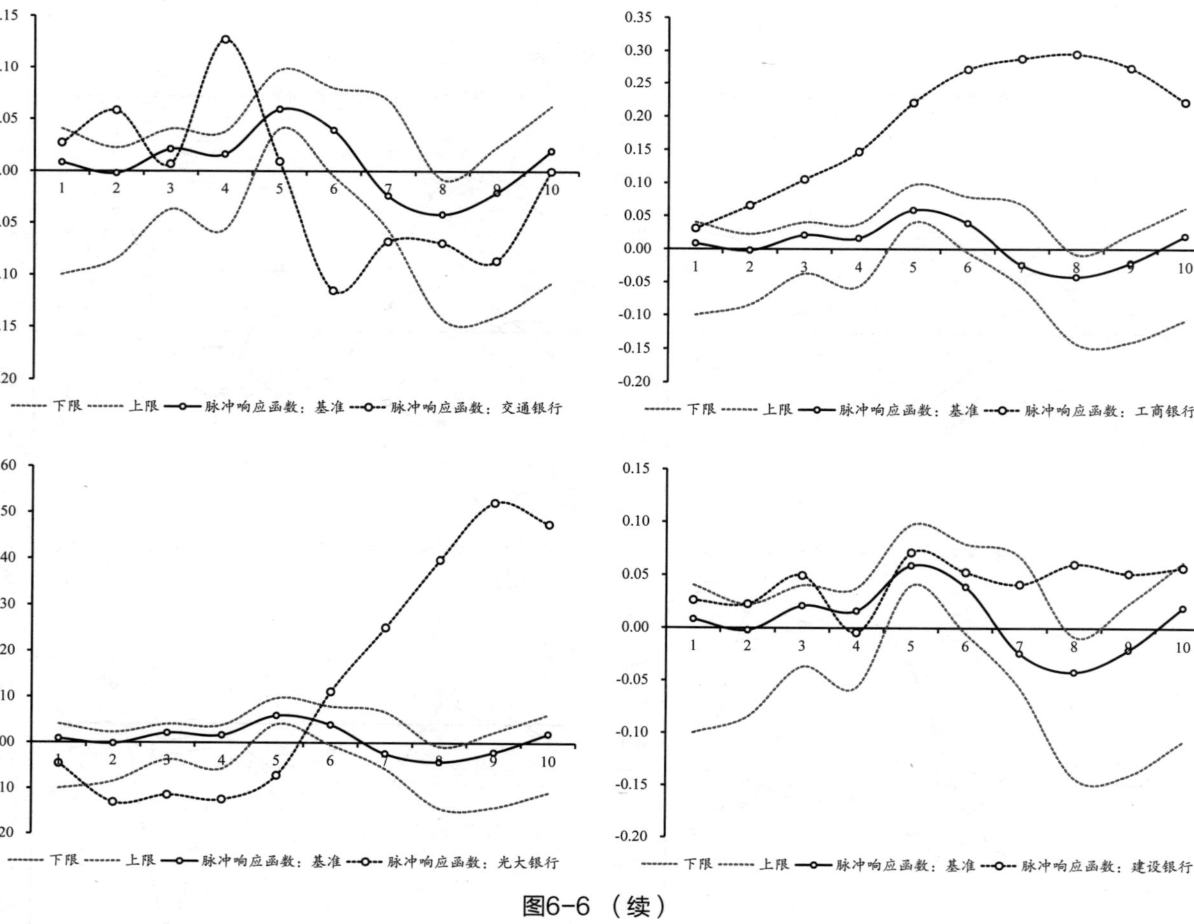
0.15
0.10
0.05
0.00
-0.05
-0.10
-0.15
-0.20
1 2 3 4 5 6 7 8 9 10
下限 上限 脉冲响应函数：基准 脉冲响应函数：交通银行
0.35
0.30
0.25
0.20
0.15
0.10
0.05
0.00
-0.05
-0.10
-0.15
-0.20
1 2 3 4 5 6 7 8 9 10
下限 上限 脉冲响应函数：基准 脉冲响应函数：工商银行
0.60
0.50
0.40
0.30
0.20
0.10
0.00
-0.10
-0.20
1 2 3 4 5 6 7 8 9 10
下限 上限 脉冲响应函数：基准 脉冲响应函数：光大银行
0.15
0.10
0.05
0.00
-0.05
-0.10
-0.15
-0.20
1 2 3 4 5 6 7 8 9 10
下限 上限 脉冲响应函数：基准 脉冲响应函数：建设银行
图6-6 （续）

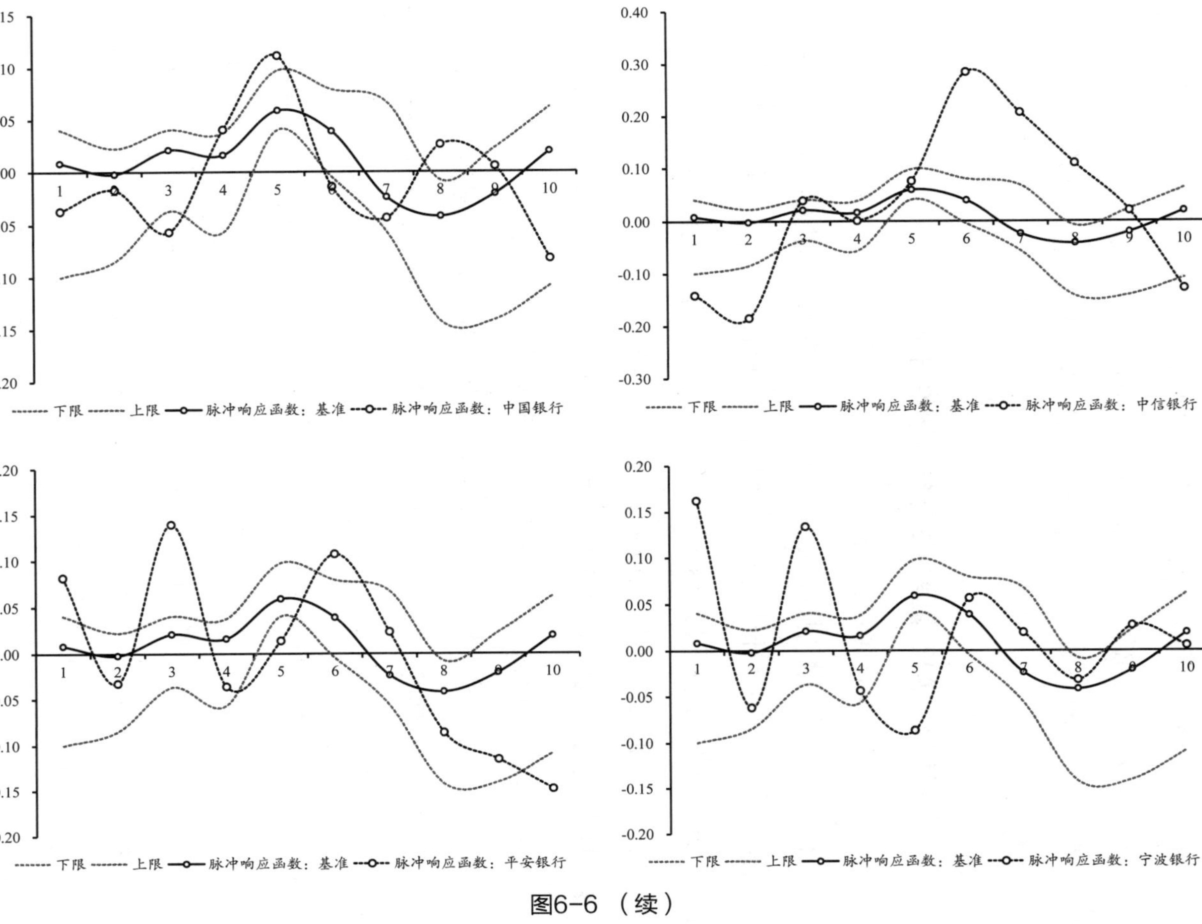
0.15
0.10
0.05
0.00
-0.05
-0.10
-0.15
-0.20
1
2
3
4
5
6
7
8
9
10
下限 上限 脉冲响应函数：基准 脉冲响应函数：中国银行
0.40
0.30
0.20
0.10
0.00
-0.10
-0.20
-0.30
下限 上限 脉冲响应函数：基准 脉冲响应函数：中信银行
0.20
0.15
0.10
0.05
0.00
-0.05
-0.10
-0.15
-0.20
下限 上限 脉冲响应函数：基准 脉冲响应函数：平安银行
下限 上限 脉冲响应函数：基准 脉冲响应函数：宁波银行

图6-6 （续）

综上，金融科技的发展进一步拉大了样本商业银行在贷款市场上的差距，存在“强者愈强、弱者愈弱”的“马太效应”，从而使得贷款市场上的竞争度下降。新技术的发展与应用可能会改写原有竞争格局，也有可能会进一步拉大差距。从实证结果来看，新技术的发展与应用不利于原有市场上处于劣势的商业银行。鉴于此，如何将新技术与商业银行的具体经营相结合，将其转化为内生发展动力至关重要。

6.4.2 面板 VAR 模型的估计与异质性分析

首先，结合样本数据估计面板 VAR 模型，在估计结果的基础上，通过脉冲响应函数，分析金融科技投入占比的增加对效率变动指数及其分解项的影响，脉冲响应函数的估计结果如图 6-7 所示。由图 6-7 可知，金融科技投入占比的增加从总体上提升了商业银行的经营效率；由分解项的估计结果可知，金融科技投入占比的增加不利于规模效率的增加，但有利于技术效率与技术进步效率的提升。由此可见，增加金融科技占比有助于从技术层面提升商业银行的经营效率，有助于商业银行实现由技术创新驱动的内生式发展。

进一步，以各个商业银行的数据为基础，逐一分析金融科技投入占比冲击下的经营效率变动情况。首先，结合上一小节的分析结果，为了使分析结果更为直观，将业务规模较大的中国工商银行、中国农业银行、中国银行和中国建设银行设为一组，而将业务规模相对较小的光大银行、华夏银行、南京银行、宁波银行设为另一组，并依次基于 VAR 模型估计脉冲响应函数。其次，将基于面板 VAR 模型得到的脉冲响应函数为基准，分别考察上述 8 家银行的脉冲响应函数与基准函数之间是否存在显著差异，以此识别金融科技投入占比对效率的异质性影响，具体的估计结果如图 6-8 所示。

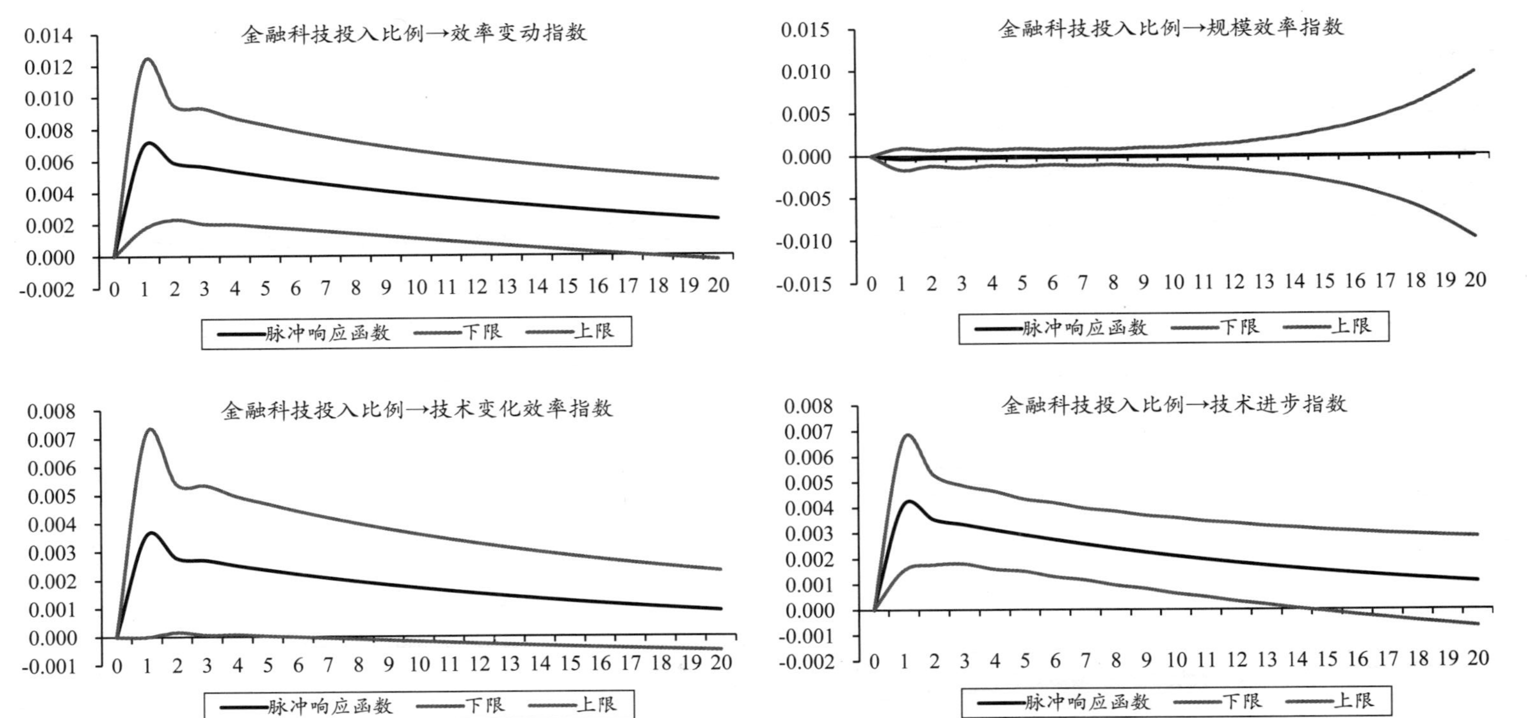

图6-7　金融科技投入占比与经营效率变动

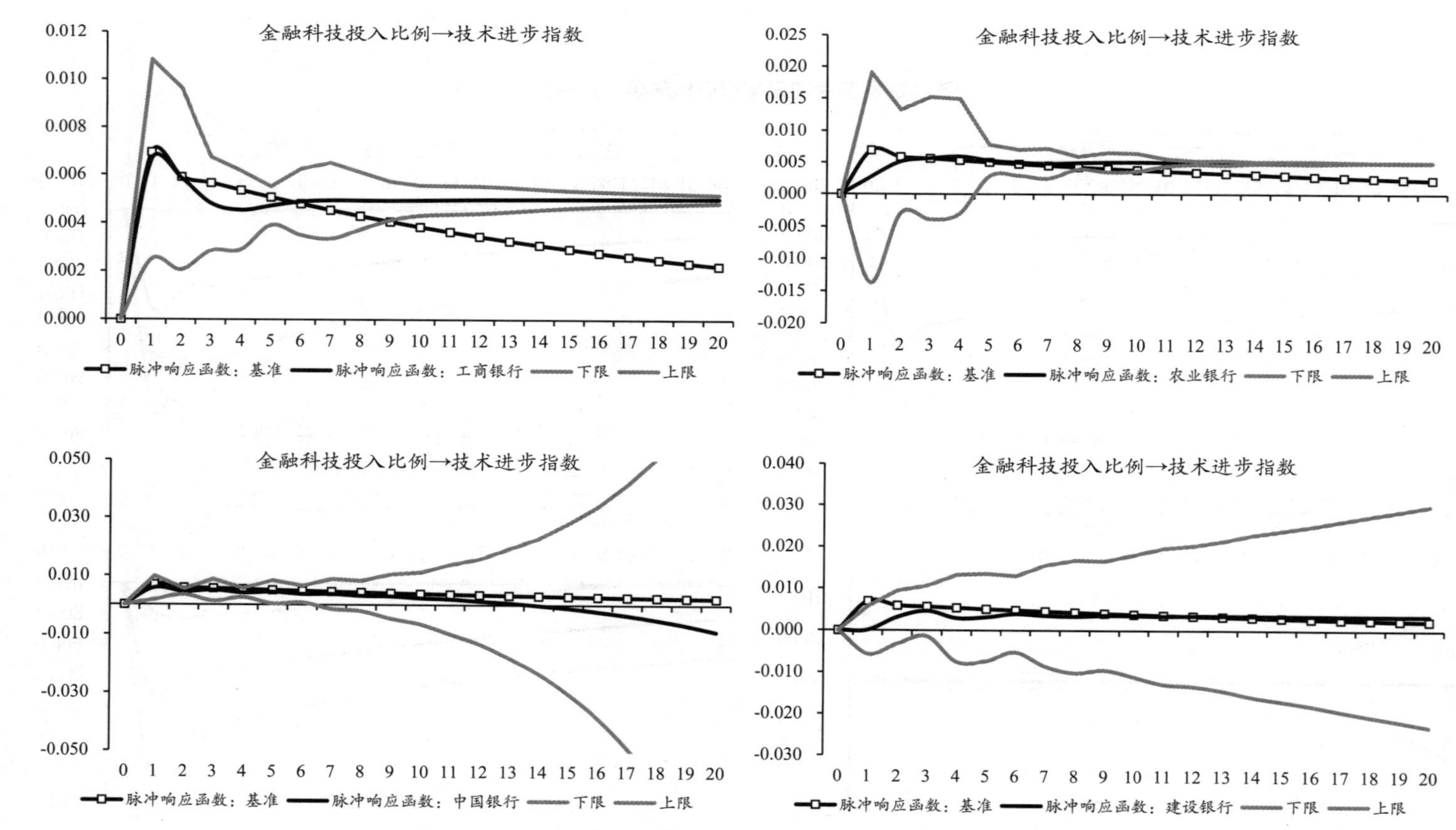

图6-8 金融科技投入占比与经营效率变动的异质性分析

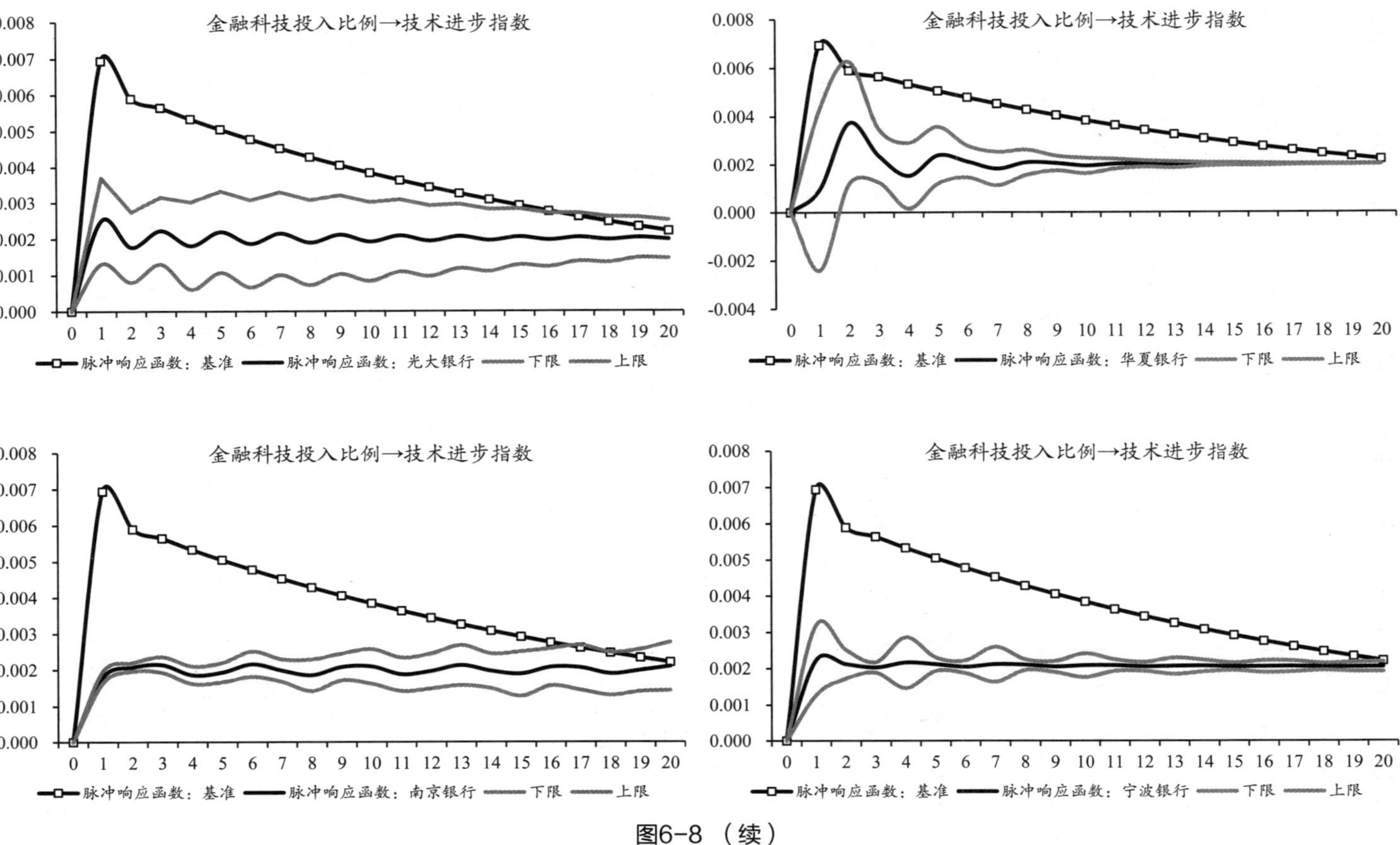
金融科技投入比例→技术进步指数
0.008
0.007
0.006
0.005
0.004
0.003
0.002
0.001
0.000
0 1 2 3 4 5 6 7 8 9 10 11 12 13 14 15 16 17 18 19 20
脉冲响应函数：基准
脉冲响应函数：光大银行
下限
上限
金融科技投入比例→技术进步指数
0.008
0.006
0.004
0.002
0.000
-0.002
-0.004
0 1 2 3 4 5 6 7 8 9 10 11 12 13 14 15 16 17 18 19 20
脉冲响应函数：基准
脉冲响应函数：华夏银行
下限
上限
金融科技投入比例→技术进步指数
0.008
0.007
0.006
0.005
0.004
0.003
0.002
0.001
0.000
0 1 2 3 4 5 6 7 8 9 10 11 12 13 14 15 16 17 18 19 20
脉冲响应函数：基准
脉冲响应函数：南京银行
下限
上限
金融科技投入比例→技术进步指数
0.008
0.007
0.006
0.005
0.004
0.003
0.002
0.001
0.000
0 1 2 3 4 5 6 7 8 9 10 11 12 13 14 15 16 17 18 19 20
脉冲响应函数：基准
脉冲响应函数：宁波银行
下限
上限

图6-8（续）

由图6-8可知，以基于面板VAR模型得到的脉冲响应函数为参考标准，业务规模相对较大的中国工商银行、中国农业银行、中国银行和中国建设银行，在金融科技投入占比的冲击下，经营效率的反馈程度与参考标准并无显著差异；然而，对于业务规模相对较小的光大银行、华夏银行、南京银行、宁波银行，经营效率的反馈程度显著低于参考标准。由此可见，商业银行的业务规模不同，金融科技投入占比提升带来的效率改进程度也有所不同，业务规模越大，经营效率对经营效率的提升作用更为显著，其市场份额会进一步增加，银行业竞争度将随之下降。

6.5 本章小结

从中国银行业发展的现状来看，技术进步是驱动银行业竞争度演变的主要驱动因素之一。本章以创新理论为理论基础，归纳金融科技发展影响银行业竞争度的机制，并将金融科技对银行业竞争度的影响总结为两个方面：一方面，大量非正规金融机构借助金融科技迅速发展，会在一定程度上冲击传统银行业务。在相同的冲击之下，由于商业银行的业务规模与市场地位不同，对冲击的反馈程度也可能不同。另一方面，金融科技为商业银行提升经营效率提供了解决方案，但金融科技的应用需要投入大量硬件设施和软件研发费用，需要充足的资金支持；与此同时，商业银行的业务规模越大，应用金融科技的平均成本会越低，应用金融科技的积极性会更强。由此，金融科技的发展会影响银行的竞争格局。基于以上两个方面，通过VAR、结构VAR和面板VAR模型，从宏观和微观两个层次，依次检验金融科技的发展是否影响了银行业竞争格局。实证研究表明，金融科技发展所催生的新业态对商业银行的传统存贷款业务并不存在挤出效应；金融科技的发展拉大了样本商业银行在贷款市场上的业务规模差距，降低了贷款市场上的竞争度；商业银行对金融科技的投入力度与其业务规模存在正相关关系，业务规模越大，金融科技投入占比对经营效率的提升作用越强。

第7章　行业准入对银行业竞争度的影响研究

2001年中国加入WTO后，金融开放水平不断提升，银行业也逐步向外资开放，外资银行金融机构逐渐与本土银行金融机构同台竞技，来自外部的竞争压力不断提升。本章梳理了改革开放前和改革开放后我国银行业对外开放历程，分析了银行业对外开放对银行业竞争度的积极影响与消极影响。着重对外资银行准入对银行业竞争程度影响进行实证研究，一方面从总体上验证外资进入银行对东道国本土银行业竞争程度存在何种影响，另一方面分析外资进入银行对东道国本土银行业竞争度的影响是否存在异质性。

7.1　银行业对外开放与银行业竞争度

中华人民共和国成立70多年来，金融业蓬勃发展，金融国际化水平不断提升。加快提升我国金融国际化水平，既是主动融入全球经济的必然结果，又是推进金融供给侧结构性改革、金融业高质量发展的迫切需要。

7.1.1　中华人民共和国成立以来中国银行业对外开放的主要措施

7.1.1.1　改革开放之前中国银行业的对外开放措施

从1949年中华人民共和国成立至1978年改革开放前，我国金融业处在“大一统”格局，发展严重滞后，国际化程度不高、甚至一度中断，这期间我国银行业的对外开放基本处于停滞阶段。

新中国成立初期，我国取消了外资金融机构在华特权，外资银行纷纷撤离。“一五”时期，为筹集经济建设资金，对外联系有所加强。“大跃进”时期，逐步形成央行“大一统”局面，各类金融机构相继撤并，外资银行更是严禁设立。“文化大革命”时期，我国金融体系受到严重破坏，金融业更是全面萎缩。1950—1952 年，中央人民政府颁布了《外汇分配、使用暂行办法》，初步建立起独立自主的外汇管理制度。在国民经济恢复时期，我国政府采取以收定支、扶植出口、沟通侨汇等方式积聚外汇，支持国家经济的恢复与发展。1953 年之后，逐步形成高度集中、计划控制的外汇管理体制，由国家计划分配、统收统支、以收定支，为筹集外汇资金、支持经济建设发挥积极作用。

7.1.1.2 改革开放之后中国银行业的对外开放措施

改革开放至今，中国银行业经过 40 多年的发展，在对外开放上遵循秩序渐进，稳步实施。银行业对外开放主要经历了 4 个阶段：第一阶段为加入 WTO 之前，这一阶段主要是外资银行在我国设立分行或代表处，外资银行的经营范围主要为外币项下的部分银行业务；第二阶段为加入 WTO 至 2008 年，这一阶段我国银行业的对外开放主要是围绕履行加入 WTO 协议中金融业的承诺展开，扩大了外资银行经营业务的范围，外资银行以战略者身份与中资银行开展合作；第三阶段为 2008—2017 年，这一阶段银行业对外开放的特点为从放缓到加快，进一步实施开放措施；第四阶段为 2017 年至今，这一阶段银行业对外开放的特点为稳步扩大银行业的双向开放，中国银保监会先后发布了针对银行对外开放的相关政策 (表 7-1)。

表7-1 外资银行对外开放主要历程

年份	主要事件
1994	颁布《中华人民共和国外资金融机构管理条例实施细则》，制定外资银行市场准入条件和监管准则
1996	允许浦东地区外资银行进行人民币业务试点，第一次放开外资银行人民币业务限制，但只能对外国居民和三资企业开展
1998	取消外资银行在中国设立机构的地域限制
2002	放开外资银行对国内居民开展外汇存款的限制；开发外资入股国内银行，但需个案个批，单价机构投资比例不得超过 15%，所有机构投资不得超过 20%

续表

年份	主要事件
2003	境外金融机构向中资银行入股的比例从 15% 提高到 20%，总体入股比例从 20% 提高到 25%
2006	放开人民币业务并实行国民待遇，但外资银行分行只吸收 100 万元人民币定期存款，不可发行银行卡
2013	国内基金代销业务放开
2017	外资银行开展国债业务等不需获得证券会的行政许可；明确外资银行与境外母行或联行开展跨境协作
2018	取消商业银行和金融资产管理公司的外资持股比例限制；允许外国银行在我国境内开设分行和子行
2019	允许境外资产管理机构与中资银行子公司设立外方控股理财公司；鼓励境外金融机构参与设立、投资入股银行理财子公司

资料来源：中国银行保险监督管理委员会。

7.1.2　外资银行的进入对银行业竞争度的影响途径

从中国银行业对外开放的具体情况来看，在外资银行涉足本国银行业的深度和广度不断提升的条件下，外资银行在技术、管理与产品等方面都对中国商业银行的发展形成了巨大压力，不得不采取更有效的技术和管理手段，提升服务质量，创新金融产品，以应对未来愈来愈激烈的市场竞争，保障国内市场份额。许多发展中国家的实践也表明，通过竞争的方式可以提高效率降低成本，竞争越激烈，效率越高。从长远来看，对于我国长期活力不够且处于高度垄断的银行业市场来说，放入一条“鲶鱼”，可以打破寡头垄断，进而可进一步提高国内银行业的效率，鲶鱼效应正是外资进入对中国银行业竞争的生动描述。银行业的竞争主要是客户资源的竞争，已在中国设立分支机构的外资银行一般为资本实力雄厚、信誉良好与经营效率高的大型跨国银行，其势必会加剧与中国商业银行之间围绕客户资源的争夺，竞争的激烈程度必然加深。

在“效率—市场份额”的分析框架之下，外资银行进入本国银行业会直接降低本国商业银行的市场份额。与此同时，外资银行进入本国也会通过技术溢出、人力资源溢出形成鲶鱼效应。外资银行的进入必然会争夺东道国银行业的市场份额，因此在一定程度上加剧了东道国银行业的竞争。技术溢出效应与人力资源效应的形成机制与影响途径具体如下。

7.1.2.1 技术溢出效应

外资银行的进入能够使新技术被迅速传播，可以起到示范作用和推广作用，可以使中国商业银行掌握高效率的专业技术。外资银行的进入对我国银行业技术溢出效应的影响主要表现在：外资银行在中国开设分支机构或入股中资银行，必然需要把部分技术转让或分享给中国的分支机构，实质上就转嫁了技术，只不过这种转嫁是基于系统内部进行的转嫁。通过转嫁后，其管理经验也发生了转移，表现为分支机构员工大多是本土化的员工，需要进行专门的培训和管理，使得管理技术向其他银行和整个社会扩散。同时，外资银行对中国银行的直接技术转让，外资银行提供的技术培训和举办的技术交流会，以及中外合作等都能实现系统外的效应。此外，还可以通过外资银行的分支行和当地银行之间的人员流动实现技术溢出效应。外资银行的存在也增加了行业的竞争度，促进当地商业银行采取更有效的技术，外资银行先进的技术设备及由此产生的高利润对我国银行有示范作用。

7.1.2.2 人力资源效应

由于银行业兼具资金密集型和知识密集型特点，核心竞争力就是资金和人力资源，谁拥有核心高素质人才，谁就拥有核心竞争力。外资银行的进入可以对中资银行产生人力资源效应，对人力资本的发展起到较好的促进作用。具体体现在以下方面：一是外资银行在进入中国时往往会调来资深的银行高级人才，全面负责分支机构的日常管理。通过高级银行人才的管理，分支机构的银行雇员就能学习国外先进的知识和管理经验；二是外资银行对分支机构雇员的培训。为了保障分支机构在中国业务的迅速展开，分支机构必然雇用具有语言和社会关系优势的本地员工。而为了银行的效益，外资银行需要对这些员工在业务技术、管理理念等方面进行系统的培训，让员工掌握境内境外的具体业务操作与流程，这就等同于为分支机构进行了人力资本投资。

对于本国银行业发展而言，外资银行的进入并不完全是积极的。外资银行的大量进入可能会给我国金融安全带来较大的隐患，增加银行业的经营风险。我国银行业市场监管体制及管理制度还不够健全，银行业本身抗风险能力差，且缺乏抵御外来金融风险的能力。当前各国对跨国金融机构的监管缺乏，国与国之间的金融协调能力也欠缺，跨国金融机构在任何一国的经营失败都会带来一系列的连锁反应，从而可能会增加东道国银行业的经营风险。外资银行的进入可能会使监管政策变得更复杂，同时可能会加大银行业的监管难度。若外资银行享受了超国民待遇，那么对中资商业银行来说就会存在不公平现象或失去政策红利。若监管者制定的政策向中资商业银行倾斜，那么外资银行的经营就会面临困难。这些问题实质上增加了货币政策协调的难度、外汇管理的难度、防止银行信贷风险的难度和对金融机构监管的难度，未来中国的金融监管压力和难度会不断加大。

鉴于此，鲶鱼效应的形成是建立在必要的前提条件之上，如果本国银行业的管理制度不够完善，商业银行的管理能力和资金实力与外资银行存在较大差距，外资银行的大规模进入不但不会产生鲶鱼效应，反而会形成反客为主，降低行业竞争度。因此，在本章余下部分中，首先从总体上分析银行业对外开放对本国银行业竞争度的影响，其次将样本国家按经济发展水平分组，分析银行业对外开放对本国银行业竞争度影响的异质性。

7.2　外资银行准入对银行业竞争度影响的实证研究

7.2.1　实证模型的构建

按照本章既定的研究目标，量化分析行业准入对银行业竞争度的影响。在国际化视角之下，按照资本的来源，银行业潜在的竞争者既有来自本土的潜在进入者，又有来自外部的潜在进入者。对于中国银行业而言，相比于银行业对外资开放的时间，对民营资本开放的时间要滞后约10年。2010年，国务院就曾发文支持民间资本进入金融行业，2012年，时任总理温家宝在全国工作会议上指出，金融等领域的垄断必须打破，为民营银行的设立奠定了基础。2014年，最终实现为民营银行开闸，银行业对民营资本开放。2015年5月，中国银监会印发《关于鼓励和引导民间资本进入银行业的实施意见》，明确民营企业可通过设立、认购、并购等方式投资于银行金融机构，在法律法规上承认民营资本合法地位，政策环境逐步明朗。我国银行业对外资开放初期，“狼来了”的观点一度盛行，相比于历史悠久、久负盛名的大型商业银行，我国的商业银行在经营效率、国际化程度上略逊一筹。因而，相比于民营资本，外资进入对于中国银行业的冲击更大。本章的目标在于量化外资银行的进入对中国本土银行业竞争度的影响，由于较为缺乏关于中国银行业资本结构的历史数据，以及难以追溯国有商业银行股份制改革之前的微观历史数据，以至于不能以中国为研究对象开展政策评估。鉴于此，本书收集跨国数据的样本，以实证研究总结国际经验，分析外资银行的进入对东道国银行业竞争度的影响。

外资银行进入东道国银行业，对于东道国银行业竞争度而言，存在多种可能。首先，对于东道国银行业自身的发展而言，外资银行的进入并不完全是负面的。银行业对外资开放之后，进军东道国银行业的外资银行多为历史悠久、久负盛名且规模较大的商业银行，潜在的进入者具备较强的竞争力，有可能会激发东道国本土商业银行的改革创新，形成鲶鱼效应，提升东道国本土商业银行的经营效率，间接地提高银行业竞争度。其次，外资银行在东道国可能存在水土不服的问题，即使外资银行实力雄厚、经营效率较高，但不熟悉东道国的营商环境，以至于不能对东道国本土商业银行构成实质上的威胁，鲶鱼效应亦不复存在，即不能对银行业竞争程度产生实质性影响。最后，东道国银行金融机构基础较弱，进入东道国银行业的外资银行金融机构具备“喧宾夺主”的实力，外资银行的份额越高，银行业竞争度反而较低。

在本书的实证研究中，量化研究主要分为两个层次：一是从总体上验证外资银行进入对东道国本土银行业竞争程度存在何种影响，二是分析外资银行进入对东道国本土银行业竞争度的影响是否存在异质性。在前文的实证研究中，以 Boone 指数作为衡量银行业竞争度的主要指标，在本章的实证研究中，亦以 Boone 指数作为主要的被解释变量。外资银行介入东道国银行业的程度以外资银行资产在本国银行业资产中的占比为量化指标，并将之作为主要的解释变量，具体的实证模型为：

$$Boone_{it} = c + \beta \ln F_{it} + \gamma X_{it} + \varepsilon_{it} \tag{7-1}$$

式中，$Boone_{it}$ 为 Boone 指数，F_{it} 为外资介入本国银行的程度，本书拟采用外资银行金融机构在本国的占比，以及外资银行金融机构的资产在银行业资产中的占比来衡量。为了验证估计结果的稳健性，在式（3-13）的基础上增加一组控制变量 X_{it}，具体包括宏观经济运行情况、货币政策取向、经常账户收支、本国银行业的营利能力与风险。考虑到变量 F_{it} 与 $Boone_{it}$ 之间可能存在互为因果的关系，模型可能存在互为因果导致的内生性问题，因而在模型的估计中可采用动态面板数据模型。在此基础上，在实证研究中拟采用动态面板数据模型以及分组回归的方式，分析外资银行的进入对东道国银行业竞争程度的影响是否存在异质性。

7.2.2　样本及数据选择

在本章的实证研究中，数据样本来自 2019 年全球金融发展数据库（Global Financial Development Data，GFDD），经过数据清洗，有效样本覆盖了 62 个国家和地区。其中外资银行金融机构在东道国银行金融机构总数以及总资产占比的数据仅包括 2004—2013 年。然而，逐一观察两项指标可知，2008 年之后，两项指标趋于稳定，对于绝大多数观测对象，两项指标均维持在固定水平。鉴于此，可将 2014 年的取值设定为 2013 年的取值。在实证模型中，核心解释变量为：外资银行金融机构在东道国银行金融机构总数以及总资产占比，为了能够更为全面地反映外资银行金融机构介入东道国银行业的程度，除了分别考虑金融机构数量占比与资产规模占比之外，还进一步将两者的交乘项作为解释变量。相比于机构数量占比，资产规模占比更能够反映外资银行金融机构介入银行业的程度。为了便于横向比较，控制变量采用相对值，控制变量具体包括净出口/GDP（*NX*）、股票市值/GDP（*stock*）、广义货币/GDP（金融深化，*deepening*）、GDP 增长率（*gdp*）、广义货币增长率（M_2）、银行金融机构不良贷款率（*NPL*）、银行业资产回报率（*ROA*），变量的定义与描述性统计如表 7-2 所示。

表7-2　变量的定义与描述性统计

变量	定义	均值	标准差	最小值	最大值
$\ln F_1$	ln（外资银行金融机构数量/东道国银行金融机构数量）	3.314 2	1.257 7	0.000 0	4.615 1
$\ln F_2$	ln（外资银行金融机构资本规模/东道国银行金融机构总资产）	3.066 1	1.397 8	0.000 0	4.615 1
$\ln(F_1 \times F_2)$	ln（机构占比 × 资产占比）	0.196 5	0.207 1	0.000 0	0.693 1
NX	净出口/GDP	−3.037 0	15.023 9	−53.300 8	48.452 3
stock	股票市值/GDP	59.464 2	99.025 4	0.057 0	1 086.340 0
deepening	广义货币/GDP	58.426 2	45.852 0	11.300 5	353.915 3
gdp	GDP 增长率	4.380 3	5.694 2	−62.075 9	123.139 6
M_2	广义货币增长率	16.314 1	13.714 9	−25.550 7	121.239 4
NPL	不良贷款率	5.798 6	6.284 2	0.081 8	59.756 6
ROA	资产回报率	1.378 7	1.674 7	−24.181 5	15.062 1

7.2.3 实证模型的估计

考虑到核心变量与被解释变量之间可能存在互为因果的关系，因而需要解决因互为因果导致的内生性问题，因而在本书的估计中采用了动态面板数据模型。在对模型估计之前，首先，需要进行 Sargan 检验和 Arellano-Bond 检验，确认所有工具变量是否都有效以及扰动项是否存在自相关。检验结果表明，在 5% 的置信水平上，接受“所有工具变量都有效”和“扰动项无自相关”的原假设。进一步对实证模型进行估计，估计结果如表 7-3 所示。

表7-3　外资银行介入程度与本国银行业竞争度

变量	(1)	(2)	(3)
	$Boone_t$	***$Boone_t$***	***$Boone_t$***
$Boone_{t-1}$	0.020 2*** (0.001 3)	0.026 4*** (0.002 2)	0.010 5*** (0.002 5)
$Boone_{t-2}$	0.418 3*** (0.001 3)	0.422 3*** (0.001 7)	0.406 4*** (0.002 1)
$\ln F_1$	0.259 2*** (0.006 9)		
$\ln F_2$		0.161 6*** (0.003 0)	
$\ln F$			0.907 5*** (0.021 0)
NX	0.009 9*** (0.000 3)	0.009 6*** (0.000 3)	0.010 1*** (0.000 2)
stock	0.000 7*** (0.000 1)	−0.000 0 (0.000 0)	0.000 4*** (0.000 1)
deepening	−0.001 3*** (0.000 2)	0.001 0*** (0.000 2)	−0.001 1*** (0.000 2)
gdp	−0.009 0*** (0.000 5)	−0.008 7*** (0.000 4)	−0.010 5*** (0.000 4)
M_2	0.002 5*** (0.000 1)	0.002 1*** (0.000 1)	0.001 5*** (0.0001)
NPL	−0.017 9*** (0.000 3)	−0.018 8*** (0.000 3)	−0.0191*** (0.0003)
ROA	0.010 3*** (0.000 5)	0.009 4*** (0.000 3)	0.0104*** (0.0003)
常数项	−0.792 7*** (0.024 2)	−0.492 0*** (0.016 7)	−0.0292*** (0.0087)
样本容量	343	335	335
观测个体	62	62	62

注：括号中为标准差；*** 表示 $p<0.01$，** 表示 $p<0.05$，* 表示 $p<0.1$。

从上面的估计结果可知，在 1% 的置信水平上，外资银行金融机构在东道国的银行金融机构总量中的占比、资产规模占比以及两者的交乘项对 Boone 指数存在显著的正向影响。Boone 指数为资产份额对于边际成本的弹性，Boone 指数的增加，意味着市场竞争度的下降。由模型的估计结果可知，随着外资银行金融机构的数量以及资产规模占比的提升，Boone 指数会显著提升，由此可见，对于东道国银行业来说，外资份额占比越大，银行业竞争程度越低。即从总体上看，东道国银行业对外开放程度的提升并未提升该国银行业竞争程度。

7.3 银行业对外开放对银行业竞争度影响的异质性分析

如上文所述，跨国银行金融机构多为实力雄厚、管理能力较强的商业银行，而且多来自高收入国家。如果东道国商业银行的实力较弱，难以与之一较高下，外资银行极易反客为主，从而导致外资银行在东道国银行业市场上的话语权更强，以至于银行业的竞争度不升反降。相比中、低收入水平的国家，高收入水平国家一般具有较高的金融发展水平，且较多著名的银行金融机构通常也聚集在高收入国家。即使高收入水平的外资银行金融机构数量以及资本占比高，但外资银行金融机构与东道国本土银行金融机构的实力不相上下，外资银行金融机构数量以及资本占比越高，银行的竞争度反而越高。相反，由于中、低收入水平国家的银行金融机构实力较弱，如果外资银行金融机构数量以及资本占比高，极易形成“喧宾夺主”的局面。基于此，进一步将样本按收入水平分为两组：高收入国家组与中、低收入国家组，分组估计结果如表 7-4 所示。

由分组结果可知，对于高收入组，在 5% 的置信水平上，外资银行金融机构数量占比增加会显著降低 Boone 指数；而对于中、低收入组，在 10% 的置信水平上，外资银行金融机构数量占比增加会显著提升 Boone 指数。由此可见，外资银行金融机构的增加会显著提升高收入国家的银行业竞争水平，但会显著降低中、低收入国家的银行业竞争度。对于外资银行金融机构资产占比，在 1% 的置信水平上，资产占比的提升显著增加了中、低收入国家的银行业竞

表7-4　基于分组回归的外资银行介入程度与本国银行业竞争度

变量	(1)	(2)	(3)	(4)	(5)	(6)
	高收入组	中、低收入组	高收入组	中、低收入组	高收入组	中、低收入组
	$Boone_t$	$Boone_t$	$Boone_t$	$Boone_t$	$Boone_t$	$Boone_t$
$Boone_{t-1}$	0.289 8**	−0.056 1***	0.315 6**	0.039 9***	0.399 3***	0.017 2***
	(0.140 7)	(0.008 0)	(0.125 2)	(0.012 6)	(0.125 7)	(0.003 3)
$Boone_{t-2}$	0.180 1***	0.350 1***	−0.001 6	0.431 0***	0.049 0	0.454 8***
	(0.066 0)	(0.003 8)	(0.179 9)	(0.004 7)	(0.054 0)	(0.004 1)
$\ln F_1$	−0.030 9**	0.593 7***				
	(0.014 2)	(0.025 0)				
$\ln F_2$			0.007 1	0.305 4***		
			(0.021 1)	(0.012 5)		
$\ln F$					−0.034 3	0.602 3***
					(0.166 7)	(0.067 0)
NX	0.001 2**	0.012 1***	0.001 5***	0.016 7***	0.000 6	0.008 1***
	(0.000 6)	(0.000 6)	(0.000 6)	(0.001 0)	(0.000 7)	(0.000 5)
stock	−0.000 1**	0.000 8***	0.000 1	0.000 5	0.000 0*	0.001 8***
	(0.000 1)	(0.000 2)	(0.000 1)	(0.000 4)	(0.000 0)	(0.000 3)
deepening	−0.000 3**	−0.000 7	−0.000 4**	0.002 7***	−0.000 4**	−0.002 0***
	(0.000 1)	(0.000 4)	(0.000 2)	(0.000 4)	(0.000 2)	(0.000 4)
gdp	−0.000 3	−0.008 1***	−0.000 6	−0.011 1***	−0.000 5*	−0.011 4***
	(0.000 3)	(0.001 1)	(0.000 5)	(0.000 9)	(0.000 3)	(0.000 4)
M_2	0.000 3	0.002 9***	0.000 4	0.004 0***	0.000 4***	0.002 0***
	(0.000 2)	(0.000 2)	(0.000 3)	(0.000 3)	(0.000 2)	(0.000 2)
NPL	−0.002 4	−0.015 7***	0.000 4	−0.015 1***	−0.000 8	−0.021 4***
	(0.001 6)	(0.001 3)	(0.002 0)	(0.001 1)	(0.001 8)	(0.000 7)
ROA	−0.014 4	0.011 9***	−0.005 6	0.013 8***	−0.016 0*	0.008 4***
常数项	0.133 1***	−2.059 2***	−0.033 2	−1.060 6***	0.016 4	0.082 0***
	(0.036 2)	(0.085 1)	(0.075 3)	(0.043 7)	(0.033 7)	(0.015 2)
样本容量	118	225	113	222	113	222
观测个体	21	41	21	41	21	41

注：括号中为标准差；*** 表示 $p<0.01$，** 表示 $p<0.05$，* 表示 $p<0.1$。

争度，对高收入国家则不存在显著影响。对于数量占比与资产占比的交乘项而言，在 1% 的置信水平上，交乘项的增加显著提升了中、低收入国家的银行业竞争度，对高收入国家银行业竞争度的影响并不显著。综合来看，外资银行金融机构数量与资产规模在东道国银行业中的占比，对高收入水平国家和中、低收入水平国家来说，银行业竞争程度的影响存在显著的异质性。而对于中、低收入水平国家而言，外资银行资产占比越高，即外资介入东道国银行业的程度越高，银行业竞争度反而较低，因此与上文的设想基本一致。

与其他中等收入国家相比，中国银行业的规模与银行金融机构的竞争力相对较高。从资产规模来看，截至 2020 年年末，我国银行业金融机构境内总资产达 319.7 万亿元，超越欧盟，成为全球第一。从银行类金融机构自身的竞争力来看，中国工商银行、中国银行、中国农业银行与中国建设银行均成为全球金融系统中的重要银行。综合来看，中资银行金融机构已经具备与国际著名跨国大型银行同台竞技的实力。在此背景之下，逐步提升中国银行业开放程度，一方面能够为中国融资市场注入“活水”，另一方面也能触发引进外部竞争形成的鲶鱼效应，间接地激发中国银行金融机构的发展与改革的动力，不仅能够提升自身的竞争力，还会提升整个银行业的竞争度。

7.4 稳健性检验

进一步，通过稳健性检验验证估计结果的稳健性。在上文的实证研究中，量化分析了外资银行金融机构的介入程度对东道国银行业竞争度的影响，以此为基础，进一步从动态的角度验证实证结果是否仍然成立。基于此，进一步将实证模型修改为：

$$\Delta Boone_{it} = c + \beta \Delta \ln F_{it} + \gamma X_{it} + \varepsilon_{it} \tag{7-2}$$

式中，$\Delta Boone_{it} = Boone_{it} - Boone_{it-1}$，$\Delta \ln F_{it} = \ln F_{it} - \ln F_{it-1} = \ln(F_{it}/F_{it-1})$。显然，如果 $\Delta \ln F_{it}$ 的系数显著不为零，则说明外资银行金融机构介入东道国银行业的程

度提升会显著影响东道国银行业竞争度，具体的估计结果如表 7-5 所示。

表7-5　动态视角下的外资银行介入程度与本国银行业竞争度

变量	(1)	(2)	(3)
	$\Delta Boone_t$	$\Delta Boone_t$	$\Delta Boone_t$
$\Delta Boone_{t-1}$	−0.733 6*** (0.002 5)	−0.624 2*** (0.004 1)	−0.733 1*** (0.004 7)
$\Delta Boone_{t-2}$	−0.067 9*** (0.002 5)	0.001 5 (0.003 5)	−0.075 8*** (0.004 1)
$\Delta \ln F_1$	0.061 2*** (0.013 2)		
$\Delta \ln F_2$		0.474 4*** (0.009 9)	
$\Delta \ln F$			1.322 6*** (0.040 2)
NX	0.009 3*** (0.000 1)	0.008 3*** (0.000 3)	0.012 1*** (0.000 3)
$stock$	0.000 2*** (0.000 0)	0.000 8*** (0.000 1)	0.000 2** (0.000 1)
$deepening$	−0.002 6*** (0.000 2)	−0.002 8*** (0.000 2)	−0.002 6*** (0.000 2)
gdp	−0.010 8*** (0.000 3)	−0.011 4*** (0.000 4)	−0.010 0*** (0.000 3)
M_2	0.002 4*** (0.000 1)	0.002 3*** (0.000 1)	0.002 0*** (0.000
NPL	−0.018 9*** (0.000 3)	−0.021 3*** (0.000 3)	−0.019 7*** (0.000 5)
ROA	0.019 1*** (0.000 5)	0.026 5*** (0.000 8)	0.022 0*** (0.000 9)
常数项	0.280 5*** (0.010 9)	0.259 8*** (0.013 8)	0.273 9*** (0.011 9)
样本容量	343	331	331
观测个体	62	62	62

注：括号中为标准差；*** 表示 $p<0.01$，** 表示 $p<0.05$，* 表示 $p<0.1$。

按照动态面板数据模型的估计流程，首先需要进行 Sargan 检验和 Arellano-Bond 检验，确认所有工具变量是否都有效以及扰动项是否存在自相关。检验结果表明，在 5% 的置信水平上，接受“所有工具变量都有效”和“扰动项无自相关”的原假设。由估计结果可知，模型（7-2）的估计结果与模型（7-1）的估计结果完全一致。在 1% 的置信水平上，金融机构数量占比的变动量 $\Delta\ln F_1$ 对 Boone 指数的变动量 $\Delta Boone_t$ 存在显著的正向影响，资产规模占比 $\Delta\ln F_2$ 以及两者的交乘项 $\Delta\ln F$ 对 $\Delta Boone_t$ 同样存在显著的正向影响。由此可见，东道国银行业竞争度会随外资银行金融机构的介入程度而下降。进一步，按国家的收入水平将样本分为高收入组和中、低收入组，对模型进行分组估计，分组估计的结果如表 7-6 所示。

表7-6　基于分组估计与动态视角下的外资银行介入程度与东道国银行业竞争度

变量	(1)	(2)	(3)	(4)	(5)	(6)
	高收入组	中、低收入组	高收入组	中、低收入组	高收入组	中、低收入组
	$Boone_t$	$Boone_t$	$Boone_t$	$Boone_t$	$Boone_t$	$Boone_t$
$Boone_{t-1}$	$-0.236\,8^{*}$ (0.129 7)	$-0.763\,3^{***}$ (0.010 5)	$-0.278\,9^{***}$ (0.089 5)	$-0.541\,8^{***}$ (0.028 7)	$-0.175\,3^{**}$ (0.087 4)	$-0.769\,8^{***}$ (0.009 9)
$Boone_{t-2}$	−0.089 9 (0.063 7)	$-0.098\,6^{***}$ (0.009 1)	−0.087 6 (0.064 2)	$0.051\,1^{**}$ (0.021 6)	$-0.081\,8^{**}$ (0.038 3)	$-0.102\,2^{***}$ (0.007 1)
$\ln F_1$	−0.173 3 (0.124 2)	0.013 4 (0.022 2)				
$\ln F_2$			0.015 4 (0.021 8)	$0.853\,7^{***}$ (0.060 7)		
$\ln F$					$-0.423\,3^{***}$ (0.137 9)	$1.363\,4^{***}$ (0.175 5)
NX	0.020 4 (0.027 3)	$0.323\,0^{***}$ (0.028 4)	$0.068\,4^{***}$ (0.016 7)	$0.274\,7^{***}$ (0.052 9)	$0.044\,7^{***}$ (0.010 5)	$0.354\,8^{***}$ (0.026 8)
stock	0.000 6 (0.000 5)	$0.013\,8^{***}$ (0.000 6)	$0.000\,8^{***}$ (0.000 3)	$0.009\,4^{***}$ (0.000 5)	0.000 6 (0.000 8)	$0.011\,3^{***}$ (0.000 3)
deepening	$0.000\,2^{*}$ (0.000 1)	$0.000\,9^{**}$ (0.000 4)	$0.000\,2^{***}$ (0.000 1)	0.000 2 (0.000 4)	0.000 1 (0.000 1)	0.000 2 (0.000 4)

续表

变量	(1)	(2)	(3)	(4)	(5)	(6)
	高收入组	中、低收入组	高收入组	中、低收入组	高收入组	中、低收入组
	$Boone_t$	$Boone_t$	$Boone_t$	$Boone_t$	$Boone_t$	$Boone_t$
gdp	−0.000 3 (0.000 3)	−0.003 4*** (0.000 3)	−0.000 7*** (0.000 2)	−0.002 7*** (0.000 7)	−0.000 5** (0.000 2)	−0.003 5*** (0.000 4)
M_2	−0.000 8 (0.000 6)	−0.011 4*** (0.000 9)	−0.000 8* (0.000 5)	−0.012 0*** (0.001 3)	−0.000 7 (0.000 5)	−0.008 5*** (0.000 6)
NPL	0.000 7***	0.003 8***	0.000 6**	0.003 0***	0.000 5*	0.002 7***
ROA	−0.002 0 (0.001 9)	−0.019 2*** (0.001 4)	−0.002 2* (0.001 2)	−0.022 2*** (0.002 2)	−0.002 1 (0.001 3)	−0.022 1*** (0.001 3)
常数项	−0.010 5 (0.006 5)	0.018 8*** (0.003 2)	−0.016 4* (0.008 6)	0.032 9*** (0.002 2)	−0.008 7 (0.009 3)	0.020 9*** (0.001 9)
样本容量	118	225	112	219	112	219
观测个体	21	41	21	41	21	41

注：括号中为标准差；*** 表示 $p<0.01$，** 表示 $p<0.05$，* 表示 $p<0.1$。

对于模型的分组估计，在 5% 的置信水平上，Sargan 检验和 Arellano-Bond 检验同样接受“所有工具变量都有效”和“扰动项无自相关”的原假设。由模型的估计结果可知，在 1% 的置信水平上，外资金融机构的数量占比的增量 $\Delta\ln F_1$ 对东道国银行业竞争度的影响并不显著；在以中、低收入组为样本的估计中，外资金融机构的资产占比增量 $\Delta\ln F_2$ 对东道国银行业竞争度存在显著的正向影响；而对于机构数量占比与资产占比的交叉项，在高收入组中的 $\Delta\ln F_2$ 系数显著为负，在中、低收入组中却显著为正，估计结果与实证研究中的分组估计结果基本一致。对于中、低收入国家而言，外资银行金融机构的资产占比的增加幅度越高，东道国银行业竞争度下降的幅度越大；与此同时，如果外资银行金融机构数量占比与资产占比两者的交乘项的增量越大，即外资银行金融机构介入东道国银行业的程度提升，对于高收入国家而言，东道国银行业竞争度会显著增加，而中、低收入国家的银行业竞争度会显著下降。

7.5 本章小结

本章定性分析了外资银行进入对银行业竞争度的积极影响与消极影响，银行业对外开放程度以外资银行金融机构数量在东道国银行金融机构中的占比、资产规模在东道国银行业资产规模中的占比以及两者的交乘项作为量化指标，而银行业竞争度则以 Boone 指数为量化指标。考虑对外开放程度与本国银行业竞争度之间存在互为因果的关系，在实证研究中采用动态面板数据模型。实证研究表明，在总体上，外资银行金融机构数量与资产规模在东道国银行业中的占比，对高收入水平国家和中、低收入水平国家而言，银行业竞争度的影响存在显著的异质性；而对于中、低收入国家而言，外资银行资产占比越高，即外资介入东道国银行业的程度越高，银行业竞争度反而越低。

第8章 结论与对策建议

8.1 主要研究结论

竞争是一个行业进步和发展的动力，银行业作为我国资金融通的主渠道，在我国金融中介体系中扮演着举足轻重的角色，银行业的发展对各个行业都产生极其重要的影响，银行业的发展与国民经济发展水平息息相关。因此，对银行业竞争度的研究是我国学者近年来研究的重点。本书回顾了银行业竞争国内外大量的研究文献，对市场竞争理论、银行业竞争理论、银行业竞争度测度方法等相关问题进行了梳理；再以结构竞争理论与非结构竞争理论为基础，结合改革开放以来银行业发展与改革的实践，以及综合化经营的典型特征，分析驱动中国银行业竞争度演变的主要因素，并进行实证研究。本书的主要结论如下。

（1）根据 Boone 指数的估计方法进行了改进模型后，提出用风险加权资产来替换生息资产，风险加权资产中不仅包括表内项目还包含了表外项目，能够较为全面地反映商业银行的表内、表外资产。从估计结果来看，如果以利息支出、资本成本和劳动成本为投入，以计息负债、生息资产和中间业务收入为产出，基于系统 GMM 估计得到的 Boone 指数为 0.576 6。如果投入项目保持不变，产出为计息负债、风险加权资产与中间业务收入，基于系统 GMM 估计得到的 Boone 指数为 0.342 9。趋势分析表明，在 2012—2019 年间，中国银行业竞争度总体上呈上升趋势；具体来看，在 2012—2016 年间，中国银行业竞争度逐步提升，而在 2017—2019 年间略有下降。

（2）进一步从时间维度评估了利率市场化对银行业竞争度以及贷款市场竞争度的影响。研究表明，存贷款利率放开之后，资产对于效率的弹性显著降低了，即在制度上完成利率市场化之后，银行业竞争度并未如预期的那样有所提升，反而是下降。与之相类似，在制度上完成利率市场化之后，贷款市场竞争度也显著下降。在制度上完成利率市场化并不意味着银行业竞争度会随之提升，还需要进一步深化改革，完善市场机制，实现真正意义上的市场化，从而提升银行业竞争度。

（3）金融科技的发展对不同规模的商业银行竞争存在异质性影响。规模较大的商业银行从中受益更多，中小规模的商业银行从中受益更少，在金融科技的助推下，银行金融机构之间的差距进一步扩大，竞争度随之降低。量化研究表明，金融科技发展所催生的新业态对商业银行的传统存贷款业务并不存在挤出效应；金融科技的发展拉大了样本商业银行在贷款市场上的业务规模差距，降低了贷款市场上的竞争度；商业银行对金融科技的投入力度与其业务规模存在正相关关系，商业银行业务规模越大，金融科技投入占比对经营效率的提升作用越强。由此可见，金融科技的发展改变了银行业竞争格局。

（4）通过量化分析银行业对外开放程度对东道国银行业竞争度的影响。实证研究表明，在总体上，银行业的对外开放程度越高，银行业竞争度反而越低。然而，该结果却在不同收入水平国家之间存在异质性，对于高收入国家，银行业对外开放程度越高，银行业竞争度越高；而对于中、低收入国家，银行业开放程度越高，银行业竞争度反而越低。因此，通过扩大对外开放来提升银行业竞争度并不能一概而论，需要结合本国国情，具体问题具体分析。

8.2 对策建议

基于利率市场化改革、金融科技发展与行业准入对银行业竞争的影响，以结论为基础，结合我国银行业综合化经营的现实情况，本书认为进一步提升我国银行业竞争度，可以围绕技术层面、制度层面和监管层面三个方面展开。

8.2.1　技术层面

（1）以科技提升银行经营效率。面对互联网金融的竞争，银行业应转变金融思维，不断吸收新的模式，寻求高效发展。金融科技的发展使银行业的营利模式受到影响，导致银行业竞争格局面临改变。对于互联网金融、金融科技的发展，银行业应辩证对待。一方面，银行业应正确看待互联网金融，它既为银行业发展带来极大的挑战，同时也为银行业发展带来机遇。它既是竞争对手，又有较多发展理念和金融产品值得学习和借鉴。银行业应利用自身在客户资源和资金等方面的优势，改变发展战略，寻求银行业务线上线下结合发展。银行业线上发展模式可有效扩大其客户群体，同时还能在一定程度上降低业务成本，满足客户在非营业时间对银行业务服务的需求。另一方面，互联网金融在发展过程中也存在着较多不足，如监管不力可能导致严重的损失。银行业在改革其发展模式时，应尽量避开互联网金融的不足之处，加强风险管理和监管力度，在保障客户资金安全性的同时，确保其经营发展的可持续性。

（2）以科技提升竞争力，银行业必须不断加强创新。目前，我国银行业的创新主要体现在网上银行和第三方支付，但这远远不能满足客户的多元化需求。银行业应利用当下我国电商平台快速发展的机遇，寻求与电商平台的合作发展，电商平台客户群体庞大且数据获取便捷，而银行支付手段便利且资金管理能力强，二者可以寻求合作，进行优势互补，实现互利共赢。另外，银行业也可运用先进的信息网络模式搭建自身的电商平台，运用大数据对客户投资偏好和金融需求进行分析，有针对性地改进自身服务产品和提供个性化的服务。银行业可通过合建或自建电子商务平台，进一步优化业务流程，从而可提高业务办理效率。互联网金融发展优势主要体现在大数据的获取、数据的有效分析以及信息技术支持等方面。而我国银行业对数据的获取能力也比较强，相对欠缺的是无法对数据进行高效分析，这也是银行业相较互联网金融的不足之处。

因此，未来银行业发展应加强信息化手段的运用，建立营销、支付、融资一体化的服务体系，对银行业市场进行细分，寻求各自的目标市场和客户群体。加强数据分析手段，为目标群体设计适合产品，不断拓宽客户资源。另外，银行业还应加强内部管理，强化业务流程监管，合理规避潜在风险，全面实现银行系统的数据管理。

(3) 做好金融科技的行业管理。一是加强关键信息技术的应用管理，研究制定云计算、人工智能、区块链等技术应用的监管规则，对技术架构、安全管理、业务连续性等方面提出管理要求。引导信息技术在金融领域合理运用，纠正部分机构“有技术就滥用”“有技术就任性”的乱象。二是强化金融信息的安全性，特别是关于金融信息在收集、传输、销毁全过程的安全，可以通过访问控制和合理引导进一步加强对金融信息的保护，持续提升全民金融信息安全的意识。三是加强通过科学技术创新的金融产品管理。通过行业备案、社会公示、打造自主自治和行业纪律，政府监管部门协同治理的金融科技治理格局，预留充足的发展空间。四是强化金融科技实践，提升防范化解交叉性和系统性金融风险管理的能力，使金融监管标准化、科技化、数字化和程序化。

我国银行业还应不断提升其科技创新能力。首先，银行业应该通过加大科技创新力度为其创新发展助力。运用信息数字化技术驱动传统银行转型，使传统银行工具创新和服务迭代，激活传统商业银行的品牌、业务和特许权牌照的优势。金融科技是银行数字化业务流程的改造的核心，通过人机协作关系的建立，更有利于提升客户的体验。为适应当前大部分消费者对移动终端青睐的消费倾向，银行业应该推出并改进移动金融、电子商务金融平台、智能终端、电子银行、手机银行等产品，不断丰富数字化银行产品功能，提升银行服务能力，创新业务服务水平，重点打造银行业风险管控体系。其次，推动银行业管理创新。管理创新作为银行业科技创新、产品创新的基石，提高银行竞争能力必须进行管理创新。银行业的科技创新和产品创新成果直接通过客户和市场体现出来，然而这些外在的体现必须通过内在的管理才得以有效实施。银行业应该不断审视自身内部管理的不足，通过管理创新优化银行内部组织架构、优化业务流程，完善银行机构相关制度，确保科技创新和产品创新顺利进行。国内银行在学习借鉴国际大型银行的组织架构过程中，必须要根据我国实际情况以及地区的特点来相机抉择，结合中国实际情况探索适合银行业自身特点的管理模式。银行业的管理创新要能够适应监管部门的监管要求，例如，资产证券化以及类资产证券化等领域的创新，能够减少银行资本占用，降低银行的资产风险。资产管理领域的创新也是根据监管部门对于资产投向等的监管要求，通过创新资产管理平台，将非标准化资产转换为标准化的资产，从而满足客户的投资需求。

8.2.2　制度层面

(1) 优化行业结构。对于银行业而言，完善市场准入条件，优化行业结构可以从以下几个方面入手：第一，适当控制外资银行金融机构数量与资产规模在中国银行业中的占比，银行业对外开放程度应与中国银行业整体的势力相匹配。防止盲目引入外资银行，有选择、有计划和有步骤地引入。在对象选择上，应注重外资银行的质量，可以从资金实力、经营状况、国别来源、信誉等级等方面保证引入的外资银行拥有较高的质量。在方式选择上，可以通过独资、合资与合作等方式引入，如合资方式，中国银行业可以获得高质量外资银行的技术溢出，掌握先进的经营管理与技术方法，提升整个银行业的核心竞争力。第二，加大银行业对内开放力度，进一步引导民间资本科学进入银行业，特别是鼓励地方性银行的合理扩张，更好地为众多中小企业提供融资服务，以解决融资难、融资贵问题。第三，发展地方性中小银行，政府应从政策方面扶持地方性中小银行的发展，允许成立更多类型的银行，降低中小银行的准入标准，鼓励中小银行合理扩张发展，改变中小银行业务经营模式，合理引入竞争机制，改善服务理念，进而优化金融结构。地方性中小银行的扩张既能提高我国银行业的竞争度，又能有效缓解中小企业融资难问题，促进地方经济快速发展。比起国有银行，中小银行灵活性更大，创新意识更强，在我国银行业非利息收入占比不高的情况下，鼓励中小银行创新发展，改善营利模式，进而能够带动其他类型的银行机构进行改革。鼓励地方性中小银行实现并购，并购双方能够进行优势互补、资源共享，双方的产品、技术都将得到优化升级，经营效率也将得到极大提升。

（2）中小银行加强自身发展。从中小银行自身角度出发，应该重点着手于以下几个方面：第一，中小银行应该重点抓产品开发与创新。中小银行的产品要站在客户的角度，赋予银行产品客户喜欢的内容和精神，对产品进行包装，让客户的体验直观而有趣味性。另外，各类银行应该利用商户资源进行跨界合作，将产品与商户营销活动进行捆绑。利用优惠券或者奖品与商户一起推出相关业务，既能够提升客户的满意度，又能实现银行与商户的互利共赢。银行还可以借助当前比较流行的社交平台推广新产品、新业务，加大产品的传播力度。针对银行产品，尤其是新产品的推出，银行应该建立有效的反馈机制，各网点及时收集客户反馈信息，并且通过一定的方式鼓励客户对产品体验结果进行反馈，不断改进和提升银行的服务。第二，中小银行应该要把握好渠道。一方面，通过现有渠道稳住客户，分析各网点获取客户的情况，以及当前客户资源存在的问题，开发新的产品和业务为客户提供高效的体验，减少客户流失。另一方面，可以通过第三方机构开展业务，例如借助保险公司、证券公司等机构获取新的客户。还可以与大型商场、健身房、药店、美容院等客户稳定的机构建立长期合作，拓展银行的业务。第三，中小银行应注重服务品质。对银行业而言，服务和产品同等重要，产品的价值通过产品本身来体现，而服务却可以创造产品之外的价值，实现产品的增值。比起大型国有银行，中小银行能更好地利用自身网点和区位的优势，提供更有特色的服务。中小银行通过网点较多，员工多来自当地，更能掌握客户的需求。银行把服务和产品放在同样的高度去对待，根据客户需求来优化产品和服务，扩大产品外延，实现银行产品的增值。第四，中小银行应加强队伍建设。在人才培养与管理过程中，应注重调动员工的主动性，挖掘员工的潜能。管理过程中 70% 的问题都在于人，管理者 70% 的时间都在管理人。中小银行应建立高效的激励机制，在绩效考核环节将员工主观能动性纳入考核行列，在工作中做到目标明确、流程合理、方法可行、激励到位、考核有效，提高管理效率。员工的主观能动性得到提升，银行的业务开展会更顺利，在日常工作中也会有更多的创新。互联网时代，中小银行应注重将先进的理念与技术方法相结合，在市场竞争中利用自身的优势，做好服务、产品、队伍建设，提升其自身的竞争力。

（3）持续扩大银行业内外开放。鼓励中国商业银行走出去，积极参与国际竞争，提升中国商业银行的竞争力。建立我国银行业向“大而强”“稳而优”的转换战略，提升中国银行业的竞争不能仅局限于中国市场，也需要积极参与国际竞争，通过参与国际竞争，实现自身的高质量发展。各银行应抓住机遇，将业务重点从传统的存贷款业务转变为非利息收入为主的综合化经营业务，以提高银行业的综合竞争实力，进而确保银行业的稳健发展。银行业对内、对外开放应同时推进，中国政府应该为中资银行走出去创造更有利的市场化、法治化的营商环境，有利于推动我国银行业快速国际化经营。各商业银行要提高核心竞争力，必须对自身进行准确的市场定位，提高业务创新能力，不断丰富业务种类，最终提高商业银行自身在全球银行业的竞争力。同时，金融监管部门需加强风险监管与监督检查，加强外资银行的评估体系，完善外资银行风险监管原则，出台外资银行风险监管的规范性条例，继续完善市场制度环境，探索适合中国银行业发展水平的对外开放程度。

8.2.3　监管层面

（1）持续推进银行业机构改革。我国有众多的银行业金融机构，可通过优化银行业的市场结构，进而提高现有银行业的竞争水平。首先，鼓励银行跨区经营，提高银行业市场竞争。目前我国众多银行中可在全国范围内开展业务的银行仅 24 家，因此应逐步扩大农商行与城商行跨区开展业务，从而可提高大多数银行经营的积极性及竞争性，有利于提升整个银行业的竞争度。其次，鼓励银行差异化、良性竞争，使得银行业内竞争更充分，同时政府应该积极引导并鼓励各类型商业银行应当根据自身的实际情况，依据比较优势和资源禀赋选择不同的细分市场，精准定位，利用信息技术、客户画像等外部手段为银行客户提供差异化的服务与产品，为不同客户的金融服务需求提供服务，特别是长尾客户，可建立一个多层次、全方位的现代银行服务体系，这不仅有利于银行业的长期稳定发展，降低风险，还能建立充分有效的竞争市场。再次，减少头部银行的垄断，大力发展各类型的银行。银行业金融机构作为金融业的主体，结构调整优化尤为重要。建立公平有效的进入和退出机制，积极引导民营银行与外资银行的公平竞争。最后，进一步提高商业银行自身业务服务水平；银行应提升自身业务服务水平。注重品牌的建设，通过细分客户市场提高银行产品的附加值，以提高市场份额和市场竞争力。

(2) 加强对外资银行的监管。当前我国对外资银行监管主要集中在业务范围和市场准入方面的监管，缺少对外资银行的风险监管。金融监管部门需加强风险监管与监督检查，加强对外资银行的评估体系，完善外资银行风险监管原则，出台外资银行风险监管的规范性条例，继续完善市场制度环境，探索适合中国银行业发展水平的对外开放程度，鼓励外资银行合法经营，预防恶性竞争。适当控制外资银行金融机构数量与资产规模在中国银行业中的占比。

8.3 展　望

商业银行之间的竞争是动态的竞争，宏观经济环境、制度变迁、技术进步等因素都可能会改变原有的竞争格局。基于对本书的研究，未来对中国银行业竞争力的研究可以从三个方面进行改进：

一是可以更多地考虑诸多外部因素的影响，而不仅仅只考虑传统指标的影响，可以更深入地把握我国的国情和银行业改革的主要脉络、新变化、内在逻辑和改革路径等，找到适合中国银行业竞争力的测度方法和手段。

二是在具体的测度指标上可以多方向的进行改进。本书只对测度商业银行的 Boone 指数和 Lerner 指数等进行了相应的改进。实际上还可以尝试在其他指数上进行相应的改进，以达到对银行业竞争测度的目的。实际上每一种竞争度的测度都是基于不同的假设，而这些假设在现实中又很难达到这种假设条件。因此，不同的模型也要求理论假设要符合中国银行业竞争度测度模型，未来可以基于不同的假设和模型修正来进行具体研究。

三是可以进一步优化内部影响因素的研究。由于银行业也存在经营理念、经营规模的不同，银行业内部之间的差异性很大。无论是银行的存贷款规模，还是其他业务，实际上银行与银行之间的内部竞争度还是较为激烈的。本书虽然提供了较多指标和方法，但仍存在进一步优化的空间。

附录：样本商业银行

序号	公司中文名称	银行类型
1	宁波银行股份有限公司	城市商业银行
2	江苏银行股份有限公司	城市商业银行
3	杭州银行股份有限公司	城市商业银行
4	南京银行股份有限公司	城市商业银行
5	北京银行股份有限公司	城市商业银行
6	上海银行股份有限公司	城市商业银行
7	长沙银行股份有限公司	城市商业银行
8	成都银行股份有限公司	城市商业银行
9	贵阳银行股份有限公司	城市商业银行
10	汉口银行股份有限公司	城市商业银行
11	鞍山银行股份有限公司	城市商业银行
12	大连银行股份有限公司	城市商业银行
13	浙江稠州商业银行股份有限公司	城市商业银行
14	珠海华润银行股份有限公司	城市商业银行
15	营口银行股份有限公司	城市商业银行
16	曲靖市商业银行股份有限公司	城市商业银行
17	台州银行股份有限公司	城市商业银行
18	厦门国际银行股份有限公司	城市商业银行
19	广西北部湾银行股份有限公司	城市商业银行
20	莱商银行股份有限公司	城市商业银行
21	齐商银行股份有限公司	城市商业银行
22	河北银行股份有限公司	城市商业银行
23	洛阳银行股份有限公司	城市商业银行
24	浙江民泰商业银行股份有限公司	城市商业银行

续表

序号	公司中文名称	银行类型
25	昆仑银行股份有限公司	城市商业银行
26	金华银行股份有限公司	城市商业银行
27	内蒙古银行股份有限公司	城市商业银行
28	华融湘江银行股份有限公司	城市商业银行
29	广东华兴银行股份有限公司	城市商业银行
30	中国农业银行股份有限公司	大型商业银行
31	交通银行股份有限公司	大型商业银行
32	中国工商银行股份有限公司	大型商业银行
33	中国建设银行股份有限公司	大型商业银行
34	中国银行股份有限公司	大型商业银行
35	平安银行股份有限公司	股份制商业银行
36	上海浦东发展银行股份有限公司	股份制商业银行
37	华夏银行股份有限公司	股份制商业银行
38	中国民生银行股份有限公司	股份制商业银行
39	招商银行股份有限公司	股份制商业银行
40	兴业银行股份有限公司	股份制商业银行
41	中国光大银行股份有限公司	股份制商业银行
42	中信银行股份有限公司	股份制商业银行
43	广发银行股份有限公司	股份制商业银行
44	江苏江阴农村商业银行股份有限公司	农村商业银行
45	无锡农村商业银行股份有限公司	农村商业银行
46	江苏常熟农村商业银行股份有限公司	农村商业银行
47	江苏紫金农村商业银行股份有限公司	农村商业银行
48	宁波鄞州农村商业银行股份有限公司	农村商业银行
49	杭州联合农村商业银行股份有限公司	农村商业银行
50	天津农村商业银行股份有限公司	农村商业银行
51	江苏江南农村商业银行股份有限公司	农村商业银行
52	天津滨海农村商业银行股份有限公司	农村商业银行
53	星展银行（中国）有限公司	外资银行

参考文献

[1] MCNULTY P J. Part 1 || A note on the history of perfect competition[J]. Journal of political economy, 1967, 75(4): 395-399.

[2] TIROLE J. The theory of industrial organization[M]. Cambridge: MIT press, 1988.

[3] CLAESSENS S, LAEVEN L. Competition in the financial sector and growth: a cross-country perspective[M]//Financial development and economic growth. london: palgrave macmillan, 2004: 66-105.

[4] CARBÓ S, HUMPHREY D, MAUDOS J, et al. Cross-country comparisons of competition and pricing power in European banking[J]. Journal of international money and finance, 2009, 28(1): 115-134.

[5] DEMSETZ H. Industry structure, market rivalry, and public policy[J]. The journal of law and economics, 1973, 16(1): 1-9.

[6] PELTZMAN S. The gains and losses from industrial concentration[J]. The journal of law and economics, 1977, 20(2): 229-263.

[7] 黄树青，刘婷婷 . 竞争与银行业稳定性：一个基于文献的梳理 [J]. 华北金融，2011（8）：32-36.

[8] 彭欢，雷震 . 中国银行业改革及其市场结构研究 [M]. 北京：经济科学出版社，2011.

[9] 李炫榆，童玉芬，朱亚杰 . 风险视角下贷款市场竞争对银行效率的影响：

基于非期望产出 DEA 的研究 [J]. 华东经济管理，2019，33（1）：112-118.

[10] 张大永，张志伟 . 竞争与效率：基于我国区域性商业银行的实证研究 [J]. 金融研究，2019，4（4）：111-129.

[11] 吴汉洪 . 西方产业组织理论在中国的引进及相关评论 [J]. 政治经济学评论，2019，10（1）：3-21.

[12] 方书生 . 近代中国市场结构的演化：以火柴业为中心 [J]. 上海经济研究，2020，7（7）：118-127.

[13] IWATA G. Measurement of conjectural variations in oligopoly[J]. Econometrica: journal of the econometric society, 1974: 947-966.

[14] BRESNAHAN T F. The oligopoly solution concept is identified[J]. Economics letters, 1982, 10(1-2): 87-92.

[15] BOONE J. A new way to measure competition[J]. The economic journal, 2008, 118(531): 1245-1261.

[16] 李国栋，陈辉发 . 我国银行业市场竞争度估计不一致检验与实证：基于 Panzar-Rosse 模型的一个讨论 [J]. 数量经济技术经济研究，2012，29（6）：3-8，10-11，14-18，101.

[17] 李国栋 . 基于 Boone 指数的中国银行业贷款市场竞争度估计 [J]. 数量经济技术经济研究，2015，32（5）：131-146.

[18] BIKKER J A, HAAF K. Competition, concentration and their relationship: an empirical analysis of the banking industry[J]. Journal of banking & finance, 2002, 26(11): 2191-2214.

[19] DE GUEVARA J F, MAUDOS J. Regional financial development and bank competition: effects on firms' growth[J]. Regional studies, 2009, 43(2): 211-228.

[20] CASU B, GIRARDONE C. Bank competition, concentration and efficiency in the single European market[J]. The manchester school, 2006, 74(4): 441-468.

[21] 傅利福，韦倩，魏建 . 银行业的集中与竞争：一个分析框架和实证检验 [J]. 经济学家，2015（4）：64-73.

[22] 刘景中 . 银行集中度及效率对市声竞争度的影咯：台湾实证研究 [J]. 经济论文丛刊，2011，39（1）：115-173.

[23] GRAY J M, GRAY H P. The multinational bank: a financial MNC?[J]. Journal of banking & finance, 1981, 5(1): 33-63.

[24] WALTER J R, MCCARTHY F. A review of bank performance in the Fifth District, 1982[J]. FRB richmond economic review, 1983, 69(4): 3-11.

[25] SENGUPTA J, SAHOO B. Comparison of various efficiency measures: an application to banks in India[M]// Efficiency Models in Data Envelopment Analysis. [s.l.]: Palgrave Macmillan UK, 2006.

[26] DENIZER C, DINC M, TARIMCILAR M. Measuring banking efficiency in the pre-and post-liberalization environment: evidence from the Turkish banking system[M]. [s.l.]: World bank publications, 2000.

[27] BARAJAS A, STEINER R, SALAZAR N. The impact of liberalization and foreign investment in Colombia's financial sector[J]. Journal of development economics, 2000, 63(1): 157-196.

[28] CLAESSENS S, DEMIRGÜÇ-KUNT A, HUIZINGA H. How does foreign entry affect domestic banking markets?[J]. Journal of banking & finance, 2001, 25(5): 891-911.

[29] UIBOUPIN J. Foreign banks in central and Eastern European markets: their entry and influence on the banking sector[M]. Tartu: Tartu University Press, 2005.

[30] STIGLITZ J E. The role of the state in financial markets[J]. The world bank economic review, 1993, 7(1): 19-52.

[31] CLARKE G R G, CRIVELLI J M, CULL R. The direct and indirect impact of

bank privatization and foreign entry on access to credit in Argentina's provinces [J]. Journal of banking & finance, 2005, 29(1): 5-29.

[32] HERMES N, LENSINK R. Foreign bank presence, domestic bank performance and financial developmen t[J]. Journal of emerging market finance, 2004, 3(2): 207-229.

[33] HABER S. Mexico's experiments with bank privatization and liberalization, 1991–2003[J]. Journal of banking & finance, 2005, 29(8-9): 2325-2353.

[34] SCHULZ H. Foreign banks in Mexico: new conquistadors or agents of change? [J]. Ssrn electronic journal, 2006:1-57.

[35] 蒋荷新，杨慧．加入 WTO，中国银行业的挑战与应对策略分析 [J]. 世界经济文汇，2000（4）：38-41.

[36] 韩文霞，刘开林．外资银行进入对我国银行业的影响：与金融发展水平和银行业竞争程度有关吗 [J]. 山西财经大学学报，2007（9）：106-111.

[37] 李伟，韩立岩．外资银行进入对我国银行业市场竞争度的影响：基于 Panzar-Rosse 模型的实证研究 [J]. 金融研究，2008（5）：87-98.

[38] 付红，高玮．银行业的竞争对企业外部融资的影响：基于中国制造业的分析 [J]. 经济管理，2010，32（9）：127-132.

[39] 王聪，宋慧英．中国证券公司市场结构与绩效的实证分析 [J]. 经济经纬，2012（1）：157-160.

[40] 陈雄兵，陈子珊．外资银行进入是否提升了银行系统的竞争：来自中国的实证研究 [J]. 经济问题探索，2012（5）：72-78.

[41] 王国红，何德旭．外资银行进入中国市场的竞争效应研究 [J]. 财经问题研究，2010（7）：62-69.

[42] 孟娜娜，粟勤，雷海波．金融科技如何影响银行业竞争 [J]. 财贸经济，2020，41（3）：66-79.

[43] 邢美洲 . 网上银行与银行业竞争的新格局 [J]. 上海金融，2000（12）：48-50.

[44] DEMERTZIS M, MERLER S, WOLFF G B. Capital Markets Union and the fintech opportunity[J]. Journal of financial regulation, 2018, 4(1): 157-165.

[45] 王达 . 论全球金融科技创新的竞争格局与中国创新战略 [J]. 国际金融研究，2018（12）：10-20.

[46] 邱晗，黄益平，纪洋 . 金融科技对传统银行行为的影响：基于互联网理财的视角 [J]. 金融研究，2018（11）：17-29.

[47] 谢治春，赵兴庐，刘媛 . 金融科技发展与商业银行的数字化战略转型 [J]. 中国软科学，2018（8）：184-192

[48] 张庆君，何德旭 . 特许权价值、市场竞争与银行稳定研究述评 [J]. 金融理论与实践，2013（10）：98-103.

[49] 王凌云，余维彬 . 银行竞争：理论纷争、政策比较及对发展中国家的启示 [J]. 金融评论，2015，7（3）：114-122+126

[50] BUSER S A, CHEN A H, KANE E J. Federal deposit insurance, regulatory policy, and optimal bank capital[J]. The journal of finance, 1981, 36(1): 51-60.

[51] MARCUS A J. Deregulation and bank financial policy[J]. Journal of banking & finance, 1984, 8(4): 557-565.

[52] KEELEY M C. Deposit insurance, risk, and market power in banking[J]. The American economic review, 1990: 1183-1200.

[53] 伏霖，高然，蒋汇 . 银行特许权价值及其影响因素跨国比较 [J]. 管理评论，2011，23（8）：52-62.

[54] 张雪兰，金婷 . 银行业竞争与稳定的关系研究 [J]. 统计与决策，2018，34（6）：169-172.

[55] GALLOWAY T M, LEE W B, RODEN D M. Banks’ changing incentives and

opportunities for risk taking[J]. Journal of banking & finance, 1997, 21(4): 509-527.

[56] GROPP R, VESALA J M. Deposit insurance and moral hazard: does the counterfactual matter?[J]. Papers, 2001, 42(4):551-574..

[57] SALAS V, SAURINA J. Deregulation, market power and risk behaviour in Spanish banks[J]. European economic review, 2003, 47(6): 1061-1075.

[58] YASUDA Y, OKUDA S, KONISHI M. The relationship between bank risk and earnings management: evidence from Japan[J]. Review of quantitative finance and accounting, 2004, 22(3): 233-248.

[59] 郭立宏，季琳，董建卫．银行业竞争与风险承担 [J]. 金融论坛，2011，16（10）：50-55.

[60] 林德发，汪宜香．银行业竞争是否导致商业银行过度风险承担：基于 15 家商业银行面板数据的实证检验 [J]. 现代财经（天津财经大学学报），2018，38（6）：61-71.

[61] ALLEN F, GALE D. Comparing financial systems[M]. Cambridge: MIT press, 2000.

[62] Sáez L, SHI X. Liquidity pools, risk sharing, and financial contagion[J]. Journal of financial services research, 2004, 25(1): 5-23.

[63] ALLEN H, TAYLOR M P. Charts, noise and fundamentals in the London foreign exchange market[J]. The economic journal, 1990, 100(400): 49-59.

[64] ALLEN F, GALE D. Financial contagion[J]. Journal of political economy, 2000, 108(1): 1-33.

[65] BOYD J H, DE NICOLO G. The theory of bank risk taking and competition revisited[J]. The journal of finance, 2005, 60(3): 1329-1343.

[66] MISHKIN F S. Financial consolidation: dangers and opportunities[J]. Journal

of banking & finance, 1999, 23(2-4): 675-691.

[67] HICKS A. Exemption of award from attachment after payment to injured employee[J]. LJ Student B. Ass'n Ohio St. U., 1935, 2: 194.

[68] LEIBENSTEIN H. Shaping the world economy: suggestions for an international economic policy[J]. The economic journal.1966, 76(301): 92-95

[69] HANNAN T H, BERGER A N. The rigidity of prices: evidence from the banking industry[J]. J. Reprints Antitrust L. & Econ., 1997, 27: 245.

[70] SGHAIER A, ALI M S. Competition and banking efficiency: evidence from Tunisian banking industry[J]. Journal of Islamic economics, banking and finance, 2012, 113(454): 1-18.

[71] AHUJA N L, DAWAR V, ARRAWATIA R. Corporate finance[M]. PHI Learning Pvt. Ltd., 2015.

[72] 赵金洁．中国银行业市场结构、效率与绩效关系研究 [J]. 经济问题，2016（11）：58-64.

[73] 刘强，黄静．利率市场化对商业银行经营效率影响的实证研究：基于三阶段 DEA 及空间自回归模型的实证研究 [J]. 金融监管研究，2016，54（6）：1-16.

[74] HANNAN T H. Bank commercial loan markets and the role of market structure: evidence from surveys of commercial lending[J]. Journal of banking & finance, 1991, 15(1): 133-149.

[75] DIAMOND D W. Financial intermediation and delegated monitoring[J]. The review of economic studies, 1984, 51(3): 393-414.

[76] SOLIS L, MAUDOS J. The social costs of bank market power: evidence from Mexico[J]. Journal of comparative economics, 2008, 36(3): 467-488.

[77] 徐忠，沈艳，王小康，等．市场结构与我国银行业绩效：假说与检验 [J].

经济研究，2009，44（10）：75-86.

[78] CASU B, GIRARDONE C. Testing the relationship between competition and efficiency in banking: a panel data analysis[J]. Economics letters, 2009, 105(1): 134-137.

[79] Marius Andrieş A, Căpraru B. Competition and efficiency in EU27 banking systems[J]. Baltic journal of economics, 2012, 12(1): 41-60.

[80] 顾晓安，朱书龙 . 单个银行短期稳定性水平测度研究：基于修正的流动性缺口率指标 [J]. 管理评论，2016，28（2）：35-48, 73.

[81] 申创，赵胜民 . 市场竞争度、非利息业务对商业银行效率的影响研究 [J]. 数量经济技术经济研究，2017，34（9）：145-161.

[82] HOFFMAN K E. Payments go mobile[J]. Banking strategies, 2006, 82(6): 76.

[83] 王明虎 . 银行业竞争、信贷规模歧视和上市公司银行借款融资差异 [J]. 经济经纬，2010（4）：139-143.

[84] RICE T, STRAHAN P E. Does credit competition affect small−firm finance?[J]. The journal of finance, 2010, 65(3): 861-889.

[85] DIDIER T, LOVE I, Martínez Pería M S. What explains comovement in stock market returns during the 2007–2008 crisis?[J]. International journal of finance & economics, 2012, 17(2): 182-202.

[86] RYAN R M, O’TOOLE C M, MCCANN F. Does bank market power affect SME financing constraints?[J]. Journal of banking & finance, 2014, 49: 495-505.

[87] LEON F. Does bank competition alleviate credit constraints in developing countries?[J]. Journal of banking & finance, 2015, 57: 130-142.

[88] 姚耀军，董钢锋 . 中小企业融资约束缓解：金融发展水平重要抑或金融结构重要？来自中小企业板上市公司的经验证据 [J]. 金融研究，2015（4）：148-161.

[89] 尹志超，吴雨，甘犁．金融可得性、金融市场参与和家庭资产选择 [J]. 经济研究，2015，50（3）：87-99.

[90] SCHAECK K, CIHAK M. Banking competition and capital ratios[J]. European financial management, 2012, 18(5): 836-866.

[91] 张璇，高金凤，李春涛．银行业竞争与资源错配：来自中国工业企业的证据 [J]. 国际金融研究，2020（6）：54-63.

[92] CARLETTI E, ALLEN F, MARQUEZ R. Bank competition and the role of regulation[R]. Chicago: Federal reserve bank of chicago, 2005.

[93] BROWN M, TRAUTMANN S, VLAHU R. Contagious bank runs: experimental evidence[J]. Social science electronic publishing, 2013, 44(5):1057-1065.

[94] CORNAGGIA J, MAO Y, TIAN X, et al. Does banking competition affect innovation?[J]. Journal of financial economics, 2015, 115(1): 189-209.

[95] BENFRATELLO L, SCHIANTARELLI F, SEMBENELLI A. Banks and innovation: microeconometric evidence on Italian firms[J]. Journal of financial economics, 2008, 90(2): 197-217.

[96] AMORE M D, SCHNEIDER C, Žaldokas A. Credit supply and corporate innovation[J]. Journal of financial economics, 2013, 109(3): 835-855.

[97] 唐清泉，巫岑．银行业结构与企业创新活动的融资约束 [J]. 金融研究，2015（7）：116-134.

[98] 蔡竞，董艳．银行业竞争与企业创新：来自中国工业企业的经验证据 [J]. 金融研究，2016（11）：96-111.

[99] 张杰，郑文平，新夫．中国的银行管制放松、结构性竞争和企业创新 [J]. 中国工业经济，2017（10）：118-136.

[100] 张璇，李子健，李春涛．银行业竞争、融资约束与企业创新：中国工业企业的经验证据 [J]. 金融研究，2019（10）：98-116.

[101] 王勇，王亮，宋丹丹.银行业竞争、融资约束与企业创新：基于沪深A股上市公司的多层统计检验[J].财经问题研究，2019（11）：55-64.

[102] 袁立华，张超林.银行业竞争、融资约束与企业技术效率：基于随机前沿模型的实证检验[J].云南财经大学学报，2019，35（2）：70-79.

[103] CARLINO G, DEFINA R. The differential regional effects of monetary policy [J]. Review of economics and statistics, 1998, 80(4): 572-587.

[104] CECCHETTI S G. Legal structure, financial structure, and the monetary policy transmission mechanism[R]. [s.l.]: National bureau of economic research, 1999.

[105] ELBOURNE A, DE HAAN J. Financial structure and monetary policy transmission in transition countries[J]. Journal of comparative economics, 2006, 34(1): 1-23.

[106] STIGLITZ J, STIGLITZ J E S, GREENWALD B. Towards a new paradigm in monetary economics[M]. Cambridge: Cambridge University Press, 2003.

[107] 宋旺，钟正生.我国金融脱媒对货币政策传导机制的影响：1978—2007[J].经济学家，2010（2）：80-89.

[108] 张旭涛，胡莹.银行业市场集中度、竞争程度与货币政策传导：基于中国银行业的经验研究[J].山西财经大学学报，2010，32（12）：45-51.

[109] 孙大超，王伟，景红桥.产权性质、产业差异化与企业商业信用供给[J].经济管理，2014，36（3）：53-62.

[110] LIU L, MATTHES C, PETROVA K. Monetary policy across space and time[R]. Washingtong: Federal Reserve Bank of Richmond, 2018.

[111] 刘洋，张浩禛.银行业市场结构对货币政策效果的影响[J].当代经济研究，2013（6）：68-74.

[112] 郭庆旺，贾俊雪.中国全要素生产率的估算：1979—2004[J].经济研究，2005（6）：51-60.

[113] 张少华，蒋伟杰 . 中国全要素生产率的再测度与分解 [J]. 统计研究，2014，31（3）：54-60.

[114] 胡鞍钢，郑京海，高宇宁，等. 考虑环境因素的省级技术效率排名（1999—2005）[J]. 经济学（季刊），2008（3）：933-960.

[115] 吴先满，骆祖春. 全要素生产率对江苏经济增长的贡献研究 [J]. 南京财经大学学报，2008（1）：14-18.

[116] 王立成，牛勇平 . 山东省全要素生产率的测算与分析 [J]. 山东社会科学，2010（9）：92-94.

[117] 张卫东，赵士红，龙海霞，等 . 基于 SBM 方法和全要素生产率分解的经济增长效率：以四川省为例 [J]. 财经科学，2015（8）：100-111.

[118] 杨勇 . 中国服务业全要素生产率再测算 [J]. 世界经济，2008（10）：46-55.

[119] 金怀玉，菅利荣 . 中国农业全要素生产率测算及影响因素分析 [J]. 西北农林科技大学学报：社会科学版，2013（2）：29-35.

[120] 杨汝岱 . 中国制造业企业全要素生产率研究 [J]. 经济研究，2015（2）：61-74.

[121] SHERMAN H D, GOLD F. Bank branch operating efficiency: evaluation with data envelopment analysis[J]. Journal of banking & finance, 1985, 9(2): 297-315.

[122] 张健华 . 我国商业银行效率研究的 DEA 方法及 1997—2001 年效率的实证分析 [J]. 金融研究，2003（3）：11-25.

[123] 王付彪，阚超，沈谦，等 . 我国商业银行技术效率与技术进步实证研究（1998—2004）[J]. 金融研究，2006（8）：122-132.

[124] 蔡跃洲，郭梅军 . 我国上市商业银行全要素生产率的实证分析 [J]. 经济研究，2009（9）：52-65.

[125] 柯孔林，冯宗宪 . 中国银行业全要素生产率测度：基于 Malmquist-

Luenberger 指数研究 [J]. 数量经济技术经济研究，2008（4）：110-120.

[126] 王兵，朱宁 . 不良贷款约束下的中国银行业全要素生产率增长研究 [J]. 经济研究，2011（5）：32-45, 73.

[127] 姜永宏，蒋伟杰 . 中国上市商业银行效率和全要素生产率研究：基于 Hicks-Moorsteen TFP 指数的一个分析框架 [J]. 中国工业经济，2014（9）：109-121.

[128] 柯孔林，冯宗宪 . 中国商业银行全要素生产率增长及其收敛性研究：基于 GML 指数的实证分析 [J]. 金融研究，2013（6）：146-159.

[129] 金毅 . 中国银行体系绩效变迁：基于生产率的视角 [J]. 特区经济，2011（5）：83-85.

[130] 李兴华，秦建群，孙亮 . 经营环境、治理结构与商业银行全要素生产率的动态变化 [J]. 中国工业经济，2014（1）：57-68.

[131] PORTELA M, THANASSOULIS E, SIMPSON G. A directional distance approach to deal with negative data in DEA: an application to bank branches [J]. Journal of operational research society, 2004, 55(10): 1111-1121.

[132] CHENG G, ZERVOPOULOS P, QIAN Z. A variant of radial measure capable of dealing with negative inputs and outputsin data envelopment analysis[J]. European journal of operational research, 2013, 225: 100-105.

[133] ZHU N, WANG B, WU Y. Productivity, efficiency and non-performing loans in the Chinese banking industry[J].The social science journal, 2015, 52(4): 468-480.

[134] 袁晓玲，张宝山 . 中国商业银行全要素生产率的影响因素研究：基于 DEA 模型的 Malmquist 指数分析 [J]. 数量经济技术经济研究，2009（4）：93-116.

[135] 侯晓辉，李婉丽，王青 . 所有权、市场势力与中国商业银行的全要素生产率 [J]. 世界经济，2011（2）：135-157.

[136] DARWIN C. On the origin of species by means of natural selection or the

preservation of favoured races in the struggle for life[M]. Oxford: Oxford University Press, 1859.

[137] STIGLER G J. The Adam Smith address the effect of government on economic efficiency[M]//The Best of Business Economics. New York: Palgrave Macmillan, 2016: 151-160.

[138] VICKERS J. Concepts of competition[J]. Oxford Economic Papers, 1995: 1-23.

[139] BLAUG M. Is competition such a good thing? Static efficiency versus dynamic efficiency[J]. Review of industrial organization, 2001, 19(1): 37-48.

[140] 奥古斯丹•古诺．财富理论的数学原理的研究 [M]. 陈尚霖，译．北京：商务印书馆，1994.

[141] 皮圣雷，蓝海林．中国横向整合企业竞争策略组合与组织协调性：转型期制度情境的调节作用 [J]. 管理世界，2014（4）：81-89，106，187-188.

[142] HOSKISSON R E, CHI T, WAN W. Management and organization review special issue on “building competitive advantages in China’s emerging market” [J]. Management and organization review, 2005, 1(3): 491-492.

[143] SHINKLE G A, KRIAUCIUNAS A P. The impact of current and founding institutions on strength of competitive aspirations in transition economies[J]. Strategic management journal, 2012, 33(4): 448-458.

[144] ZAHEER S, ZAHEER A. Country effects on information seeking in global electronic networks[J]. Journal of international business studies, 1997, 28(1): 77-100.

[145] SMITH K G, FERRIER W J, NDOFOR H. Competitive dynamics research: Critique and future directions[C].HITT M, FREEMAN R E, HARRISON J. The Blackwell handbook of strategic management, London: Blackwell Publishers, 2005: 309-354.

[146] EDWARDS C D. Conglomerate bigness as a source of power[M]. Business concentration and price policy. Princeton: Princeton University Press, 1955: 331-359.

[147] EISENHARDT K M. Making fast strategic decisions in high-velocity environments[J]. Academy of management journal, 1989, 32(3): 543-576.

[148] SANTOS F M, EISENHARDT K M. Constructing markets and shaping boundaries: Entrepreneurial power in nascent fields[J]. Academy of management journal, 2009, 52(4): 643-671.

[149] AVENI A. Book Review: time and the highland Maya (revised edn), by Barbara Tedlock[J]. Journal for the history of astronomy supplement, 1994, 25: S86.

[150] D'AVENI R A. Waking up to the new era of hypercompetition[J]. Washington quarterly, 1998, 21(1): 183-195.

[151] 纪盛 . 从南京银行实践看我国中小商业银行的综合化经营 [J]. 中国银行业，2017（6）：64-65.

[152] MASON E S. Price and production policies of large-scale enterprise[J]. The American economic review, 1939, 29(1): 61-74.

[153] BAIN J S. Advantages of the large firm: production, distribution, and sales promotion[J]. Journal of marketing, 1956, 20(4): 336-346.

[154] TIROLE J. The multicontract organization[J]. Canadian journal of economics, 1988: 459-466.

[155] HALL M, TIDEMAN N. Measures of concentration[J]. Journal of the American statistical association, 1967, 62(317): 162-168.

[156] HIRSCHMAN A O. The paternity of an index[J].The American economic review, 1964, 54(5): 761-762.

[157] CETORELLI N. Competitive analysis in banking: appraisal of the methodologies

[J]. Economic perspectives-federal reserve bank of Chicago, 1999, 23: 2-15.

[158] HAZLETT, THOMAS, WEISMAN, et al. Market Power in US Broadband Services[J]. Review of industrial organization, 2011, 38(2):151-171.

[159] BAUMOL W J. Applied fairness theory and rationing policy[J]. The American economic review, 1982, 72(4): 639-651.

[160] BERNHEIM B D, WHINSTON M D. Multimarket contact and collusive behavior[J]. The RAND journal of economics, 1990: 1-26.

[161] ERGUNGOR O E. Market-vs. bank-based financial systems: do rights and regulations really matter?[J]. Journal of banking & finance, 2004, 28(12): 2869-2887.

[162] SHAFFER S. Patterns of competition in banking[J]. Journal of economics and business, 2004, 56(4): 287-313.

[163] CHONG T T L, LU L, ONGENA S. Does banking competition alleviate or worsen credit constraints faced by small-and medium-sized enterprises? Evidence from China[J]. Journal of banking & finance, 2013, 37(9): 3412-3424.

[164] HAZLETT T W, WEISMAN D L. Market power in US broadband services[J]. Review of industrial organization, 2011, 38(2): 151.

[165] HELM R, MAURONER O, DOWLING M. Innovation as mediator between entrepreneurial orientation and spin-off venture performance[J]. Int. J. of entrepreneurship and small business, 2010, 11(4):472-491.

[166] AMESS K, ROBERTS B M. The impact of foreign and state ownership on post-transition industrial concentration: the case of Polish manufacturing[J]. Economic change and restructuring, 2005, 38(3-4): 211-225.

[167] BROZEN Y. Concentration and structural and market disequilibria[J]. Antitrust bull, 1971, 16: 241.

[168] CARLTON D W, PERLOFF J M, VELD K T V. Modern industrial organization [M]. Glenview, IL: Scott, Foresman/Little, Brown Higher Education, 1990.

[169] WARZYNSKI L F. Markups and Firm-Level Export Status[J]. American economic review, 2009, 102(6):2437-2471.

[170] BRESNAHAN T F. Empirical studies of industries with market power[J]. Handbook of industrial organization, 1989, 2: 1011-1057.

[171] CARBO-VALVERDE S, RODRIGUEZ-FERNANDEZ F, UDELL G F. Bank market power and SME financing constraints[J]. Review of finance, 2009, 13(2): 309-340.

[172] LAU L J. On identifying the degree of competitiveness from industry price and output data[J]. Economics letters, 1982, 10(1-2): 93-99.

[173] PANZAR J C, ROSSE J N. Testing for "monopoly" equilibrium[J]. The journal of industrial economics, 1987: 443-456.

[174] LIU H, MOLYNEUX P, WILSON J O S. Competition in banking: measurement and interpretation[M]//Handbook of research methods and applications in empirical finance. [s.l.]: Edward Elgar Publishing, 2013.

[175] MUELLER D C. The persistence of profits above the norm[J]. Economica, 1977, 44(176): 369-380.

[176] MUELLER D C. Profits in the long run[M]. Cambridge: Cambridge University Press, 1986.

[177] LERNER A P. Economic theory and socialist economy[J]. The review of economic studies, 1934, 2(1): 51-61.

[178] FERNÁNDEZ D G, JOAQUÍN M, FRANCISCO P. Market power in Europeanbanking sectors[J]. Journal of financial services research, 2005, 27(2):109-137.

[179] GUEVARA J F, MAUDOS J. Regional financial development and bank competition: effects on economic growth[J]. MPRA paper, 2007, 43(2):211-228.

[180] MAUDOS J, Solís L. Deregulation, liberalization and consolidation of the Mexican banking system: effects on competition[J]. Journal of international money and finance, 2011, 30(2): 337-353.

[181] WEILL L. Bank competition in the EU: how has it evolved?[J]. Journal of international financial markets, institutions and money, 2013, 26: 100-112.

[182] ARISS R T. On the implications of market power in banking: evidence from developing countries[J]. Journal of banking & Finance, 2010, 34(4): 765-775.

[183] STIGLITZ J E. Competition and the number of firms in a market: are duopolies more competitive than atomistic markets?[J]. Journal of political economy, 1987, 95(5): 1041-1061.

[184] STIGLITZ J E. Imperfect information in the product market[J]. Handbook of industrial organization, 1989, 1: 769-847.

[185] BULOW J, KLEMPERER P. Prices and the Winner's Curse[J]. RAND journal of economics, 2002: 1-21.

[186] AMIR R. Market structure, scale economies and industry performance[J]. Scale economies and industry performance, 2003.

[187] BOONE J. A new way to measure competition[J]. The economic journal, 2008, 118(531): 1245-1261.

[188] BOONE J, VAN OURS J C, VAN DER WIEL H. When is the price cost margin a safe way to measure changes in competition?[J]. De economist, 2013, 161(1): 45-67.

[189] VIVES X. Oligopoly pricing: old ideas and new tools[M]. Cambridge: MIT

press, 1999.

[190] OLIVER A M, FUMAS V S, SAURINA J. Risk premium and market power in credit markets[J]. Economics letters, 2006, 93(3): 450-456.

[191] BERGER A N, KLAPPER L F, TURK-ARISS R. Bank competition and financial stability[J]. Journal of financial services research, 2009, 35(2): 99-118.

[192] ARISS R T. On the implications of market power in banking: evidence from developing countries[J]. Journal of banking & Finance, 2010, 34(4): 765-775.

[193] BECK T, DE JONGHE O, SCHEPENS G. Bank competition and stability: cross-country heterogeneity[J]. Journal of financial Intermediation, 2013, 22(2): 218-244.

[194] KOETTER M, KOLARI J W, SPIERDIJK L. Enjoying the quiet life under deregulation? Evidence from adjusted Lerner indices for US banks[J]. Review of economics and statistics, 2012, 94(2): 462-480.

[195] CHAFFAI M E, DIETSCH M, LOZANO-VIVAS A. Technological and environmental differences in the European banking industries[J]. Journal of financial services research, 2001, 19(2-3): 147-162.

[196] BOWLEY A L. The mathematical groundwork of economics: an introductory treatise, by AL Bowley[M]. Oxford: Clarendon Press, 1924.

[197] Degryse H, Kim M, Ongena S. Microeconometrics of banking: methods, applications, and results[M]. Oxford: Oxford University Press, USA, 2009.

[198] ANGELINI P, CETORELLI N. The effects of regulatory reform on competition in the banking industry[J]. Journal of money, credit & banking, 2003, 35(5): 663-685.

[199] COCCORESE P. Competition in markets with dominant firms: a note on the evidence from the Italian banking industry[J]. Journal of banking & finance,

2005, 29(5): 1083-1093.

[200] COCCORESE P. Market power in local banking monopolies[J]. Journal of banking & finance, 2009, 33(7): 1196-1210.

[201] UCHIDA H, TSUTSUI Y. Has competition in the Japanese banking sector improved?[J]. Journal of banking & finance, 2005, 29(2): 419-439.

[202] SHAFFER S. Competition in the US banking industry[J]. Economics letters, 1989, 29(4): 321-323.

[203] SHAFFER S. A test of competition in Canadian banking[J]. Journal of money, credit and banking, 1993, 25(1): 49-61.

[204] SHAFFER S. Comment on "What drives bank competition? Some international evidence" by Stijn Claessens and Luc Laeven[J]. Journal of money, credit and banking, 2004, 36(3): 585-592.

[205] XU B, VAN RIXTEL A, VAN LEUVENSTEIJN M. Measuring bank competition in China: a comparison of new versus conventional approaches applied to loan markets[R]. [s.l.]: Bank for international settlements, 2013.

[206] SHAFFER S. The competitive impact of disclosure requirements in the credit card industry[J]. Journal of regulatory economics, 1999, 15(2): 183-198.

[207] PERLOFF J M, SHEN E Z. Collinearity in linear structural models of market power[J]. Review of industrial organization, 2012, 40(2): 131-138.

[208] ROSSE J N, PANZAR J C. Chamberlin vs. Robinson: an empirical test for monopoly rents[R]. [s.l.]: Bell Laboratories Economic Discussion Paper, 1977.

[209] PANZAR J, ROSSE J. Structure, conduct and comparative statistics[R]. [s.l.]: Bell Labotaries Economic Discussion Paper, 1982.

[210] PANZAR J C, ROSSE J N. Testing for "Monopoly" equilibrium[J]. Journal

of industrial economics, 1987, 35(4): 443-56.

[211] SHAFFER S. A non-structural test for competition in financial markets in proceedings of a conference on bank structure and competition[J]. Federal Reserve Bank of Chicago, 1982: 225-243.

[212] VESALA J. Testing for competition in banking: Behavioral evidence from Finland[M]. Helsinki: Bank of Finland, 1995.

[213] CLAESSENS S, LAEVEN L. What drives bank competition? Some international evidence[M]. Washington: The World Bank, 2003.

[214] BIKKER J A, SHAFFER S, SPIERDIJK L. Assessing competition with the Panzar-Rosse model: the role of scale, costs, and equilibrium[J]. Review of economics and statistics, 2012, 94(4): 1025-1044.

[215] SHAFFER S, SPIERDIJK L. Duopoly conduct and the panzar-rosse revenue test[J]. University of Wyoming and University of Groningen mimeograph, 2013.

[216] VESALA J. Testing for competition in banking: behavioral evidence from Finland[M]. Helsinki: Bank of Finland, 1995.

[217] BOONE J. A new way to measure competition[J]. The economic journal, 2008, 118(531): 1245-1261.

[218] DEMSETZ H. Industry structure, market rivalry, and public policy[J]. The journal of law and economics, 1973, 16(1): 1-9.

[219] BOONE J, VAN OURS J C, VAN DER WIEL H P. How (Not) to measure competition[J]. TILEC discussion paper, 2007.

[220] VAN LEUVENSTEIJN M, BIKKER J A, VAN RIXTEL A A, et al. A new approach to measuring competition in the loan markets of the Euro area[J]. Applied economics, 2011, 43(23): 3155-3167.

[221] DELIS M D. Bank competition, financial reform, and institutions: the importance of being developed[J]. Journal of development economics, 2012, 97(2): 450-465.

[222] TABAK B M, FAZIO D M, CAJUEIRO D O. The relationship between banking market competition and risk-taking: do size and capitalization matter?[J]. Journal of banking & finance, 2012, 36(12): 3366-3381.

[223] SCHAECK K, CIHÁK M. Competition, efficiency, and stability in banking[J]. Financial management, 2014, 43(1): 215-241.

[224] GRIFFITH R, BOONE J, HARRISON R. Measuring competition[J]. Advanced institute of management research paper, 2005, 22.

[225] XU B, VAN RIXTEL A, VAN LEUVENSTEIJN M. Measuring bank competition in China: a comparison of new versus conventional approaches applied to loan markets[R]. [s.l.]: Bank for International Settlements, 2013.

[226] SCHIERSCH A, SCHMIDT-EHMCCCCKE J. Empiricism meets theory: is the Boone-indicator applicable?[R]. DIW Berlin, German Institute for Economic Research, 2010.

[227] TABAK B M, FAZIO D M, CAJUEIRO D O. The relationship between banking market competition and risk-taking: do size and capitalization matter?[J]. Journal of banking & finance, 2012, 36(12): 3366-3381.

[228] GOLDSMITH R W. Financial structure and development[M]. New Haven, CT: Yale University Press, 1969.

[229] FEHR E, SCHMIDT K M. A theory of fairness, competition, and cooperation[J]. Quarterly journal of economics, 1999, 114(3): 817-868.

[230] 戈德史密斯．金融结构与金融发展 [M]. 上海：上海人民出版社，1969.

[231] 白钦先．金融结构、金融功能演进与金融发展理论的研究历程 [J]. 经济评论，2005（3）：39-45.

[232] KANE E J. Impact of regulation on economic behavior[J]. Journal of money, credit and banking, 1981(9): 355-367.

[233] BRESNAHAN T F, REISS P C. Empirical models of discrete games[J]. Journal of econometrics, 1991, 48(1-2): 57-81.

[234] 邵汉华，杨俊，廖尝君．中国银行业的竞争度与效率：基于 102 家商业银行的实证分析 [J]. 金融论坛，2014，19（10）：47-55.

[235] 唐文进，许超，彭元文．中国商业银行竞争度及其影响因素研究：基于 Lerner 指数的实证分析 [J]. 武汉金融，2016（6）：10-15.

[236] 李国栋．基于 Boone 指数的中国银行业贷款市场竞争度估计 [J]. 数量经济技术经济研究，2015，32（5）：131-146.

[237] 冯传奇．银行业结构与地方性银行存款利率：基于中国存款利率市场化的研究 [J]. 当代财经，2019（8）：58-70.

[238] 方芳，蔡卫星．银行业竞争与企业成长：来自工业企业的经验证据 [J]. 管理世界，2016（7）：63-75.

[239] 巫岑，黎文飞，唐清泉．银企关系、银行业竞争与民营企业研发投资 [J]. 财贸经济，2016，37（1）：74-91.

[240] 黄晓薇，郭敏，李莹华．利率市场化进程中银行业竞争与风险的动态相关性研究 [J]. 数量经济技术经济研究，2016，33（1）：75-91.

[241] 刘星，蒋水全．银行股权关联、银行业竞争与民营企业融资约束 [J]. 中国管理科学，2015，23（12）：1-10.

[242] 尹志超，钱龙，吴雨．银企关系、银行业竞争与中小企业借贷成本 [J]. 金融研究，2015（1）：134-149.

[243] CHARNES A, COOPER WW, LEWIS K A, et al. Equal employment opportunity planning and staffing models[C]. BRYANT D T, NIEHAUS R J. Manpower Planning and Organization Design. Boston: Springer US, 1978:

367-382.

[244] FARRELL M J. The measurement of productive efficiency[J]. Journal of the royal statistical society. Series A (General), 1957, 120(3):253-290.

[245] 张宗益，邱婕．银行贷款对上市公司过度投资的治理效应 [J]. 技术经济，2012，31（12）：110-119.

[246] 田雅群，何广文，张正平．价格竞争对农村商业银行风险承担的影响研究：基于贷款利率市场化视角 [J]. 农村经济，2019（9）：75-84.

[247] KOETTER M, KOLARI J W, SPIERDIJK L. Enjoying the quiet life under deregulation? Evidence from adjusted Lerner indices for US banks[J]. Review of economics and statistics, 2012, 94(2): 462-480.

[248] ANGELINI P, CETORELLI N. The effects of regulatory reform on competition in the banking industry[J]. Journal of money, credit and banking, 2003: 663-684.

[249] BERGER A N, KLAPPER L F, TURK-ARISS R. Bank competition and financial stability[J]. Journal of financial services research, 2009, 35(2): 99-118.

[250] ŘEPKOVÁ I. Measuring the efficiency in the Czech banking industry: data envelopment analysis and Malmquist index[C] Proceedings of 30th International Conference Mathematical Methods in Economics. Silesian University, School of Business Administration, Karviná, 2012.

[251] 田国强，尹航．利率市场化、存贷款价格竞争与商业银行异质性风险：来自动态面板模型的证据 [J]. 东北财经大学学报，2019（3）：70-78.

[252] COCCORESE P. Estimating the Lerner index for the banking industry: a stochastic frontier approach[J]. Applied FINANCIAL ECOnomics, 2014, 24(2): 73-88.

[253] HUANG J, DUAN Z, ZHU G. Does corporate social responsibility affect the cost of bank loans? Evidence from China[J]. Emerging markets finance and

trade, 2017, 53(7): 1589-1602.

[254] AIGNER D, LOVELL C A K, SCHMIDT P. Formulation and estimation of stochastic frontier production function models[J]. Journal of econometrics, 1977, 6(1): 21-37.

[255] MEEUSEN W, VAN DEN BROECK J. Technical efficiency and dimension of the firm: Some results on the use of frontier production functions[J]. Empirical economics, 1977, 2(2): 109-122.

[256] 李双建，田国强．银行竞争与货币政策银行风险承担渠道：理论与实证[J]. 管理世界，2020，36（4）：149-168.

[257] 祝继高，李天时，赵浩彤．银行结构性竞争与企业投资效率：基于中国工业企业数据的实证研究[J]. 财经研究，2020，46（3）：4-18.

[258] 封思贤，郭仁静．数字金融、银行竞争与银行效率[J]. 改革，2019（11）：75-89.

[259] 张翔睿，张玉凯．银行信贷市场竞争测度及实证[J]. 统计与决策，2019，35（18）：152-156.

[260] 文凤华，徐佳玉，吴楠，陈婧钰．银行竞争、影子银行业务与银行个体风险[J]. 系统科学与数学，2019，39（9）：1402-1412.

[261] 周俊仰，连飞．利率冲击、杠杆率与银行竞争程度：基于DSGE模型的分析[J]. 金融理论与实践，2019（8）：8-16.

[262] 范红忠，章合杰．银行竞争与经济波动：开放经济框架下的理论与实证[J]. 改革，2019（5）：102-113.

[263] 张娜．货币政策银行信贷渠道传导效应分析：基于银行微观竞争水平的视角[J]. 国际金融研究，2019（2）：54-65.

[264] 李炫榆，童玉芬，朱亚杰．风险视角下贷款市场竞争对银行效率的影响：基于非期望产出DEA的研究[J]. 华东经济管理，2019，33（1）：112-118.

[265] 周安 . 银行竞争会提升信贷成本吗？来自我国上市银行的实证分析 [J]. 上海金融，2018（6）：23-31.

[266] FU X M, LIN Y R, MOLYNEUX P. Bank competition and financial stability in Asia Pacific[J]. Journal of banking & finance, 2014, 38: 64-77.

[267] LEROY A, LUCOTTE Y. Competition and credit procyclicality in European banking[J]. Journal of banking & finance, 2019, 99: 237-251.

[268] LOVE I, Martínez Pería M S. How bank competition affects firms' access to finance[J]. The world bank economic review, 2015, 29(3): 413-448.

[269] HORVATH R, SEIDLER J, WEILL L. How bank competition influences liquidity creation[J]. Economic modelling, 2016, 52: 155-161.

[270] SHY O, STENBACKA R. Bank competition, real investments, and welfare[J]. Journal of economics, 2019, 127(1): 73-90.

[271] HAKENES H, SCHNABEL I. Capital regulation, bank competition, and financial stability[J]. Economics letters, 2011, 113(3): 256-258.

[272] LEROY A. Banking competition, financial dependence and productivity growth in Europe[J]. International economics, 2019, 159: 1-17.

[273] AKINS B, LI L, NG J, et al. Bank competition and financial stability: evidence from the financial crisis[J]. Journal of financial and quantitative analysis, 2016, 51(1): 1-28.

[274] BUSHMAN R M, HENDRICKS B E, WILLIAMS C D. Bank competition: measurement, decision-making, and risk-taking[J]. Journal of accounting research, 2016, 54(3): 777-826.

[275] FUNGÁČOVÁ Z, WEILL L. Does competition influence bank failures?[J]. Economics of transition, 2013, 21(2): 301-322.